O valor volta à política

RENATO JANINE RIBEIRO

O valor volta à política

Discutindo a política a partir da filosofia e da história

edições Sesc

Editora Unifesp

Dados Internacionais de Catalogação na Publicação (CIP)

Ribeiro, Renato Janine, 1949-

O valor volta à política: discutindo a política a partir da filosofia e da história / Renato Janine Ribeiro. – São Paulo : Editora Unifesp : Edições Sesc São Paulo, 2023.
316 p. ; 14 x 21 cm.

ISBN 978-65-5632-152-3 (Editora Unifesp)
ISBN 978-85-9493-239-6 (Edições Sesc São Paulo)

1. Brasil – Política e governo. 2. Ciência política – Filosofia. 3. Partidos políticos. 4. Democracia. 5. Corrupção na política – Brasil. I. Título.

CDD 320.01

Elaborado por Cristiane de Melo Shirayama – CRB 8/7610

Apoio: Fundação de Amparo à Pesquisa do Estado de São Paulo (Fapesp).
As opiniões, hipóteses e conclusões ou recomendações expressas neste material são de responsabilidade do(s) autor(es) e não necessariamente refletem a visão da Fapesp.

Edições Sesc São Paulo
Rua Serra da Bocaina, 570 – 11º andar
03174-000 – São Paulo SP Brasil
Tel.: 55 11 2607-9400
edicoes@sescsp.org.br
sescsp.org.br/edicoes
/edicoessescsp

Editora Unifesp
Universidade Federal de São Paulo
Rua Sena Madureira, 1500 – 5º andar
Vila Clementino – São Paulo – SP – 04021-001
(11) 5576-4848 ramal 8393
www.editoraunifesp.com.br
@EditoraUnifesp
@EditoraUnifesp
@editoraunifesp

Editora associada à
Associação Brasileira das Editoras Universitárias

Agradeço e dedico este livro, antes de mais nada, às pessoas que me convidaram a escrever no Valor Econômico, *em especial Maria Cristina Fernandes e Denise Arakaki; e a quem me levou à Unifesp, como professor visitante, para criar seu Instituto de Estudos Avançados e Convergentes, em destaque Soraya Smaili e Esper Cavalheiro; e me permito, aqui, homenagear todos os que se bateram pela democracia, ao longo destes anos terríveis para o Brasil e o mundo, realçando meu filho mais velho, Rafael Schritzmeyer Ribeiro, que no chão das ruas se manifestou e se manifesta contra o que há de errado na sociedade.*

Sumário

O futuro será melhor

São Paulo, janeiro de 2021

O Valor Volta à Política é um título-aposta, que preciso justificar. Hoje vivemos o descrédito dos políticos e da própria política. É um fenômeno mundial. Se deixarmos de lado o papa Francisco, o Dalai Lama e a chanceler alemã Angela Merkel, que líderes democráticos temos no mundo no começo de 2021? E notem que os dois primeiros são do campo espiritual: no plano da política propriamente dita, que por definição é leiga, restou apenas a dirigente da Alemanha, que, aliás, quando sair este livro, já deverá ter deixado o poder, como anunciou. Restam governantes medianos, médios ou medíocres, na melhor das hipóteses; a maior parte é realmente ruim. É verdade que Rússia e China, dois países ex-comunistas que não são democracias, têm governantes que se destacaram nas duas primeiras décadas do século XXI; mas isso apenas prova que hoje faltam líderes às democracias.

Já o descontentamento com a política pode se dever a muitas causas – até mesmo ao fato de que o mundo se democratizou. O descontentamento seria – paradoxalmente – fruto de um relativo sucesso? Como talvez meia humanidade hoje dispõe de liberdade pessoal e política, já não a empolgaria lutar por mais, nem para si mesma, nem para os outros seres humanos a quem faltam essas liberdades.

A democracia, realizando-se – mas de forma banal, nada utópica –, nos teria colocado diante de nossa própria banalidade: teríamos líderes medíocres porque o eleitorado se reconhece neles. A frase célebre de Umberto Eco, segundo a qual a internet deu voz aos imbecis, implicaria que esses imbecis não querem mais eleger pessoas que admiram, em quem se possam inspirar – mas, sim, os clones deles, imbecis. A mediocridade hoje é vista como sinal de autenticidade. Comparem, na França, Sarkozy e Hollande, em nosso século, a De Gaulle e Mitterrand, poucas décadas antes: um abismo separa os dois chefes de Estado que tinham noção da grandeza de seu país e os presidentes mais recentes (e que não foram os piores chefes de Estado de nosso século, notem bem).

Ou o descontentamento com a política pode decorrer, trivialmente, da crise econômica de 2008, que demorou a repercutir no Brasil, mas, destruindo riquezas mundo afora, gerou queda generalizada do nível de vida. Nessa hipótese, a vida política se torna *efeito* da vida econômica. A confiança num líder derivaria do crédito com o qual ele irriga a economia, facilitando a compra de bens de consumo (o que desenvolvo num artigo deste livro). Já faz tempo que se afirma o declínio do homem contemporâneo, que estaria indo de cidadão a consumidor. Parece que, finalmente, em nossos dias, a cidadania foi substituída pelo consumo – ou pelo menos se viu fortemente subordinada a ele. Se nosso nível de vida não subir o tempo todo, nos decepcionamos. Parece ser esse o principal critério para as pessoas decidirem o voto.

Não se trata de pessoas indignadas com a *perda* de seu nível de vida: elas se revoltam porque se frustrou o *desejo de terem sempre mais*. Vivem na comparação: embora, no Brasil, os anos Lula tenham melhorado a vida dos miseráveis e pobres sem prejudicar os mais abastados, estes muitas vezes se sentiram diminuídos ao se compararem àqueles. Viveram uma perda de *status*, mas só por comparação. (Rousseau considerava isso o pior traço da vida em sociedade: o ser humano deixa de ser "homem da natureza", o que traduzo simplificadamente como "ele mesmo", do modo que nasceu, e passa a ser "homem do homem", isto é, alguém incapaz de saber quem é e que só consegue se enxergar tomando emprestado o olhar alheio.)

Assim, esses anos se tornaram maus para a política. Ainda mais se eu tiver razão na hipótese que levantei em meu livro *A Boa Política*, de que *hoje* política se torna sinônimo de *democracia*, isto é: em vez de política se referir a poder, e de o substantivo "poder" se dividir em democrático, ditatorial, despótico autoritário, totalitário, em suma, em várias espécies, *somente haverá política* (o regime no qual a força é substituída pela palavra, pela persuasão) em nossos dias *quando houver democracia*. Quer dizer: estes últimos anos também foram negativos para a democracia.

Por quê?

Há duas respostas possíveis.

A primeira, sugeri acima, é que se teria chegado a uma certa satisfação com o que se obteve. Com metade da população mundial protegida da fome, da miséria, da opressão deslavada, o que essa maioria há de querer ainda? O pensamento liberal e o capitalismo – que sabe que não pode fornecer o melhor dos mundos imagináveis – promoveram uma desqualificação em regra da utopia. Ela passou a ser entendida como algo impossível ou, pior, negativo: porque, lutando por um homem melhor, se entraria no mundo da ditadura, do totalitarismo, da mentira.

Ora, se é inútil melhorar a sociedade, o que podemos esperar – além do consumo? Viveríamos numa *democracia resignada*. A cada tentativa de ir além, ouvimos a mesma resposta: é impossível. Muitos argumentos foram construídos para justificar tal mediocrização da política. Alega-se que o ser humano é egoísta e que o comunismo, querendo criar um "homem novo", acabou produzindo contrafações, mentiras. Melhor, então, termos um homem egocêntrico, mas que respeite as leis e maximize seus ganhos, do que um homem que se diz melhor, mas, na prática, é pior. Nós nos deteríamos num saudável, ainda que enfadonho, meio-termo. (E insistamos no *enfadonho*...)

Mas o erro dessa perspectiva é que só faz sentido se for contraposta a uma miragem, a um espantalho. Ela precisa *desesperadamente* do comunismo como contraponto. Daí que hoje, quando nada resta do comunismo no poder ou mesmo como alternativa de poder, há quem denuncie como "comunismo" o que é simples social-democracia ou mesmo liberalismo. É o que faz a extrema direita no Brasil, nos Estados Unidos, nos países em que chegou ao governo ou se tornou alternativa de poder, como na própria França, onde há receio de que, por insistência, algum Le Pen acabe chegando à presidência... Daí que a própria ecologia ou os movimentos por uma vida mais saudável mental e fisicamente sejam desqualificados como totalitários, o que é puro absurdo.

Esse erro de concepção é, porém, muito eficaz, ao abortar voos maiores, ao manter a humanidade numa vida mesquinha do ponto de vista espiritual e moral. Resumindo, o capitalismo triunfou ao custo de reduzir, o máximo que pôde, o alcance da democracia.

* * *

A segunda resposta é que estejamos vivendo uma reação. Muitos estudiosos da sociedade já usaram a metáfora do coração, que alterna sístole e diástole. A um período de fechamento segue-se um de abertura, e assim sucessivamente. Ocorre que se abriu muito o leque de liberdades. Houve quem se chocasse com isso. Com efeito, as mulheres se tornarem iguais em direito aos homens, bem como os negros, aos brancos, as diversas orientações sexuais serem aceitas, os imigrantes se destacarem nas sociedades onde se estabeleceram – tudo isso aconteceu rapidamente.

Pensemos no casal: poucas décadas atrás, o homem era o chefe da família. Bastava se casar para ser investido de uma série de poderes, entre eles o de definir o domicílio familiar (portanto, se quisesse mudar de casa ou mesmo de cidade, poderia impor a mudança à esposa), para não falar na quantidade de privilégios mesquinhos – por exemplo, a mulher só podia abrir conta bancária ou tirar passaporte com a permissão dele. O fim dessa prepotência é recente, e o processo se sucedeu praticamente entre uma geração e outra. Então, um homem, cujo pai mandava na mãe, casa-se hoje com uma mulher com quem precisa partilhar todas as decisões, sem que haja uma instância final que resolva todas as pendências.

Por milhares de anos, em todas as estruturas de poder, em caso de impasse, sabia-se quem decidia. Hoje, no casal, não há mais isso – ou há cada vez menos. E em outras relações de poder, como as entre pais e filhos, a mesma tendência se observa. Antes, o laço se mantinha a todo custo, porque um mandava. Hoje, não há mais esse um que manda – não nas relações de amor, pelo menos. O impacto social dessa mudança é enorme. A quantos maridos não se disse, durante as últimas décadas, que tinham de mandar na mulher, eventualmente até usando a força bruta? Só que isso, além de não funcionar mais, virou crime.

A reação então é exatamente isso: uma resposta *reacionária*. Diante do avanço da liberdade das mulheres, acumulou-se um rancor cada vez menos surdo dos que se sentiram diminuídos. Temos machos diminuídos, brancos diminuídos, ricos diminuídos (esses, nem tanto...), nativos "da gema" (como dizíamos das pessoas cujas famílias viviam havia muito tempo na mesma cidade ou estado) ou "quatrocentões" (como se dizia dos paulistas cujas famílias imigraram há mais tempo para o Brasil) diminuídos. Confusamente, essas diminuições, essas humilhações, com frequência mais imaginadas do que reais, se somaram. E, vindo uma crise econômica que debilitou o governo petista, que ficou diretamente associado a essas mudanças, e também o partido que antes governou o Brasil, o PSDB, que igualmente defendeu os direitos humanos, ambos foram assimilados como "imorais" e até mesmo "comunistas", e o ódio envolveu a todos na mesma lama.

Se essa segunda resposta valer, estaremos diante de um período *transitório* de reação, como o que se chamou Restauração e dominou a Europa depois da derrota de Napoleão em 1814-1815, mas depois ruiu. Em 1830, na França, o regime conservador foi substituído por uma monarquia burguesa, constitucional*. Em 1848, as revoluções que se alastraram pela Europa foram esmagadas em sua maioria, mas mudaram decisivamente a forma de ver a política. No final do século XIX, restrições ao poder dos reis já valiam em muitos países. Espero, evidentemente, que não demoremos tanto tempo!

E não demoraremos pela simples razão de que *o tempo se acelerou*: o que tardava décadas hoje dura anos. Anos se passam em meses ou semanas.

* * *

O que fazer? Depende do peso de cada uma das duas respostas que sugeri acima, mas as ações desejáveis convergem em ambos os casos. Se prevalecer a segunda possibilidade, isto é, se estivermos vivendo uma reação dos que neste mundo novo se sentem como peixes fora d'água, a retomada da onda democrática será questão de tempo. Lembro o plebiscito britânico sobre o Brexit: a saída do Reino Unido triunfou graças aos mais velhos, mais interioranos, menos estudados. O resultado de sua decisão é provavelmente irreversível – pelo menos por muito tempo –, mas a verdade é que, se o plebiscito tivesse lugar dez anos depois, o eleitorado decidiria de outro modo. Como a igualdade tem crescido nos últimos tempos, dentro de alguns anos a reação reacionária (pleonasmo proposital, para deixar claro do que se trata) se terá esgotado. Aqueles que escolheram o retrocesso perderão a parada. Terão causado sofrimento, às vezes agudo, mas não têm futuro.

---

* Embora a Carta outorgada em 1814 por Luís XVIII previsse um Parlamento, a legislação posterior e a prática dos governos desse rei e de seu irmão e sucessor, Carlos X, foram autoritárias. Somente com Luís Filipe, a partir de 1830, se pode falar em monarquia constitucional, comparável à britânica.

E se valer mais a primeira resposta, isto é, se o apelo democrático tiver se esgotado? Essa hipótese é mais grave. Mas sustento que, se ele se exauriu, foi porque se viu reduzido a um apelo medíocre, limitado, enfraquecido. Para a democracia vencer, ela abriu mão de muitas de suas potencialidades. Para ir direto ao ponto: a democracia parou na porta da empresa. Houve sim democratização na política, no casal e até mesmo no amor e na família. Mas, lá onde o capital manda mesmo, democracia não houve. É o que temos de conquistar agora. Por um lado, manter a defesa e a expansão da democracia no amor (que despertou os demônios da reação), por outro, assegurar que ali onde a maior parte das pessoas passa a maior parte de seu tempo – o local de trabalho – também aumente a liberdade.

Não será fácil.

Mas tem que ficar claríssimo que *para a democracia é essencial ela expandir-se*. A democracia não é um regime do qual se possa dizer *paramos aqui*. Proclamamos a independência (no Brasil) ou ela e a República (nos Estados Unidos) e agora mantemos a escravidão. Fazemos democracia, mas só para os ricos, só para os brancos. Não, não: ela contagia. Stendhal percebeu isso muito bem, numa passagem que já citei em outro artigo – e a fantástica convergência conosco é que ele falava de um fenômeno brasileiro, a revolução de 1817 em Pernambuco: "A liberdade é como a peste. Enquanto não se lançou ao mar o último pestífero, não se fez nada"*.

* * *

Os artigos aqui reunidos foram inspirados por um forte otimismo: o Brasil tinha consolidado a democracia e daí em diante apenas a fortaleceria. Hoje, vivemos um retrocesso que não consiste apenas na vitória

---

* Como o texto é notável, traduzo-o por inteiro:

"A admirável insurreição do Br[asil], talvez a maior coisa que pudesse acontecer, me dá as ideias seguintes:

1. A liberdade é como a peste. Enquanto não se lançou ao mar o último pestífero, não se fez nada.

2. O único remédio contra a liberdade são as concessões. Mas é preciso empregar o remédio a tempo: vejam Luís XVIII.

Não há lordes, nem brumas, no Brasil" (Stendhal, "Débris du manuscrit", referente a *Rome, Naples et Florence en 1817*, em Stendhal, *Voyages en Italie*, Paris, Gallimard, 1973, p. 175 [Pléiade]).

do antipetismo, mas na da antipolítica, que levou PT e PSDB de roldão. A política foi substituída pelo ódio, e não apenas no Brasil.

Mas a política há de voltar. Ela tem futuro ou, melhor dizendo, o futuro depende dela. Por política já afirmei que entendo a política *democrática*. Política não é mais uma palavra genérica que cobre todos os tipos de poder, inclusive os despóticos. Política não se refere mais a qualquer poder, mas à pólis, à organização de base em que os cidadãos decidem, em que o *demos* se faz ouvir. As crônicas que aqui reúno eram otimistas. Um moderado otimismo continua fazendo sentido. Isso depende muito de nós.

Comparo o período atual ao posterior à crise de 1929: também uma devastação econômica, à qual se seguem custos sociais elevados e o fortalecimento da extrema direita. Contudo, hoje dispomos de: *1.* numerosos movimentos e organizações comprometidos com a melhoria do mundo; *2.* um conhecimento sem precedentes dos problemas e de suas soluções. Assim, a grande questão agora é *unir as forças favoráveis à democratização, não só da política como das relações macro e microssociais, bem como à sobrevivência de nossa espécie num planeta cuja natureza tem que ser respeitada.* Eis nossa tarefa.

* * *

Este livro faz parte de uma espécie de tetralogia: embora em formatos bem distintos, quatro obras que têm em comum o empenho em aplicar a filosofia política e outros conhecimentos das ciências humanas, em especial a história, à política tal como se faz; *aplicar a teoria à prática*, em especial à brasileira, que vezes sem conta é tratada, em nossa academia, mesmo nas áreas de humanidades e ciências humanas, como pouco digna da alta teoria; e, não menos importante, *mudar a teoria* a partir do confronto com o mundo político e social. Isso porque geralmente a filosofia política lida com altos conceitos, como soberania, representação, democracia, mas se ocupa pouco do frágil e tenso cotidiano da política, que é onde – numa sociedade democrática contemporânea – as coisas se jogam.

Houve uma mudança na temporalidade da política, que nem sempre a filosofia (política) levou na devida conta. Nos regimes não democráticos, o tempo fluía vagaroso. Um faraó ou um rei podiam governar por décadas. O poder não mudava muito de natureza ao longo de séculos. Hoje, a cada poucos anos há eleições – e não digo que elas sejam a *causa* da aceleração da política, podem ser sua *consequência*: a vida aumentou, muito, sua velocidade.

As instituições antigas, quando o poder descia em vez de subir, quando vinha dos céus em vez de ascender do povo, eram mais sólidas. Já as nossas devem à vontade popular a pouca solidez que têm, mas enfrentam os sobressaltos da economia e a inconstância de seus elementos, que podem em poucos anos desfazer o que parecia consagrado. (Assim foi que o Brasil, em que a democracia parecia consolidada, veio dar no que deu.)

A política anda a passo rápido e, por isso mesmo, se a filosofia política quiser continuar discutindo apenas os grandes conceitos, terá dificuldade para apreender o que de fato acontece, o vivido imediato. Ou seja: temos que rever nossos grandes conceitos, acrescentar-lhes outros, aceitar o inesperado.

Artigos escritos ao longo de quatro anos, toda semana, para um jornal sério, me permitiram utilizar os conceitos que aprendi somados a meu conhecimento histórico para procurar entender o que estava acontecendo. Minha perspectiva não era a do cientista político nem a do economista, que geralmente são quem comentam a atualidade do poder no primeiro caderno dos jornais; não era a do economista, por razões óbvias; a diferença com a do cientista político pode ser mais difícil de estabelecer. Mas ela tem a ver com a relação com os conceitos e a temporalidade, como afirmei acima. E é claro que o teste dos conceitos na realidade levou-me a contestá-los, até mesmo modificá-los.

* * *

Esta obra talvez devesse ter sido a primeira a sair da tetralogia mencionada, mas não é o caso. Ao longo de quatro anos, entre maio de 2011 e março de 2015, publiquei com absoluta liberdade uma coluna no *Valor Econômico*, em que discuti a política brasileira. Eram tempos de esperança, que coincidiram com o primeiro mandato da presidenta Dilma Rousseff (no livro uso a forma ora presidente, ora presidenta; ambas existem em português; a segunda é abonada por Carlos Drummond de Andrade, o que me basta em termos de qualidade). Escrever toda semana foi uma espécie de teste, de experiência para ver como os conceitos com que trabalhei a vida toda, na filosofia política e na ética, bem como o conhecimento de história que elas me obrigaram (com enorme prazer) a adquirir, funcionavam na prática. Não há frase do senso comum que eu deteste tanto quanto *a teoria na prática é outra*. Ela apenas significa que a teoria em questão é ruim. Tem que ser trocada. A prática é a grande fonte para as teorias, é o terreno também onde testá-las.

Aqueles também foram, para mim, anos de formação. Procurando entender o que acontecia na política brasileira por um viés que não é o do jornalista, nem o do cientista político, espero ter aprendido alguma coisa. Uma qualidade do intelectual, que me parece imprescindível, é estar sempre em formação: nunca parar de aprender, nunca parar de se surpreender.

A Boa Política, dos quatro livros o primeiro a aparecer (em 2017), inclui artigos anteriores a minha experiência de colunista, mas também a leva em conta. O objetivo principal dessa obra foi ver o que, em nossa cultura, brasileira e/ou latino-americana, destoa do *mainstream* do Atlântico Norte. Defendo há tempos a tese de que as teorias políticas hoje dominantes foram gestadas e aplicadas no território que coincide com a antiga Otan, isto é, os dois países anglo-saxônicos da América do Norte (acho estranho que se inclua nesse subcontinente o México) e as nações da Europa Ocidental. Lá nasceu, lá cresceu, lá prospera a democracia moderna ou contemporânea. Fora desse espaço podem estar a "maior democracia do mundo", como é praxe designar a Índia, ou o Japão, potência econômica, bem como vários países da América Latina, mas todos nós temos diferenças específicas que não são devidamente consideradas na alta teoria democrática.

Pensando sobretudo no Brasil e, por extensão, na América Latina, tenho insistido no elemento *afetivo*, que é parte essencial de como vemos a política, sob a forma seja de um afeto autoritário (o nome de outro livro meu, em que testei essa questão usando, sobretudo, o *corpus* da televisão), seja de um afeto democrático, cuja construção pode ser a principal contribuição de nossa parte do mundo para a reflexão e a prática da democracia. Eu me explico: democracia e república, dois componentes essenciais do que chamo *a boa política*, são tratadas de forma muito racional no pensamento do Atlântico Norte. Alcançar a política democrática e republicana decorreria do grande esforço para superar as tendências egocêntricas e particularistas, que seriam, pensam muitos, mais "naturais" ao ser humano. A boa política seria uma construção laboriosa e racional; já quando a política se assenta nos afetos, ela tenderia a ser facciosa, parcial. O que sustento é que a democracia somente será forte se for capaz de democratizar os afetos: se ela se inscrever nos sentimentos, nas emoções. O que, por sua vez, dá sentido à educação e à sua irmã, a cultura: são elas que podem gravar no mundo afetivo valores como igualdade, solidariedade, decência. Ter sido ministro da Educação do Brasil, em 2015, obviamente me ajudou a pensar esse ponto.

Tal ideia acompanha a de que a democracia é um regime não só político, mas de convivência humana. Se na modernidade ela dizia respeito essencialmente ao Estado, aos poucos foi-se tornando cada vez mais pertinente à sociedade, isto é, às relações tanto micro quanto macrossociais. Tem que haver democracia no casal, na família, na amizade, assim como na empresa, no lazer – em toda parte. E, evidentemente, tal necessidade colide com a realidade do capitalismo, que precisa pelo menos ser compensada por exigências sociais e legais que introduzam a democracia nas relações de trabalho.

Já *A Pátria Educadora em Colapso* (2018) é uma narrativa e análise do período de seis meses em que fui ministro da Educação, no segundo mandato da presidenta Dilma Rousseff. Eu já tivera uma experiência de gestão como diretor de Avaliação da Coordenação de Aperfeiçoamento de Pessoal de Nível Superior (Capes), entre 2004 e 2008, mas isso não se compara à direção de um ministério importante: minha diretoria nos anos 2000 tinha um orçamento livre de um milhão de reais e, em 2015, o MEC movimentava 140 bilhões. O importante, naquela posição, foi ver a política de um ângulo que o pensador independente dificilmente imaginaria. Aliás, sempre sustentei que uma das ideias mais fortes de Marx – e isso independe de você ser socialista ou não – consiste em enxergar os fenômenos políticos, sociais e econômicos *do ponto de vista do poder*. É isso o que faz o marxismo ser diferente de um movimento reivindicatório, que pede (ou mesmo exige; isso não faz diferença) que o detentor do poder ceda ou faça alguma coisa: a questão marxista é tomar o poder e, a partir dele, fazer as mudanças que pretende. Não é se manter na posição pedinte, subalterna ou mesmo rebelde. É inverter radicalmente as relações de poder. Não digo que ser ministro seja propriamente ter poder; como desenvolvo no livro citado, não tínhamos dinheiro; isso enfraqueceu demais o governo Dilma e é a principal razão para ela ter sido destituída. Mas penso que a experiência do poder, forte ou fraca, faz falta a muita gente que pretende pensar a política ou a sociedade.

Assim, *A Boa Política* é a obra teórica, um livro de filosofia política, em que me empenhei em pensar a melhor política de nosso tempo e dos vindouros, utilizando em parte os clássicos da filosofia, em parte o que eu chamaria um estilo filosófico de lidar com a política. Tem em comum com este livro o otimismo, a convicção de que a democratização do mundo, inclusive do mundo da vida, das relações pessoais, é um caminho sem volta. Já *A Pátria Educadora em Colapso* é um relato de minha experiência como ministro, bem podendo ser o anúncio da má política ou de como a terra prometida se converteu em Armagedom. Ou por outra: se *A Boa Política* é um livro de teoria descrevendo e talvez prescrevendo a prática, o presente livro é um esforço cotidiano, ao longo de quatro anos, para entender a política vivida, imediata, à luz da filosofia. *A Pátria Educadora em Colapso* é o relato da queda de um anjo, este anjo sendo a democracia.

Ao mesmo tempo que terminava este livro, concluí uma obra mais curta, sobre Maquiavel, a democracia e o Brasil; ela converge com as outras três: nela discuto como Maquiavel, falando dos príncipes novos, para pensar a democracia, na qual, por definição, todo governante é novo, devendo seu cargo à eleição; e também uso seus conceitos de *virtù* e fortuna para pensar a ação política, exemplificando com os presidentes brasileiros de 1985 em diante.

* * *

Estes artigos foram escritos num período otimista, em que os problemas, como os apontados nos protestos de 2013, pareciam ter solução – talvez difícil, exigente, mas já despontando no horizonte. Depois, tudo mudou. Mas penso que estas colunas continuam valendo: selecionei aqui apenas aquelas que, a meu ver, *têm* futuro. Retirei todas as que diziam respeito ao cotidiano da política e cuja publicação obedeceria mais a um critério de registro do que de atualidade. Foi uma decisão tomada com certa dificuldade, mas, com isso, pude manter atual este livro, que, em vez de se reduzir a uma memória, um documento histórico, pode ajudar a inspirar o futuro. ■

A corrupção e o desenvolvimento

Segunda-feira, 2 de maio de 2011

Começo a colaboração nesta página sentindo-me honrado e, também, ansioso por contribuir para um debate respeitoso entre posições que podem ser divergentes. Sem divergência, é difícil haver debate; sem respeito, é impossível. Proponho hoje uma questão que sei candente, a da corrupção. Cresci acreditando que corrupção e subdesenvolvimento andavam juntos. Alguns achavam que o Brasil era subdesenvolvido, porque corrupto; sem chegar a tanto, eu considerava nosso país corrupto, porque subdesenvolvido. Mas será mesmo assim?

Porque, mundo afora, se vê que também os países mais ricos e desenvolvidos mostram bastante corrupção. Nem eu, nem nenhuma entidade que estude a corrupção temos dados consistentes sobre sua dimensão real. Mesmo o indicador mais utilizado, o da Transparência Internacional, fala em *percepção* da corrupção [isto é, não na realidade da corrupção, mas no que se *percebe* dela]. É possível que a corrupção maior passe despercebida. Talvez nunca venhamos a saber dela. Quando o portal do Governo revelou os gastos com cartões corporativos, mesmo os que causaram maior indignação eram de pequena monta; certamente, grandes corruptos não deixam pistas. Mas, de todo modo, o que se lê sobre as nações mais desenvolvidas, com a exceção dos países escandinavos, aponta escândalos espantosos. Não falemos apenas da Itália de Berlusconi, da França de Chirac, das acusações a ex-primeiros-ministros espanhóis ou da crise holandesa de 1976, quando se soube que o marido da rainha recebera suborno da Lockheed. Concentremo-nos na invasão norte-americana do Iraque e nos contratos que ela proporcionou.

Em 2003, eu lecionava na Universidade de Maryland. No seu *campus* de College Park, vi um debate sobre a invasão iminente do Iraque. Um seu defensor explicou que ela nada custaria aos contribuintes, porque seria paga com o petróleo iraquiano. Nunca antes eu tinha visto um ladrão ser tão explícito. Mas a verdade é que não apenas o ouro negro do Iraque foi entregue a quem os invasores quiseram, como também o orçamento dos Estados Unidos foi sangrado a fundo. Contudo, as denúncias de benefícios a empresas vinculadas ao então vice-presidente norte-americano não levaram a nenhum inquérito mais exigente. Comparando com o fato de estarem hoje indiciados o ex-presidente Jacques Chirac, na França, e entre nós os suspeitos pelo mensalão do PT, é um diferencial significativo, embora muitos creiam que nada disso resultará em condenações.

Ou pensemos historicamente. Uma das fases de maior desenvolvimento econômico dos Estados Unidos, o final do século XIX, é também a do apogeu dos *robber barons*, barões ladrões, alcunha dada a industriais e financistas que não tinham escrúpulos no trato dos empregados, fornecedores, concorrentes e na sonegação tributária. Suas práticas indecentes não impediram o país de crescer economicamente.

Considero muito bom que, em nossos dias, movimentos militem por um ambiente de negócios marcado pela honestidade. Ter garantias éticas é essencial – sustenta André Franco Montoro Filho num bem argumentado artigo do livro *A Cultura das Transgressões*, editado pela ETCO – para que o capitalismo funcione. Torço para que ele tenha razão. Mas penso que essa é uma forma apenas de capitalismo, que não funcionou em todas as épocas nem em todos os lugares. Certamente é preferível para a sociedade; deve melhorar a vida dos funcionários e dos concorrentes, sobretudo dos pequenos empresários, e o papel do Estado. Mas não significa que seja essa, necessariamente, a tendência dominante do capitalismo.

Quer isso dizer que devamos nos resignar à corrupção? De forma alguma. Porém, primeiro, não devemos confundir sua percepção com sua realidade. A boa notícia é que hoje se denuncia mais a corrupção do que sob a ditadura. Mas isso não quer dizer que o regime de exceção fosse mais honesto – apenas que era mais difícil descobrir e relatar o mau uso do dinheiro público. A sociedade está mais exigente. É preciso que tanto os órgãos da Justiça quanto a imprensa aperfeiçoem seus meios de identificar e denunciar os atos de corrupção. Mas também há um segundo aspecto que devemos apontar.

Hoje é frequente ouvir que ser ético agrega valor. Em certos casos, é verdade. A empresa que promove um *recall*, o governante que corrige uma política, o jornalista que reconhece um erro podem sofrer um impacto negativo em sua imagem no curto prazo, mas depois disso conquistam maior confiança de seu respectivo público. Perdem no varejo, ganham no atacado. Nosso tempo valoriza essas condutas, e isso é bom. Só que políticos, empresas e jornais também lucram com práticas, digamos, menos ortodoxas. Dos exemplos de boas práticas, não podemos inferir que sempre a ética é bom negócio. Porque nem sempre é. E, sobretudo, não deve ser negócio.

Não há ética sem o risco do prejuízo e do fracasso. Quando pregamos que a ética é vantajosa ou mesmo rentável, esquecemos que muitas vezes ela não o é. "Hoje, para ser ético, às vezes é preciso ser herói", diz um personagem no romance *A Casa da Rússia*, de John le Carré. Nem todos nós teremos estofo ou disposição para o heroísmo. Mas devemos reconhecer que as razões para combater a corrupção e assegurar a lisura na política, na economia e na sociedade são, afinal de contas, éticas mesmo. Combater a corrupção para melhorar o ambiente econômico é muito bom, mas não basta. Prometer a jovens – empresários, políticos ou jornalistas – um mundo ao mesmo tempo lucrativo e decente é correr o risco de não fortalecer sua fibra moral. Quando tiverem de escolher, saberão fazê-lo? Terão a coragem necessária para enfrentar o prejuízo que a decência, por vezes, exige? ■

Mais Estados, não: mais Ibama, sim

Segunda-feira, 16 de maio de 2011

Duas semanas atrás, tivemos uma surpresa quase inacreditável: o Supremo Tribunal Federal, por unanimidade, reconheceu plenos direitos aos homossexuais. Algo que eu não imaginava possível e que dificilmente o Congresso teria a coragem de votar, ou o Poder Executivo, de sancionar, após a baixaria que foi a manipulação da questão do aborto na campanha eleitoral de 2010. Mas, no Brasil, é raro uma notícia boa ser servida sem uma guarnição amarga: quase na mesma hora, soubemos que o Congresso aprovara plebiscitos, a realizarem-se ainda este ano, para criar dois novos estados que seriam desmembrados do Pará.

Se essas consultas tiverem lugar só nos municípios que viriam a constituir as novas unidades da Federação, é quase certo que vença o "sim". Na verdade, entendo que deveriam ser consultados todos os paraenses, porque seu atual estado perderá população, território e recursos; ou todos os brasileiros, porque deveremos financiar as eventuais unidades federadas e, além disso, mudará o perfil da Câmara e do Senado.

Mas, para a política tradicional, é um presente dos céus. Haverá mais dois governadores (um para cada novo estado), seus vices, 48 deputados estaduais, dezesseis federais, seis senadores, uns vinte ou mais secretários de Estado, outro tanto de desembargadores dos Tribunais de Justiça, membros dos Tribunais de Contas, isso para ficar só no topo das máquinas políticas. Um cálculo do Ipea, mencionado no site do professor Fábio Fonseca de Castro*, da Universidade Federal do Pará, considera que um

* Disponível em: <http://hupomnemata.blogspot.com/2011/05/os-quatro-custos-de-dividir.html>. Postado em: 7 maio 2011. Acesso em: 19 maio 2020.

eventual estado do Tapajós gastaria 34% do seu PIB só para manter sua administração. Essa elevada conta não inclui os investimentos que cada estado deveria realizar, e sem os quais não haveria sentido em criá-los.

Aos cidadãos dos possíveis estados se venderá a ilusão de que sua vida melhorará – e aqui está o problema. A ideia de que, pela criação de novas unidades federadas, as regiões mais pobres se desenvolverão é uma grande falácia. Está presa a um modelo político superado, que supõe que, multiplicando as funções de governo, o estado fica mais perto das pessoas e eleva os indicadores sociais.

Com a mesma argumentação, por sinal, temos hoje propostas criando um total de dezoito novos estados. Passaríamos das atuais 27 unidades federadas para 45; o Senado subiria para 135 membros e a Câmara aumentaria em cem deputados ou mais, sem contar pelo menos trezentos novos deputados estaduais. Todos esses possíveis estados, com a exceção talvez de São Paulo do Oeste e do Triângulo Mineiro, precisariam de aportes federais para sua simples subsistência. Também por isso, seriam incapazes de realizar investimentos sociais e econômicos que deveriam fazer. Na verdade, como o Brasil aumentaria os gastos com administração, teria menos dinheiro para a economia e a sociedade. O poder público despenderia mais com atividades-meio, à custa de suas atividades-fim.

Para sentirmos a dimensão histórica dessas propostas, basta lembrar que, nos 71 anos desde a proclamação da República até a transferência da capital para Brasília, em 1960, não foi criado nenhum novo estado – aliás, a conta exata é de 107 anos, desde que o Amazonas se separou do Pará (1850) e o Paraná de São Paulo (1853), ainda que na época essas unidades se chamassem províncias, e não estados. Já no meio século que vem desde a mudança do Distrito Federal para o Planalto, foram criados seis estados, aos quais agora se somariam Tapajós e Carajás, a maioria deles com poucos recursos próprios.

E, no entanto... Nossos estados mais pobres, situados em especial na Amazônia, no Centro-Oeste e no Nordeste, e ainda mais suas eventuais subdivisões ora cogitadas, podem conhecer um extraordinário desenvolvimento se sairmos desse modelo de criação de Executivo, Legislativo e Judiciário próprios, para o da exploração científica da biodiversidade. É nessas regiões que se situa o todo ou a maior parte dos distintos biomas que são a Floresta Amazônica, a caatinga, o cerrado e o Pantanal, sem contar trechos da Mata Atlântica. Esses complexos são bem diferentes entre si, mas são todos ricos. Neles há muito a descobrir, a desenvolver, a utilizar. Iniciativas de nossos cientistas, ou de empresas que utilizam plantas para a produção de cosméticos, mostram um potencial de expansão que é notável.

Além disso, esses estados entrariam num modelo de desenvolvimento sem os vícios daquele que fez São Paulo, por exemplo, crescer – mas que levou esse estado, hoje, a uma crise monumental, da qual terá dificuldade para sair. A unidade mais rica da Federação enfrenta problemas de moradia, trânsito, poluição e segurança que será bastante complicado – e caro – resolver. Estados hoje mais pobres, mas que escolham a via do desenvolvimento sustentável, poderão evitar os erros cometidos nas unidades atualmente mais prósperas, escapando a problemas que a cada dia se agravam.

Qual seria, então, o melhor caminho para os brasileiros dessas regiões? Não é a solução já caduca de criar cargos para políticos. É aumentar o Ibama, isso sim. É termos órgãos públicos, estatais ou não, que invistam mais e mais no conhecimento da diversidade das formas de vida, na exploração dessas riquezas pelas populações locais, no uso sustentável delas para uma produção bastante diversificada de bens que terão, além de suas qualidades próprias, a vantagem econômica que um selo verde representa cada vez mais no mercado internacional. Por isso, em vez de aumentar o número de governadores, deputados e senadores, melhor será ampliar o Ibama*. ■

* Este artigo me levou a iniciar um abaixo-assinado pela internet contra a criação dos novos estados, e a ser entrevistado por alguns órgãos da mídia, também contrários a essa medida. No plebiscito realizado em 11 de dezembro de 2011 em todo o estado do Pará, a criação dos estados propostos de Carajás e Tapajós teve cerca de 66% de votos contrários; contudo, se votassem apenas os eleitores de Carajás e Tapajós, o resultado teria sido diferente.

O desejo de um novo 1968

Segunda-feira, 30 de maio de 2011

Nesta sexta-feira de manhã, fui do aeroporto ao centro de Barcelona para falar no encontro da Academia da Latinidade* sobre o imaginário democrático. Quando chegava, outra participante, a tunisiana Hélé Béji, dava entrevista à televisão espanhola sobre a revolução em seu país. De repente, ouvimos os helicópteros da polícia catalã que começavam a tarefa, que terminou sangrenta, de retirar as pessoas que ocupavam a Plaça de Catalunya pedindo uma política melhor e diferente. Com o ruído, ficou impossível ela gravar. "Igualzinho ao que aconteceu na Tunísia", comentou**.

Mais tarde, pelas 20 horas, estive na praça. Mais de cem pessoas tinham sido feridas ao meio-dia; ao entardecer, havia jovens e gente madura: muitos com flores nos cabelos ou cartazes escritos à mão, geralmente com frases de Gandhi. A calma era absoluta. Eu imaginaria, se

* Fundada por Candido Mendes em 1999-2000, pouco antes do atentado às Torres Gêmeas (2001), a Academia da Latinidade pretende ser um veículo de diálogo com o assim chamado Oriente. Candido entendeu que a latinidade estaria mais próxima do mundo muçulmano, e oriental em geral, do que os anglo-saxões, sendo, portanto, apta a promover uma aproximação entre culturas que devem se enriquecer mutuamente em vez de se hostilizar.

** Na Tunísia e em vários outros países, estava ocorrendo a assim chamada Primavera Árabe, que acabou dando certo apenas naquele país, enquanto precipitava a Líbia e a Síria na guerra civil e terminava levando o Egito de uma ditadura mansa para uma ditadura mais severa. Na Espanha, naqueles dias, as praças de muitas cidades estavam tomadas pelo movimento dos "Indignados", que se considera ter começado em 15 de maio daquele ano. O movimento Podemos, à esquerda do Partido Socialista Operário Espanhol, nasce quase três anos depois, com o manifesto *Mover Ficha: Convertir la Indignación en Cambio Político*, em óbvia referência aos Indignados.

fosse no Brasil, um clima de pós-devastação, mas não foi o caso. Não era um ambiente de ressaca ou fim de festa. As coisas estavam sóbrias, mas não tristes.

O Mediterrâneo está passando de uma primavera a outra. Primeiro, foi a Primavera Árabe, que na verdade começou no inverno, mas, enfim, a imagem que pegou é a da primavera, a primeira estação, a inaugural, a das flores, da vida e da beleza. Lá se rompeu um paradigma idiota, o do conflito das civilizações, caro a Samuel Huntington e aos conservadores. Está-se mostrando possível unir democracia e cultura islâmica como, por sinal, há tempos propõe Tariq Ramadan, outro pensador que frequenta as reuniões da Academia da Latinidade. Mas, agora, está sendo a primavera ibérica, que é bem diferente.

Por que a diferença? Porque a questão é a de uma nova política. Ou deveríamos falar em duas novas políticas. A fusão do islamismo com a democracia é muito importante. Curiosamente, desde que se provou que o Iraque não tinha armas de destruição em massa e que o pretexto de Bush para invadir aquele país rico em petróleo era falso, a direita norte-americana assumiu o discurso da mudança de regime – isto é, da implantação da democracia no mundo islâmico, a começar pelos países ocupados, Iraque e Afeganistão. Mas foi uma democracia não preparada, com colaboracionistas locais de pouca credibilidade e desrespeito por culturas que os ocupantes desconheciam. O que ora sucede na margem sul do Mediterrâneo são movimentos autônomos, que incomodam as potências ocidentais por questões geopolíticas, mas têm raízes nas suas próprias sociedades. Se derem certo, o que não está garantido, mudará a política mundial.

Já na Espanha e em Portugal se quer outra coisa. Na verdade, a palavra certa não é o que se quer: é o que se deseja. Há a convicção de que se esgotou a maneira usual de fazer política. Por isso, muitos dos que vão às praças ibéricas não se importam com as eleições que houve na Espanha e haverá em Portugal. O resultado delas pode beneficiar os políticos conservadores. Mas os manifestantes não se batem por uma política menos ruim, com redução de danos, menos opressiva. Lutam por outra coisa.

Penso que as gerações que não tiveram, como a minha, a oportunidade de ser jovens em 1968 acabaram mitificando – mas com razão – aquele ano. Vejam: desde que entramos na era das revoluções, timidamente com a inglesa de 1688, decididamente com a americana de 1776 e a francesa de 1789, elas têm duas características. Primeira, muitas vezes são imprevisíveis. Mas, segunda, depois de acontecerem, são explicáveis. Dá para encontrar suas causas, usualmente econômicas, talvez sociais. Dá para mostrar que era impossível continuar o sistema colonial, ou feudal, ou o atraso russo.

A grande exceção foi 1968. Não há explicação para a enorme explosão que tomou conta do mundo. Sua causa mais provável pode ter sido simplesmente o tédio. Uma semana antes de começar, com a invasão do dormitório feminino de Nanterre pelos rapazes, um jornalista francês, Pierre Viansson-Ponté, publicava um artigo com o título "Quando a França está entediada"*. Não havia uma crise econômica notável, desemprego significativo, guerra colonial, nada disso. Mas as pessoas não aguentavam mais alguma coisa vaga, porém insuportável.

Nem os revoltosos do Maio francês sabiam o que estavam fazendo. Muitos usavam *slogans* marxistas e acreditavam fazer uma revolução bolchevista, com as adaptações requeridas por ocorrer num país desenvolvido, culto e com forte sociedade civil. O que chamamos de Maio de 1968 só nasceu uns dois anos depois, à medida que foi sendo evocado – depois que o Partido Comunista deixou claro que não faria a revolução. Prevaleceu então a lembrança anárquica, criativa, sobre a crônica do que realmente sucedera. Foi um caso excepcional de invenção da memória, com toda a riqueza que esta pode trazer.

Desde então ressurge, cada poucos anos, um anseio por um 1968 – claro, pelo 68 mítico. É um desejo de utopia. Surge sem causa ou, se há causas, não são suficientes para explicar a consequência. A primavera ibérica pode dar em nada. Mas mostra, pelo menos, que o melhor da energia da sociedade, pelo menos de tempos em tempos, anseia por algo que seja político, mas completamente diferente de "tudo o que está aí". No Brasil o PT soube, por um tempo, captar essa energia. Isso terminou. Mas continua havendo, mundo afora, esse desejo, que nem os ecologistas conseguem absorver. Descartá-lo como "utópico", no mau sentido, é esquecer que só ele pode renovar a política. Acreditar que possa ser tomado pelos partidos existentes é uma ilusão. O fato é que, até hoje, essa energia trouxe resultados aquém dos esperados, mas além dos previstos. ■

---

* *Le Monde*, 15 mar. 1968. A data geralmente aceita como simbólica do início da "revolução" que desembocaria em maio é a de 22 de março.

O vice mais forte de nossa história

Segunda-feira, 6 de junho de 2011

Nunca antes na história deste país tivemos um vice-presidente tão poderoso quanto Michel Temer. Outros alcançaram poder depois da vice-presidência, como João Goulart, José Sarney e Itamar Franco, que se tornaram presidentes graças à renúncia, morte ou impeachment do titular. Mas Sarney e Itamar, como vices, foram apagados. No final da ditadura militar, Jô Soares nos divertia com um *sketch* em que um político se recusava terminantemente a ser vice. Indagava: "Alguém já viu uma avenida Vice-Presidente Fulano? Uma praça Vice-Presidente Beltrano?" Dizia-se que era uma piada com Marco Maciel, ex-governador nomeado de Pernambuco que, como presidente da Câmara dos Deputados, ajudara o ditador Geisel a redigir as emendas constitucionais baixadas com o nome de Pacote de Abril, em 1977.

Assim, quando Sarney aceitou a vice-presidência, ele provavelmente não esperava ser sequer nome de rua. Encerrava sua carreira. A ironia é que, com a morte de Tancredo Neves, esse vice conseguiu uma sobrevida de três décadas, bem como a continuidade de seu mando no Maranhão, acrescido do Amapá, enquanto Marco Maciel veio a ser vice-presidente, sim, mas de Fernando Henrique Cardoso – um vice honrado e inexpressivo.

Na verdade, antes de Temer, nosso único vice importante como vice foi João Goulart. Em 1955, ele se elegeu com o presidente Juscelino Kubitschek, do PSD, trazendo-lhe os votos dos sindicatos e do PTB. Nesse mandato, foi influente. Mas em 1960 ele se elegeu vice de Jânio, sem ser seu parceiro de chapa. Só que, em sua segunda vez, ele foi o contrário de Michel Temer. Longe de ter poder, Goulart foi um vice esvaziado. Somente chegou à presidência porque Jânio Quadros fracassou no que parece ter sido sua tentativa de golpe.

O que temos hoje com Temer? Há fatos e há rumores. Os fatos são que ele conseguiu manter a bancada do PMDB coesa, a favor de Dilma quando se votou o salário mínimo, contra ela quando se aprovou o código do desflorestamento. Os rumores são que Dilma ameaçou demitir todos os ministros do PMDB – ameaça que, não sendo cumprida, corre o risco de desmoralizar a presidência – e que Temer e Palocci mantiveram um bate-boca. São quatro vitórias para o vice. O que não tivemos, nos vices eleitos pelo povo em nossa história, foram personagens que, de seu cargo pouco destacado, mostrassem capacidade de articulação tão grande quanto a de Temer.

Some-se que um vice pode ser isolado, excluído, o que se quiser; mas não pode ser demitido. Ele, na pior das hipóteses, é o nada que pode virar tudo. Collor tentou reduzir Itamar a um nada. Itamar acabou presidente. Portanto, se Dilma rompesse com Temer, demitindo, por exemplo, todos os ministros peemedebistas, ela não poderia ficar doente, viajar nem, muito menos, ter uma moléstia grave, renunciar ou morrer. Veja-se, a título de comparação, José Alencar, nosso último vice. Sabíamos todos que ele discordava completamente da política econômica de Lula, mas jamais mexeu com ela, em suas muitas interinidades. Já Temer, se presidente, fará o governo que ele quiser.

Daí, seguem-se duas consequências. A primeira é que o PMDB pode mudar de perfil. Não é provável, mas se torna remotamente possível. A força do PMDB, desde o fim da ditadura, esteve em não ter identidade. Ele reúne gente digna e gente interesseira, políticos de direita e de esquerda. Mas Temer está conseguindo articular esses líderes tão distintos entre si. Até agora, o PMDB se mostrou poderoso na medida em que renunciou, há vinte anos, a lutar pela hegemonia que representa a presidência da República, investindo em vez disso em bancadas numerosas no Congresso e numa vasta população de governadores e prefeitos. O que os une não tem sido nenhum ideal, mas o interesse: ele é um amplíssimo lobby. Hoje, porém, começa a ser possível, embora ainda muito improvável, uma disputa do PMDB pela hegemonia política.

A segunda é que Dilma Rousseff precisa, mais que nunca, tornar-se uma imagem de marca, imprimir seu estilo à política. Comentei, meses atrás, que ela não mostrava um estilo, ao contrário de seus dois antecessores, ambos políticos sedutores. Fernando Henrique conquistava pela fala racional – ainda, ressalva ele com humor, que fosse uma razão "no nível do senso comum". Lula chegava aos corações e mentes pelas metáforas e pela linguagem da experiência cotidiana. Talvez Dilma não precise tanto quanto eles de um estilo – porque eles, a despeito de suas diferenças, fizeram o trabalho que tinha de ser feito, consolidando a democracia, mudando a economia, tornando prioritárias as políticas sociais.

Dificilmente Dilma, ou qualquer outro político sensato, terá hoje a propor algo tão inovador em nossos costumes quanto seus predecessores. A grande mudança já ocorreu. Seu papel é o de dar continuidade. Mas, mesmo assim, o estilo lhe faz falta. Num comício na Bahia, ela só foi (muito) aplaudida quando mencionou Lula. Entende-se que, perto do mais carismático de nossos presidentes, Dilma empalideça. Lula ofuscaria qualquer um. Mas ela não pode se empalidecer diante de seu próprio vice, Michel Temer. Se Dilma jogar o papel da técnica competente na presidência, ajudada no Congresso pelos operadores que temos visto, sem ter por trás algo como o apelo de FHC à opinião pública ou de Lula ao povo, ela pode perder. Temer conhece muito melhor do que ela o Parlamento. O que fortaleceu Fernando Henrique e Lula foi a capacidade que demonstraram de ir além do Executivo e do Legislativo, para falar com a sociedade. Respeitaram os poderes constituídos, mas souberam cultivar o povo soberano. Como Dilma vai fazer isso, como vai conseguir ser líder, não sei. Mas, se a liderança presidencial ficar vazia, alguém a ocupará. ■

De praça em praça, novos valores

Segunda-feira, 13 de junho de 2011

Temos tendência, nós que analisamos a política, a dar importância demais a ela: ficamos falando de Palocci, Temer, Gleisi*, por exemplo. Recentemente, escrevi um livro em diálogo com Mario Sergio Cortella (*Política: Para Não Ser Idiota***), no qual lembramos que quem não participa das decisões – por exemplo, no condomínio – deixa os outros decidirem por ele. Contudo, se a maior parte das pessoas dá pouca atenção à política, elas têm razões para isso. Não é fortuito que, cada poucos anos, muitos tomem ruas e praças para fazer que elas sejam, mais que logradouros, lugares públicos. Assim, depois de aqui ter comentado a Plaça de Catalunya e o clamor por uma democracia mais real do que a existente, passo a uma lista de propostas formulada por cidadãos reunidos na Plaza del Sol, em Madri, que conheci graças à artista Ângela Lago. Podem ser lidas na internet, sob a chamada "Las Propuestas Aprobadas en la Asamblea de la Protesta de Sol".

Começo pela ideia mesma de praça. Os atenienses a chamavam de ágora, o lugar em que decidiam as questões de interesse comum, quase toda semana. Nosso poeta abolicionista e romântico Castro Alves cantava que "a praça é do povo, como o céu é do condor". Há poucas décadas, as pessoas se reuniam nas praças, para bater papo e fazer o *footing*, prelúdio ao flerte e ao casamento. Isso sumiu. Por isso, quando na Espanha as

---

* Respectivamente, Antonio Palocci, líder petista, ministro de Lula e depois de Dilma, nos dois casos em pastas-chave, mas forçado a demitir-se, ambas as vezes, depois de algum escândalo; Michel Temer, vice-presidente de Dilma Rousseff; Gleisi Hoffmann, ministra de Dilma e, depois de seu impeachment, presidenta do PT.

** Campinas, Papirus, 2010.

praças são ocupadas – não só por jovens, mas também gente madura e mesmo idosa, o que muitos não percebem, quando pensam que é uma rebelião da juventude –, esse é um voto de esperança numa vida coletiva melhor. Mas é um avanço que exige romper com a política tradicional.

Vamos às propostas. Começam pela política: reduzir mordomias e baixar os proventos dos parlamentares ao salário médio do cidadão espanhol; em suma, moralizar. Há também medidas tão inovadoras que espantam, mas merecem debate: por exemplo, reduzir as horas de trabalho para diminuir o desemprego até ele cair a 5% (a Espanha já passou dos 20%). Há ao menos uma proposta que não entendi, mas acho fascinante: que também os votos nulos e em branco estejam representados nos legislativos. Não sei como isso se faria e, para quem se interessa por um sistema governável, com maiorias estáveis, trata-se de um absurdo. Mas muitas vezes chamamos de absurdo ou impossível o que é apenas (ainda) impensável. E, depois, alguns desses absurdos se realizam, como a abolição da escravatura ou a igualdade dos sexos, a ponto de se tornar sensato o que era insensato.

Mas a grande questão que vejo nas propostas, além de mais uma vez a imaginação tentar ganhar o poder (como em 1968), é a exigência de moral na política. Absurdo não é o que pedem: é o que existe. Faz sentido haver muitas casas vazias e muitos sem-casa, problemas fiscais e creditícios enquanto bancos espanhóis investem em paraísos fiscais etc.? Aqui, é bom lembramos por que chegamos a isso.

A modernidade ou o capitalismo, que são quase sinônimos, têm como chave de sucesso – neste meio milênio – a construção de um sistema em que, para termos bons resultados sociais ("benefícios públicos"), não precisamos ser indivíduos decentes e morais. É possível até mesmo o contrário: que sejam mais produtivos os "vícios privados", que Bernard Mandeville estuda já em 1714*. Construímos uma sociedade próspera, a mais rica da história, a que tem a maior expectativa de vida (hoje, o dobro de 1900), a mais livre (nunca tantas pessoas puderam divergir entre si e do governo), partindo daí: renunciamos a que todos sejam bons e apelamos às paixões, aos afetos, aos desejos e mesmo aos vícios de cada pessoa. Os exemplos de Mandeville, que o professor Ari Tank Brito, da

---

* Na sua *Fábula das Abelhas*, que comentei em meu livro *A Sociedade contra o Social*, São Paulo, Companhia das Letras, 2000.

UFMT, e eu estudamos, são até engraçados: as prostitutas de Amsterdã, que o governo puritano tolerava para evitar que os marinheiros atacassem mulheres "decentes", e o ladrão que roubava um monge, fazendo o ouro entesourado e inútil circular e produzir. Mandeville tem enorme simpatia pelo papel social de prostitutas e ladrões.

Antes disso, vigorava a convicção de que, para um país ir bem, seu rei devia ser bom, isto é, ser um bom cristão, maometano ou, ainda, de outra religião. Já se apelarmos às paixões (Hobbes, Espinosa) ou mesmo aos vícios, fica mais barato produzir a vida social e política. Ela exige menos. E não nos impõe um único modelo moral ou religioso. O problema é que isso funciona mais ou menos assim: para gerar o benefício, use o vício. Para baixar a inflação, aumente os juros. Nada disso faz sentido, à primeira vista. Os cientistas nos explicarão que faz sentido, sim – mas talvez se tenha ido longe demais nesse contraste entre os meios e os fins.

Aqui está o problema: e se tiver chegado a hora de casar melhor meios e fins, de fazer que o bem público resulte do bem privado? Para a expansão econômica e a construção da política moderna e democrática, o recurso a paixões e vícios foi eficaz. Mas, quando foi alcançado muito do que se pretendia, aumentando a prosperidade e liberdade no mundo, e entra em jogo a vida do próprio planeta, parece ser mais pertinente que cada um faça o bem. O caso por excelência, que talvez seja a chave da política em que estamos entrando, é o da ecologia. A vida em conjunto não melhora se cada um desperdiçar mais água. "Pequenas mudanças geram grandes mudanças", diz-se. A busca do interesse próprio, que resultou em produtos bons e baratos, pode estar-se tornando cara demais – porque dilapida recursos naturais, desemprega e sabe-se lá o quê. Não sugiro, aqui, soluções. Mas penso que por aí está mudando nosso modo de pensar. ■

Cuidar das crianças em conflito com a lei

Segunda-feira, 22 de agosto de 2011

Uma amiga me disse, ao ver na TV o arrastão promovido por sete meninas entre dez e catorze anos de idade, e sua sequência – mães e pais ausentes, Estado omisso, gente sem futuro: "Isso devia estar sendo discutido, e não a Copa do Mundo, os aeroportos, sei lá o quê". Em atenção a ela, hoje vestirei mais a condição de professor de ética que a de filosofia política, ou melhor, enfatizarei o caráter ético na discussão sobre o poder.

Muitos sabem de que se trata. As meninas fizeram um arrastão na Vila Mariana, em São Paulo*. Foram detidas. As mães de quatro delas foram buscá-las na polícia. O delegado prendeu-as por "abandono de incapaz", porque não cumpriram o papel de mãe, cuidando das filhas. Uma repórter, chocada, contou que foi à casa de uma delas, no Jardim Maravilha, a léguas de onde as garotas roubavam. Uma mãe tinha sete filhos, o esgoto corria pelas "ruas", as crianças brincavam na água poluída. A Defensoria Pública pediu que as mães fossem soltas. A Globo News mostrou a gravação, feita no banheiro, de uma mãe repreendendo a filha: "Volta no mesmo local do crime! Mas é besta mesmo, né?"

---

* *Folha de S.Paulo*, 12 ago. 2011: "As garotas foram apreendidas na tarde de ontem após cercarem um carro com duas mulheres, na esquina das avenidas Professor Noé Azevedo e Lins de Vasconcelos, pedindo bolsas, dinheiro e celulares. Segundo a polícia, o carro foi cercado por cerca de 15 meninas, mas apenas sete foram apreendidas. Dessas sete, três são crianças e quatro são adolescentes – uma delas tem 14 anos, três têm 13 anos, duas têm 11 e uma tem 10. [...] As meninas são moradoras dos bairros Cidade Tiradentes e São Mateus (zona leste). No entanto, para a polícia elas haviam dito que eram de Diadema (Grande São Paulo)". Suas mães foram presas por abandono de incapaz, e depois, soltas.

Um pai apareceu na delegacia, indignado porque a mulher ainda estava presa. É isso.

Antes de tudo: por que essas questões não são discutidas, nem resolvidas? Por que, enquanto isso, o estado de São Paulo anuncia a construção de um túnel entre Santos e Guarujá, no qual gastaremos 1,3 bilhão de reais? E por que debatemos estádios, em vez de crianças que viverão mal, morrerão cedo e talvez matem?

A primeira questão: algumas mães têm muitos filhos e mal cuidam, quando cuidam, deles. Tanto que as meninas foram encontradas bem longe de sua moradia. É imoral e criminoso os pais largarem suas crianças. Não concordo com quem, simplesmente, tem pena de pessoas que põem crianças no mundo, sem mostrar responsabilidade por seu futuro. Mas como lidar com isso, ainda mais numa democracia, que não pode impedir ninguém de ter os filhos que quiser? Até porque, se os pais forem presos por descaso, aí as crianças ficarão mesmo sem ninguém.

É terrível o que a gravação da TV revela. É sórdido uma mãe ensinar a filha, de quem já não cuida, a roubar. Só isso mereceria severa punição legal, pois é incitar menor ao crime. Mas volta o problema: como resolver a questão de tantas crianças que, nas inúmeras horas sem escola, são largadas na rua?

Aqui, divisões políticas imperam – mas não para resolver, mas atrasar a solução do problema. A esquerda já combateu a ideia de controlar a natalidade dos pobres: limitar o número de filhos seria uma proposta "de direita", para não enfrentar o "verdadeiro" problema, que seria a distribuição de renda. Bobagem: uma ação não exclui a outra. A gravidez indesejada, sobretudo de adolescentes, precisa acabar. O ideal é só ter filhos quem deseje tê-los e possa mantê-los. Uma boa educação sexual pode trazer o primeiro resultado, além de reduzir os abortos. Paternidade e maternidade devem ser responsáveis. Mas este simples parágrafo já deve causar muita divergência entre quem concorda com uma parte e não com outra, ou com nenhuma. Não temos saída, porém, se não unirmos esforços nesta prioridade humana e nacional.

E a escola? Dá para admitir que crianças não tenham o que fazer a não ser vagar pela rua, com pais que as mandam se virar para terem o que comer? Leonel Brizola, trinta anos atrás, deu a solução: centros integrados em que crianças e adolescentes passariam o dia todo estudando, fazendo esporte, comendo e até tomando banho. Mas os CIEPS foram abandonados. Com o nome de CEU, ressurgiram na gestão de Marta Suplicy em São Paulo e também não tiveram sequência. São caros, mas são a saída mais barata. Dizia o Bradesco, nos envelopes em que mandava extratos de conta, décadas atrás: "Educai as crianças para não punirdes os adultos". O que queremos, escolas ou cadeias?

Temos aqui uma série de culpados ou, se quiserem, de (ir)responsáveis. Há pais e mães que não cuidam dos próprios filhos; há o Estado, que não provê educação nem saneamento básico; há nós mesmos, que discutimos se é melhor o túnel ou a ponte para o Guarujá, ou – *mea culpa* que vale por hoje – se é melhor um governante do que outro, um sistema ou outro.

Mas não seria esta a oportunidade de, como a sociedade tanto quer, aproximar a política do "mundo real"? Aqui há que somar em vez de dividir. Haverá posições diferentes sobre tudo o que mencionei, mas é possível, respeitando a divergência, unir o máximo de empenhos. Tudo depende disso. Se essas e muitas outras crianças não forem salvas, boa parte irá para o crime – com prejuízo enorme para as vidas e paz geral. Isso para não falar nos talentos que tantas têm e serão desperdiçados, porque jamais terão chance de desenvolvê-los.

Uns dez anos atrás, ouvi do padre Júlio Lancellotti que o custo para cuidar de um adolescente em liberdade assistida – isto é, que delinquiu –, de modo a recuperá-lo, seria de algo como seis salários mínimos por mês, se não me engano por dois anos, incluindo os profissionais que cuidariam deles e são necessários. É caro. Mas era cerca de metade do que custava cada internado na Febem, para resultados pífios.

Hoje disse que trataria mais de ética que de política. Mas há outro modo de salvar a política? No Brasil, como no mundo desenvolvido, é enorme o descontentamento com a falta de ética na política. Há algo mais elementar na ética que cuidar da prole? Aqui estão em jogo prioridades do Estado e de cada pessoa. Há erros do governo, erros dos pais, erros nossos. Não seria esse um bom lugar para começar a construir laços, a melhorar como vivemos juntos? ■

Lula decidindo quem concorre pelo PT: prós e contras

Segunda-feira, 5 de setembro de 2011

Já antes de 2010, o presidente Lula decidiu quem concorreria pelo PT nas principais eleições daquele ano – uma ministra de perfil técnico, ex-militante de esquerda, mas que nunca disputara uma eleição*. Vários nomes foram excluídos devido a escândalos – Dirceu, Palocci –, mas Lula também escanteou outros que poderiam ganhar a indicação, como Jaques Wagner, Patrus Ananias, os dois Suplicy ou Tarso**.

Desde o ano passado, o ex-presidente Lula defende para as principais eleições de 2012 – as da cidade de São Paulo – um ministro de perfil técnico, militante de esquerda faz tempo, mas que nunca disputou eleição oficial. Lula assim exclui líderes petistas que poderiam até ganhar na convenção, como Marta ou Eduardo Suplicy.

O esquema se repete. Vejo quatro explicações para ele, que enumero, caso alguém queira ensaiar um rápido teste:

1. Lula tem um faro político incrível, que o faz encontrar soluções criativas para problemas difíceis;

---

* Dilma Rousseff, ex-militante do MDB, que se filiou ao PT em 2000, mais tarde, portanto, que os nomes mencionados adiante, que eram veteranos petistas.

** Respectivamente: José Dirceu, um dos principais nomes do PT, que tinha sido ministro da Casa Civil, mas depois teve o mandato de deputado cassado pela Câmara e seria condenado na ação penal 470; Antonio Palocci, já mencionado em nota anterior; Jaques Wagner, ex-governador da Bahia; Patrus Ananias, de Minas Gerais, ministro do Desenvolvimento Social e do Combate à Fome no governo Lula; Marta Suplicy, sua ministra do Turismo e ex-prefeita de São Paulo; Eduardo Suplicy, ex-marido dela, defensor intransigente da renda mínima universal; Tarso Genro, ex-governador do Rio Grande do Sul.

2. Lula acha que tem um faro político incrível, que o faz crer na sua intuição mais que no diálogo com os próprios correligionários;
3. Lula sabe que o PT não consegue, sozinho, ganhar o centro do poder. Por isso, monta cenários que acabam beneficiando seu partido, que, perdoai-o, nem sempre sabe o que faz;
4. Lula descrê dos procedimentos institucionais, que fariam um partido aprender por ensaio e erro, e usa seu carisma para impor soluções que dão certo para o PT – mas o mantêm imaturo, dependente dele.

Se quiser, escolha uma ou duas respostas, antes de continuar a leitura.

Vamos ao "gabarito". Quem cravou o ímpar tem bom juízo de Lula. Acredita que, sem ele, o PT viverá dificuldades. Concorda que a sucessão do líder carismático, que dominou o partido por trinta anos, seja conduzida por ele mesmo. Já quem preferiu as respostas pares receia que Lula enfraqueça as instituições – incluindo o próprio PT, que talvez não sobreviva a ele.

Mas, com esta interpretação, não abri minha resposta. Na verdade, são todas. Lula é um gênio da política – e acredita tanto em sua intuição que não se acha igual aos outros atores. Lula é o tutor necessário, que ajudou o PT a crescer e agora busca um sucessor – e também é o pai onipresente que impede o filho de crescer. Chegamos aqui ao limite tanto de Lula quanto do PT. Eles cresceram juntos. Já observei que quase todos os líderes petistas nasceram entre 1945 e 1950. Em 2018 será quase impossível um deles disputar a presidência. Seria deixar a mesma geração no comando político por três décadas, isso depois de ter ela chefiado a oposição por vinte anos. Dilma, apenas dois anos mais nova que ele, pôde suceder-lhe em 2010. Já Tarso (por exemplo), se concorresse em 2018, estaria tarde – não por causa dos 71 anos que terá, mas porque manteria a mesma faixa etária do mesmo partido dirigindo o país.

Por que o PT jamais conseguiu definir um líder que, nem de longe, se comparasse a Lula? O Partido dos Trabalhadores nasceu, em 1980, como algo radicalmente novo. Não tinha débitos com os partidos comunistas, nem com a principal tradição marxista. Era criação de sindicalistas – tanto que velhos comunistas ainda hoje não o perdoam por isso: por ter líderes trabalhadores que não se subordinavam aos *apparatchiks* do Partido – somados a dirigentes de lutas novas, como as comunidades de base católicas, movimentos de periferia e até defensores da descriminação da maconha. No mundo, não há partido de esquerda que tenha ao mesmo tempo o impacto, a dimensão e essa natureza não ou pouco comunista do PT. Daí que ele fosse a epítome do que era moderno. Daí que, quando quem ficou no PMDB se cansou de Quércia e foi fundar o PSDB – oito anos depois do PT –, ele também quisesse ser um "partido moderno". Isso levou, nos dois casos, a tentar novas formas e conteúdos.

Aí começa o problema. O PSDB tinha muito cacique e pouco índio. Seus chefes podiam ser respeitados, mas isso não bastava para organizar o partido. Não fosse a intervenção externa de Itamar Franco, que pinçou o líder menos "povão" do partido para fazê-lo presidente, teríamos uma federação de iguais, talvez se matando uns aos outros. Como FHC foi o escolhido, e ficou oito anos na presidência, um mandato inédito no Brasil, o partido se acertou. Só não conseguiu, até hoje, renovar-se, mas esse é outro problema.

Já o PT – a agremiação mais inovadora em termos de costumes, mais radical dentre os grandes partidos brasileiros – paradoxalmente nunca se emancipou de seu grande líder carismático. Eis o problema: o PT seria racional, mas seu chefe lidera pelo carisma, que não é razão, mas sentimento.

Daí a encruzilhada do PT. Se Lula continuar escolhendo, é melhor para o sucesso e talvez dê para, depois, o partido encontrar sua via. Mas se, com todos os seus líderes, o PT não consegue promover de baixo para cima a sucessão nas principais escolhas de 2010 e 2012, precisando da intervenção do chefe, um risco paira. Sempre é difícil passar do carisma para a instituição – De Gaulle foi o grande exemplo disso, na França. O ideal para o PT seria seus candidatos e filiados lançarem quem queiram, ouvindo Lula, mas apenas ouvindo. O partido poderia perder alguma eleição, mas, a longo prazo, se emanciparia. Deixaria de ser o partido de Lula para ser ele mesmo. Mas, na política, geralmente se prefere a vitória logo; passar do carisma à instituição sempre é difícil; e num país como o nosso, multipartidário até a medula dos ossos, talvez seja mesmo absurdo um partido prescindir do líder que deu certo. Pois o PSDB, que é a exaltação das instituições e a negação do carisma, não sente a mesma enorme dificuldade para substituir FHC? ■

Os partidos como parasitas

Segunda-feira, 12 de setembro de 2011

Uma convicção difundida entre comentadores da política e cientistas políticos é que partidos fortes são essenciais para a democracia. Já filósofos e estudiosos da comunicação não se entusiasmam tanto pelos partidos, mas reconhecem sua utilidade. Ora, um mantra da discussão política no Brasil é que os partidos são fracos, representam pouco e tendem a expressar mais os interesses dos políticos que os do eleitorado.

Não espanta que nossa legislação seja uma mãe para os partidos. Deixou de regulamentar seu funcionamento interno, o que seria bom, não fosse o fato, revelado pelo *Valor Econômico*, de que vários deles, mesmo importantes, funcionam na base de comissões provisórias nomeadas pela direção nacional, sem democracia interna. Houve momentos, na ditadura, em que a lei fixou um máximo de partidos (dois), determinou que tivessem o "P" de partido em seu nome e até mandou suas convenções se realizarem sempre em Brasília. Bobagem que passou. Mas continua havendo vantagens para os partidos, o que paradoxalmente talvez explique por que eles são fracos. Não precisam ir à luta, conquistar o apoio do povo. Isso os fragiliza, isso nos fragiliza.

Por que, no Brasil, só partidos podem lançar candidatos? Não é assim na França, nos Estados Unidos ou na Grã-Bretanha, três democracias exemplares, fruto de grandes revoluções democráticas. Lá, quase todos os eleitos em nível nacional pertencem aos principais partidos, mas isso não é obrigatório. Os partidos se fortalecem sem serem donos da atividade eleitoral. São fortes porque lutam por isso, não porque a lei lhes dê o oligopólio da política. Já no Brasil só pode concorrer quem se filiou a um partido doze meses antes da eleição – o que exclui do direito de se eleger 95% ou mais da população.

Essa oligopolização da política traz um adicional. Você se filia sem a certeza de que será candidato. Entre você e o voto popular, está a cúpula partidária. Itamar Franco se inscreveu no PMDB, em 1998, esperando concorrer à sucessão de FHC. Uma vez filiado, o PMDB aproveitou o ilustre refém para negociar com o governo tucano e liquidou sua candidatura. Mas é legítimo uma pessoa, que pode expressar a vontade popular, ser impedida de ir às urnas porque o partido lhe negou legenda?

Imaginemos que o PSDB se divida entre Serra e Aécio, em 2014. Se um deles notar que não tem chances no partido, sua única saída será mudar de legenda antes de outubro de 2013. Ora, dificilmente um deles saberia disso a tempo. Portanto, digamos que disputem a convenção. Quem perdê-la não poderá apelar ao povo. Na França, nos Estados Unidos ou na Argentina, poderia – e poderia ganhar a eleição. Agora, à pergunta: isso enfraquece o partido? A resposta adequada é: menos que o sistema atual. Hoje, o perdedor na convenção dificilmente dará apoio entusiástico ao vitorioso. Muitos serristas acusaram Aécio de corpo mole na eleição de 2010. Mas, se ambos puderem ir ao povo, o que teremos? Certamente outras lideranças partidárias – a começar por FHC – tratarão de curar as feridas e negociar um acordo. Para isso, não precisa haver uma lei barrando candidaturas. É melhor a lei ser aberta, e os conflitos se resolverem na prática. Mais maduro.

Em termos municipais, nem se fala. Com raras exceções, prefeitos se elegem em torno de temas locais – no mundo todo. A maior exceção costuma estar à esquerda, mais afeita a propostas sociais, que interferem na vida cotidiana. Mas, até porque em vários municípios as coligações se mostram monstruosas, aliando partidos opostos no plano federal, por que não admitir listas fora dos partidos? É um absurdo o prefeito de São Paulo* precisar criar um partido para continuar na política, com todas as consequências que vimos nas filiações ao PSD.

Em 2010, os tribunais eleitorais difundiram *spots* publicitários sobre a importância do voto. A intenção era ótima. A ilusão, total. Diziam que o Poder Executivo reduz as desigualdades. Ora, esse é um belo ideal, mas só isso. Mostraram um eleitor sabatinando os candidatos, como se dis-

* Era Gilberto Kassab, que deixou o DEM para criar, em 2011, o PSD.

putassem um emprego. Na teoria, é assim. Na prática, os candidatos dos grandes partidos têm muito mais poder que os cidadãos. No fundo, os *spots* indicaram um problema de nossa política: que os tribunais eleitorais acabem assumindo um papel que deveria ser dos partidos.

Tomemos os Estados Unidos, onde o voto não é obrigatório – o que leva a um grave problema, que é a abstenção maior entre negros e pobres, que, por isso, recebem menor atenção dos políticos, o que aumenta o alheamento político de negros e pobres, levando os políticos a lhes darem menos... Mas, lá, se um partido quiser conquistar o voto de negros e pobres, terá de convencê-los de que é importante votar. Ou seja, em vez de um *spot* abstrato, no qual a Justiça cega e imparcial fala do voto em geral, teríamos *spots* concretos, em que um partido diz: se quiser combater a corrupção, vote em nós; se quiser eliminar a miséria, vote no partido tal; e assim por diante.

Isso acabaria com um aspecto que a eleição tem hoje: a reserva de mercado. Por lei, os partidos têm o monopólio das candidaturas. Por lei, os cidadãos têm de votar. Daí sucede que, no dia da eleição, muitos votantes não saibam ainda em quem votar e peçam indicações a amigos. Eu o fiz, em 2010, para deputado estadual. Ora, se você não está convencido de um candidato, por que votar nele? Por que votar? Os partidos, oligopolistas da política, têm apenas de disputar em quem você votará. Não precisam militar pela causa da política. Não precisam convencer ninguém da importância do voto. Funcionam como parasitas, não como atores da política. Isso tem de mudar. ■

Experimentar o voto facultativo

Segunda-feira, 10 de outubro de 2011

Reforma política é um assunto de que se fala com frequência, mas nunca se sabe bem de que se trata. Na verdade, porém, temos no Brasil apenas duas ou três reformas políticas, se tanto, que realmente estão no horizonte. Uma é a dos partidos e analistas políticos: como eleger os deputados federais, pergunta-se. Mudar sua forma de escolha acarretaria, espera-se, melhor representação e, sobretudo, menos corrupção. Daí que esse tema esteja ligado à questão do financiamento eleitoral. O PSDB defende o voto distrital, o PT a manutenção do voto proporcional, só que em lista fechada. A reforma política que provém dos partidos resume-se nisso.

Porque há outra "reforma política", nunca formalizada, de poucas chances, mas que vem de baixo para cima – ou, pelo menos, aparece em cartas de leitores e em conversas de bar. Não é assumida pelos partidos. Aliás, não é apenas uma, são duas reformas políticas. A primeira já está valendo. É a fidelidade partidária. Não por acaso, o Congresso nunca a regulamentou, apesar de constar da Constituição. Foi regulada pelo STF. Falta, claro, aplicá-la; por ora, não passa de palavras.

A outra é o voto facultativo.

Não quer dizer que as mesmas pessoas defendam a fidelidade partidária e o voto facultativo. Creio que, em nome da ética, a grande maioria dos eleitores é a favor de que o eleito não saia do partido pelo qual foi escolhido. Por sinal, essa é a única reforma política que é ética de ponta a ponta. Com raras exceções, não há como defender que uma pessoa se eleja pela oposição e passe para o governo. Já no caso do voto facultativo, não sei qual a sua popularidade. É o preferido dos leitores que escrevem aos jornais, o que é um indicador interessante. Mas muitos desses eleitores, provavelmente de classe média, parecem mais empenhados não em ter o direito de não votar, mas em que os pobres não votem. Já li cartas afirmando que, se o voto fosse facultativo, quem "não tem consciência política" não votaria. Obviamente, quem "não tem consciência política" é simplesmente quem discorda de nós... Esse é um discurso velho, conservador, que lembra o século XIX, quando se temia que uma maioria de pobres mexesse nas leis tributárias, no orçamento, na propriedade, em suma, na desigualdade.

Uns meses atrás, discutindo com duzentos alunos do cursinho vestibular Pré Federal, em Belo Horizonte, vi que a maioria deles era pelo voto obrigatório – não uma enorme maioria, mas uma maioria clara. É um dado interessante.

Mesmo assim, creio que poderíamos tentar uma experiência com o voto facultativo. Nosso país não é o único a ter o voto obrigatório. Austrália, Bélgica, Costa Rica, Itália também o têm. Mas, em sua maior parte, eles não punem os que deixam de votar. Já o Brasil os castiga com um penduricalho de restrições mesquinhas, como, por exemplo, a dificuldade para tirar passaporte. Penso que de duas uma: ou o voto é tão importante, para que todos construam a coisa pública, a *res publica*, que deveríamos punir seriamente quem não vota – por exemplo, impondo uma semana de trabalho numa ONG –, ou então o melhor é largar os penduricalhos e investir no caráter fortemente ético da obrigação cívica. Não há democracia sem cidadãos. Portanto, devemos ensinar a todos, desde cedo, que defender a república é uma obrigação – ética – de todos.

Poderíamos fazer um teste. Manteríamos o voto obrigatório na Constituição. Ela não prevê punições, que estão em leis, as quais foram somando as pequenas restrições a que aludi (e uma multa irrisória). Mas suspenderíamos as leis punitivas por um ciclo eleitoral, isto é, por um ano de eleições municipais e outro de eleições gerais. E veríamos no que dá.

Será que realmente despenca a participação eleitoral com o voto facultativo? Não sei. É consenso que votamos com mais ânimo para o Executivo do que para o Legislativo – mas, como se trata da mesma eleição, a abstenção sempre será a mesma. Mas o importante é pôr os partidos para trabalhar. Como disse em coluna anterior, hoje eles têm a reserva de mercado de nosso voto. Temos que votar; portanto, em quem votamos? Já se os partidos tiverem de se empenhar para mostrar aos eleitores que o voto é importante e traz resultados, a mudança terá valido a pena.

É claro que teria de haver punições severas para quem tentasse impedir alguém de votar – inclusive de forma indireta, por exemplo, induzindo ou instigando o eleitor a trabalhar o dia inteiro das eleições. Mas, se conseguirmos manter um índice elevado de participação eleitoral, o resultado será precioso: enfatizaremos o caráter ético e não punitivo da obrigação eleitoral, promoveremos uma grande pedagogia cívica e, finalmente, teremos certeza de que as pessoas votam por convicção. Acredito, aliás, que será baixo o número de abstenções. Justamente devido à obrigatoriedade, temos longa tradição de voto. Creio que a obrigação legal de votar completou seu papel, e pode, hoje, se tornar um dever puramente ético.

Insisto: seria bom tratar-se de uma experiência. A lei suspenderia as punições por duas eleições sucessivas. Depois, as sanções voltariam a vigorar – salvo o caso de nova lei, que as suprima em definitivo. Assim, os defensores do voto obrigatório nada teriam a temer. O ônus de aprovar o fim definitivo das punições será de quem quiser extingui-las. Se não houver uma lei nova após quatro anos, retorna-se ao *statu quo* da obrigatoriedade. E poderemos testar todos os riscos dessa mudança – que, com certeza, será mais comentada nas cartas de leitores do que tem sido o debate entre o voto distrital e a lista fechada. ■

Política sem pressa

Segunda-feira, 17 de outubro de 2011

Um amigo foi a Manaus, este ano, para a temporada operística. No intervalo de *Tristão e Isolda*, magnífica, mas, como tudo em Wagner, longuíssima, comentou aos vizinhos de plateia, já cansados: "Wagner era um homem sem pressa..." Creio que o comentário se aplica muito bem ao nosso sistema eleitoral e parte do sistema político.

Um traço essencial do regime parlamentarista é que o Parlamento pode ser dissolvido. Como o próprio Parlamento pode destituir o governo, a forma de garantir que aja responsavelmente é fazendo pairar, sobre sua cabeça, a possibilidade de ser dissolvido – pelo presidente da República ou, às vezes, pelo primeiro-ministro. Muito bem. Isso significa que, entre o dia em que sai o decreto de dissolução e as eleições, não transcorrem mais que trinta ou sessenta dias.

Aqui no Brasil, talvez o único país do mundo que conta com um ramo inteiro do Judiciário especializado em eleições, dotado, por sua vez, de cartórios e funcionários que trabalham o tempo todo para promover pleitos que somente se realizam a cada dois anos, toda vez que se fala em promover uma consulta – como certos plebiscitos –, responde-se que a Justiça Eleitoral demorará um ano ou dois para organizá-la. É incrível o abismo entre a rapidez dos países parlamentaristas e a lentidão do nosso órgão incumbido de reger as eleições. Nada justifica essa demora.

Neles, as eleições se realizam sem maiores transtornos urbanos. Nos Estados Unidos, dão-se na "primeira terça-feira após a primeira quarta-feira de novembro" – num dia útil, em que todos trabalham. Mesmo assim, votam. Não há congestionamentos de trânsito perto das seções eleitorais. Não há carros parados em lugar proibido, ante a indiferença dos guardas de trânsito, que sabem que se multarem – como deveriam – farão o motorista irritado votar na oposição ao prefeito. Tudo é normal.

Há mais. No parlamentarismo se realiza a eleição e, se o partido no governo perde a maioria, o líder da oposição assumirá. Na manhã da segunda-feira (eleições europeias são com frequência no domingo), um caminhão de mudança estaciona diante da residência oficial do agora ex-*premier*, e antes do meio-dia ele desocupa a casa. Isso, aliás, sempre me espantou – como consegue isso? Em segredo a mulher e os empregados já tinham encaixotado tudo? Ou, como é provável, voltam depois para retirar o principal?

Mas estas minhas dúvidas são detalhes. O fato é que, menos de 24 horas depois da eleição, já há um novo governante em função. E também um novo governo: vinte ou trinta ministérios (ou secretarias de Estado) mudam de mãos em questão de horas. No Brasil, é normal o governante eleito começar, só aí, a fechar a sua equipe. Demora meses negociando e escolhendo, ou escolhendo e negociando. Na França, Alemanha, Reino Unido, Espanha, tudo isso se faz em menos de um dia.

Estaremos acostumados a desperdiçar o tempo da política? É essa a questão. Verdade que também isso acontece nos Estados Unidos. Da eleição à posse, lá se passam dois meses e meio, em que também há um governo desautorizado e outro aguardando para ligar as turbinas. Os norte-americanos até dispõem de uma expressão para designar o presidente e o Congresso em fim de mandato, depois de eleitos seus sucessores: *lame duck*, literalmente, pato machucado, cujas asas estão feridas e já não lhe permitem voar. Eles aceitam 75 dias de inatividade. Nós toleramos sessenta, em caso de segundo turno, e noventa, se a eleição for definida no primeiro.

Sempre foi assim, aqui. Antes de serem informatizadas as eleições, a apuração tardava dias. Na França dos anos 1970, acompanhei alguns pleitos. Fechavam-se as urnas ao escurecer, e os mesários apuravam os votos. Pelas 22 horas, já havia os resultados de cada seção eleitoral e, o mais tardar à meia-noite, sabia-se quem ganhara e quem perdera as eleições. Por isso, de manhã o primeiro-ministro deixava a casa que ocupara durante alguns anos. No Brasil, uma rapidez comparável somente se tornou possível com a informatização. Não precisávamos ter esperado tanto.

Porque, repito: será que acreditamos que o tempo da política não vale? Que pode ser jogado fora? Que não há urgências? Que podemos demorar à vontade para ter o resultado proclamado, o ministério constituído, o governo funcionando? Nada disso faz o menor sentido. Até porque, quando o governo toma posse, esperamos ainda que no seu primeiro ano de mandato esteja acertando os ponteiros. Isso vale inclusive quando a sucessão se dá no mesmo partido – veja-se como tratamos Dilma Rousseff: não faz nem um ano que assumiu, ainda tem de trocar ministros, fazer tudo andar direito... Esta condescendência com a lentidão na coisa pública não é, seguramente, um bom sinal.

Sei das dificuldades que há na política. Nos Estados Unidos e nas democracias com voto distrital, são poucos os partidos. No Brasil, o presidente eleito tem de negociar à exaustão com os vários partidos representados no Congresso. Mas nos estados e municípios é bem mais fácil. E isso não explica a lentidão dos governadores e prefeitos, ou da Justiça Eleitoral – que, por exemplo, no quadriênio passado tardou dois anos para julgar as eleições do Maranhão e da Paraíba, ainda por cima, dando seus governos aos candidatos derrotados, em vez de convocar novo pleito. Acredito que, lá onde isso é viável, e em quase todas as esferas da política o é, faria bem nossa política ter um pouco mais de pressa.

Em tempo, até porque de tempo falamos: recomendo a temporada de óperas em Manaus. Wagner é ótimo, e há também os compositores mais velozes – Mozart, os italianos... ■

De cargo em cargo

Segunda-feira, 7 de novembro de 2011

Uma coisa que me surpreendeu, quando trabalhei em Brasília num cargo de confiança bastante técnico e nada partidário (como diretor de avaliação na Capes, incumbido de avaliar os milhares de doutorados e mestrados brasileiros), foi ver como é difícil a situação de quem assume tais cargos. Esse assunto costuma ser tratado politicamente, sob a forma de críticas ao número de cargos de confiança. Mas nunca o vi ser tratado humanamente, vendo a dificuldade que acarreta para quem se muda para a capital por um período, em princípio, provisório. Esse lado "humano", obviamente, tem consequências políticas.

Explicando os cargos de confiança: eles incluem, além dos ministros e secretários executivos, uma hierarquia de DAS*, que vão de 1, o mais baixo, até 6, diretamente subordinado ao ministro. Cada nível de DAS tem remuneração e prerrogativas próprias. Por exemplo, só os DAS-4 e superiores têm direito a auxílio-residência, necessário para quem vem de fora da cidade em que vai trabalhar. Isso vale para Brasília, onde está a maioria dos dirigentes federais, mas também para outras cidades. Por exemplo, o diretor da Biblioteca Nacional, que fica no Rio de Janeiro, tem seu DAS (ou, como se diz, "ele é um DAS") e, se vier de fora do Rio, receberá auxílio para a moradia. Este somava R$ 2.100 por mês em 2008 e é apenas suficiente para pagar as despesas de residência, até porque é prudente o DAS evitar um compromisso de longo prazo (o aluguel de um apartamento por tempo fixo), dado que pode ser demitido ou demitir-se a qualquer momento.

* Direção e Assessoramento Superior. [N. E.]

Outra prerrogativa: os DAS-5 e 6 têm direito a usar carro oficial (a serviço, obviamente), enquanto os outros DAS só podem utilizá-lo acompanhando os primeiros. Uma curiosidade é que o DAS-5 usa carro oficial branco, com logotipo enorme do órgão em que trabalha, enquanto o DAS-6 utiliza carro oficial preto, com discreto logotipo genérico anunciando tratar-se de serviço público federal. Há um curioso *dégradé* que vai do lógico (o pagamento diferenciado, certos direitos hierarquizados) ao risível (a cor do carro e, pior, as formas de tratamento que o dirigente tem de usar).

Certa vez, tive de responder ao mais importante dos senadores. Era uma formalidade qualquer, mas disse à minha secretária que subscreveria "Atenciosamente" sem nenhum problema, mas me recusava a dar, àquele prócer, a fórmula "Respeitosamente". Veio então uma funcionária categorizada com um manual, que mandava autoridades de meu nível usar o "Respeitosamente" com os membros do Senado Federal. Lembrei um livro que escrevi sobre a etiqueta nas cortes do Antigo Regime...

Voltando ao que é sério, bastante sério: numa federação, é preciso que um número razoável de DAS-4 a 6 venha de fora da capital. Compreende-se que os DAS-1 até 3, que não têm auxílio para morar, sejam sobretudo de carreira e/ou já morem em Brasília. Contudo, quem sai de seu estado para viver no Distrito Federal enfrenta escolhas difíceis. Precisa decidir se muda mesmo, ou se mantém casa e família no estado de origem. Se voltar para casa toda semana, a passagem sairá do seu bolso. Este é um ônus financeiro alto. Há também o ônus afetivo de estar longe dos entes queridos. A alternativa é mudarem todos para a capital. Isso implica conseguir um emprego para o cônjuge e transferir os filhos de escola, com as rupturas de vínculos que isso requer. Evidentemente, em especial ante os riscos de apagão aéreo, humanamente falando, a solução menos ruim é mudar todo mundo, mas notem os custos. Evita-se o desgaste do alto funcionário, porém seu cônjuge precisará de um emprego, geralmente no governo, mas em outro ministério, recendendo um tanto a favor, e os filhos mudarão toda a sua rede de relações, numa fase delicada da vida. Mudam amigos, sotaque, hábitos.

Dá para entender que quem se transfere mesmo para Brasília dificilmente queira sair de lá? Delfim Netto disse certa vez que camadas geológicas vão se depositando no Distrito Federal, cada uma legada por um governo. Porque – digo eu agora – quem pagou tanto para se mudar dificilmente vai querer, depois que se adapte, voltar para seu estado. Daí que muitos procurem se manter lá, seja no governo, seja em entidades não governamentais, mas que com frequência têm contatos com o poder público.

Daí, também, outra consequência. Se é natural supor que, ao fim de quatro ou oito anos, isto é, de um mandato presidencial, mudem os detentores dos cargos – o que em tese permitiria prever o retorno, não fosse o enorme custo afetivo, de que falei –, também sucede muita demissão e nomeação ao longo do mandato. Chefes e subordinados se indispõem. Vi ministros realocarem DAS que eles mesmos haviam demitido. Porque há o lado humano. Imaginem que em maio, em pleno ano escolar, alguém deixe o cargo e, com ele, Brasília; como ficam o cônjuge e os filhos que estão na escola? Em dinheiro, o custo de voltarem todos para seu estado já é alto. Em termos humanos, o preço sobe exponencialmente. Daí que não se queira largar o cargo. Por isso, ou as pessoas se apegam a eles e fazem de tudo para os manter, ou procuram ir de cargo em cargo, governo após governo. Daí, finalmente, as camadas geológicas...

O que fazer para melhorar essa situação? Não sei. A solução que eu e vários adotamos foi a de pagar passagens para nossos estados, onde continuamos vivendo, mesmo trabalhando a semana toda em Brasília. Não aconselho, porém; você fica sem raiz. Passei quase cinco anos sem saber onde vivia. Deve haver uma solução para isso, mas ignoro. Mas creio que eu devia, pelo menos, levantar um problema que afeta muitos quadros graúdos do país, porém passa sem comentários na discussão política. ■

Ministérios de primeira e de segunda

Segunda-feira, 14 de novembro de 2011

Por que o governo não dá a merecida importância a ministérios como Esportes, Turismo – que foram moeda de troca na composição da aliança no poder e talvez por isso tiveram seus ex-titulares acusados de malfeitos – e Cultura, cuja ministra é criticada pelos artistas por um desempenho que não lhes agrada*? São três pastas pequenas e secundárias na Esplanada, mas portadoras de um enorme futuro. Tudo indica que, em poucos anos, o aumento do lazer, inclusive criativo, a preocupação com a saúde e a difusão do hábito de cuidar do corpo vão gerar um grande boom, econômico e social, na cultura, nos esportes e no turismo. Por que, então, figuram eles no final da hierarquia dos ministérios? Por que essa miopia dos governantes – e aí incluo os estaduais e municipais?

Esportes e Turismo estão entre os ministérios cujos primeiros titulares no governo Dilma foram acusados de corrupção. A ministra da Cultura foi chamada por seus desafetos de inepta. Tenham ou não razão os seus críticos, essas pastas sempre ficaram em segundo plano. Cultura teve alguns grandes ministros, a começar por Celso Furtado, mas nunca muito dinheiro. Mas será nesses ministérios, e alguns outros, que muita coisa boa poderá nascer no futuro próximo. Então, ou o governo passa a priorizá-los ou vamos perder grandes oportunidades.

Esses setores têm potencial de riqueza econômica. Nos esportes estão

---

* Nos Esportes, Aldo Rebelo acabava de substituir Orlando Silva, ambos do PCdoB. No Turismo, Pedro Novais cedera lugar a Gastão Vieira, os dois do MDB. Ana de Hollanda, única não política, enfrentava na Cultura, com enorme dignidade, um volume impiedoso de ataques, mas nenhum deles insinuava sequer alguma falha ética.

hoje dois eventos de alcance mundial, a Copa e os Jogos Olímpicos. Mas, para além das efemérides, o fato é que, quanto mais as classes médias e a sociedade em geral queiram ter maior prazer com seu corpo, maior *wellness*, palavra ainda sem tradução, mas que designa um bem-estar intensificado, mais crescerá a área de Esportes. Isso abre perspectivas inéditas para os ministérios e secretarias, estaduais e municipais, da área.

Turismo é outra pasta que às vezes serve, como Esportes, para fazer alianças a baixo custo com partidos ou líderes a quem você não teria coragem de dar a Fazenda, a Justiça ou a Casa Civil. No segundo governo Lula, foi o prêmio de consolação a Marta Suplicy por não receber a Educação – e ela fez uma boa gestão. Contudo, politicamente é um ministério fraco, até porque notícias a respeito saem no caderno de Viagens e não no de Política... Mas cada vez mais o prazer de viajar estará na ordem do dia. Não por acaso, quando Mares Guia ocupava a pasta, no primeiro governo Lula, seu amigo Claudio de Moura Castro propôs medidas em favor do ecoturismo, do turismo radical e de outras formas de prazer, digamos, "de ponta".

Ao contrário de Esportes e Turismo, a Cultura não serve de moeda de troca partidária – ou porque se tem mais respeito por ela (improvável), ou porque se vê menor chance de negócios. Mas costumo cotejá-la com Ciência e Tecnologia. São dois ministérios refinados, que lidam com assuntos de qualidade. Contudo, embora haja bem mais artistas do que cientistas no Brasil, o MCT é mais rico que o MinC. Por quê? Porque os cientistas são organizados. Unem-se. Pressionam. Embora biólogos e físicos praticamente controlem a política científica, também as outras áreas conseguem seu quinhão. Já na Cultura, é difícil. A criação é muito dispersa. A verba acaba pequena.

Temos aqui grandes oportunidades desperdiçadas. É provável que, em poucos anos, as áreas de maior interesse das pessoas sejam os esportes e a cultura – com uma brecha para as viagens, claro. *Mens sana in corpore sano**, dá vontade de dizer, mas com uma diferença: o ideal da primeira metade do século XX – ginástica sueca e alta cultura – cede lugar a exercícios alternativos, variados, e a uma cultura cheia de diversidade, criativa, espontânea. Acredito que aí surgirão negócios economicamente poderosos. Ouso dizer que quem apostar em menos carros e mais

* Ditado latino: "Mente sã em corpo são".

academias e centros culturais (ou em cultura sem centros) não só fará um bem para a humanidade como, além disso, poderá ganhar um bom dinheiro.

Por que, então, os governos deixam esses ministérios num segundo plano? É verdade que o único ministro de FHC maior que seu cargo foi o dos Esportes – Edson Arantes do Nascimento – e que o único ministro de Lula maior que o seu posto era o da Cultura – Gilberto Gil. No entanto, Pelé foi um ministro apagado e Gil várias vezes esteve ameaçado de ficar sem orçamento. Pelo menos uma vez, eu soube que esteve a ponto de pedir demissão, pois iam cortar 57% de suas verbas. Imaginem só, perder Gilberto Gil: falta audácia a nossos governos.

Sei que algumas pastas são decisivas. Uma delas comanda a economia, da qual hoje tudo depende. Ora é a Fazenda, ora o Planejamento. Outra dirige a política, as leis – é a Justiça. A terceira é a Casa Civil, que articula o governo – tanto que nos estados se chama secretaria de governo. Um grupo de pastas que já foi decisivo, os militares, hoje se reduziu à sua real significância, no ministério da Defesa. Muito bem.

Temos os grandes ministérios "sociais", como Saúde, Educação e Desenvolvimento Social. Eles investem no futuro, pois quando funcionam bem reduzem doenças, melhoram a qualidade de vida, qualificam as pessoas no trabalho e no lazer. Merecem seus orçamentos altos.

Mas o que não dá para entender é que, ainda hoje, pastas que têm carimbado no seu DNA as palavras "futuro", "prazer" e mesmo "felicidade" fiquem relegadas a um segundo plano, com verbas pequenas e, sobretudo, pouca antevisão, pouca projeção do novo, servindo de moeda partidária e se exigindo pouca performance delas. Um mundo novo está surgindo, e falta arrojo aos governos para perceber tudo o que pode nos trazer – e, mais que isso, tomar as medidas nessa direção. ■

Democracias fazem guerra a democracias?

Segunda-feira, 5 de dezembro de 2011

Em fevereiro de 1979, a China, comunista, invadiu o Vietnã, também comunista. Quatro anos antes, o Vietnã tinha vencido os Estados Unidos após um conflito de duas décadas – a primeira derrota deste último país em sua história*. O mundo se surpreendeu com o fato de dois Estados marxistas entrarem em guerra. Muitos disseram: em compensação, democracias não fazem guerra a democracias. Essa seria uma de suas grandes qualidades.

Mas será verdade? Na Grécia, onde começou o governo pela maioria do povo, Atenas guerreou várias outras cidades que eram igualmente democráticas. É possível que sua derrota na longa Guerra do Peloponeso (431-404 antes de Cristo) – que coincidentemente é seguida pela execução de Sócrates, o modelo dos filósofos, e pela decadência da cidade-Estado – se deva em larga parte ao que hoje chamamos de "dupla moral": para os nossos tudo, para os outros nada. O caso de Roma é ainda mais flagrante. Foi durante séculos uma república poderosa, em que o povo tinha voz, ainda que limitada, perante os aristocratas. Mas jamais soube – ou quis – reconhecer aos povos que conquistou fora da Itália os mesmos direitos que tinham os cidadãos romanos. (Somente no ano 212, mais de dois séculos depois de terminar a república, Caraca-

* É verdade que a guerra dos Estados Unidos com o Reino Unido, em 1812-1814, que levou à ocupação de parte do território norte-americano e até ao incêndio de Washington e da Casa Branca pelo inimigo, resultou em empate, por um certo cansaço dos dois lados. Mas a primeira real derrota dos Estados Unidos foi no Vietnã e no Camboja. Hoje, quando publico este livro, cada vez mais se entende que as invasões do Afeganistão e Iraque deram em derrota, ainda que não explícita.

la a concederia a todos os habitantes do então império.) Daí que fosse, como explicou Hobbes, uma democracia para uso interno, e uma monarquia (diríamos hoje: uma ditadura) na relação com os países colonizados.

Modernamente, a questão ateniense e romana continua presente: várias democracias adotam um padrão para uso interno e outro, bem diferente, para uso externo. Todo o colonialismo e, por que não dizer, imperialismo modernos assim se explicam. No século XIX, a Grã-Bretanha, a França e os Estados Unidos já eram Estados democráticos – menos do que hoje, mas bastante. No entanto, negavam a outros países os direitos de seus cidadãos. Há coisa pior, porém.

Refiro-me às intervenções de alguns desses países para eliminar movimentos democráticos em nações subdesenvolvidas. O caso talvez mais grave, até porque o feitiço se virou contra o feiticeiro, é o do Irã. Em 1953, o primeiro-ministro Mossadegh, favorável a uma democracia em estilo ocidental, é deposto por um golpe promovido pela CIA. O episódio é bem estudado por Stephen Kinzer, em seu excelente *All the Shah's Men*. O xá volta ao poder, reprime ferozmente os rebeldes, prende Mossadegh (não ousa executá-lo) e – um quarto de século depois – é deposto por uma oposição religiosa que sequer existiria, caso a oposição leiga dos anos 1950 tivesse podido se expressar. O que se segue – a teocracia islâmica – é pura culpa dessa agressão de um país democrático a um que tentava tornar-se democrático.

Ou pensemos no apoio dos Estados Unidos ao golpe contra João Goulart, presidente do Brasil, ou Salvador Allende, do Chile. Nos dois casos, tratava-se de países democráticos, com governos escolhidos segundo a Constituição em eleições limpas. Ora, subverter um regime, apoiar a deposição de um governo não são formas de fazer guerra? Então um regime democrático, o americano, guerreou outros, o brasileiro e o chileno, para não falar em muitos mais. Portanto, democracias fazem, sim, na Antiguidade ou na Era Moderna, guerras umas às outras.

Que consequências podemos tirar desse fato? Primeira, se isto é um consolo, que entre si as democracias não fazem guerras explícitas, declaradas, como invasões. Se é verdade que "a hipocrisia é a homenagem que o vício presta à virtude", porque o desonesto se envergonha de sua desonestidade, então – pelo menos – os governantes democraticamente eleitos sabem que é feio atacar um regime democrático ou que se está democratizando. Faz alguma diferença, mas talvez seja pouca, porque a hipocrisia não impede o delito.

A segunda consequência é mais complicada. Digamos que a democracia é contagiosa, no melhor sentido do termo. Ela atrai. Então, quando uma democracia se fecha sobre si e nega direitos – seja a negros, a árabes, a mulheres, a quem for –, ela se torna vulnerável e, pior, começa a sabotar a si mesma. Sustento que uma democracia tende a ser aberta, integral, em expansão: não só amplia os direitos de quem a integra como, também, alarga o número dos que reconhece como pessoas, titulares de direitos. Aqui entra em cena o cosmopolitismo: a ideia, que vem do filósofo grego Diógenes, o Cínico, de que existe algo como um "cidadão do mundo", um *kosmopolites*. Uma pólis confinada em si mesma não faz sentido. Indo mais longe: é ou deveria ser da natureza das pólis, dos Estados democráticos, serem amigos.

Não vivemos num mundo de conto de fadas, onde todas as democracias são gentis entre si. Mas a história mostra que os regimes populares do mundo antigo – a democracia ateniense e a república romana – sucumbiram por não saber integrar o dentro e o fora, os direitos reconhecidos a seus membros e o desprezo e exploração votados ao estrangeiro. Se a democracia é atraente e, por isso, tende a se hiperpovoar, isso não se resolve fechando-se suas portas ou, pior, reprimindo-se outros povos para que não a ameacem. Até porque novas democracias podem ser diferentes das que já existem. A democracia brasileira, defendo esta tese há tempos, coloca a necessidade de um afeto político democrático que rompa com uma tradição nossa do afeto autoritário, que até há poucos anos prevalecia em nosso país*. As democracias árabes, que poderão existir ou não, formulam novas perguntas. Não temos ainda as respostas, mas – com toda a certeza – ela não virá negando-se o que conseguiram de democracia, porém somente o aumentando. Mesmo que isso implique riscos. ■

* Ver meu livro *O Afeto Autoritário: Televisão, Ética, Democracia*, São Paulo, Ateliê Editorial, 2005.

Apurar até depois do fim

Segunda-feira, 19 de dezembro de 2011

Depois da queda de sete ministros em onze meses, agora estão sob ataque os titulares das Cidades e do Desenvolvimento*. Isso permite duas suposições fortes, embora conflitantes. A primeira é que haja um plano para derrubar um a um os ministros, acusando-os de corrupção. Basta ver que, a cada vez, o fogo se concentra num ministro, sem se dispersar; mas, tão logo ele cai, outro é visado. Tática de artilharia. Mas, ao dizer isso, não desculpo o governo – e este é meu segundo ponto. Os ministros não teriam caído se convencessem a opinião pública de sua inocência. Eu poderia enfatizar um lado ou outro da questão, puxando para o lado tucano ou petista, mas os dois me parecem importantes.

As acusações ao ministro Fernando Pimentel mostram que o ataque muda de patamar. Até agora foram expostos ministros pouco importantes ou, no caso de Palocci, mais próximos de Lula que de Dilma. Já Pimentel talvez seja o ministro mais chegado a ela. O roteiro Dilma – exigir do auxiliar que se explique, demitindo-o se não se defender bem – fica difícil agora. Se ele sair, a presidente terá entregue um auxiliar próximo. E, a continuarmos nesse ritmo, na hora das eleições já terão caído, se usarmos uma elementar regra de três, quinze ministros ou mais: quase metade do gabinete. O custo será devastador para Dilma.

Daí que o lógico, mesmo que surjam provas contra Pimentel (por

* Respectivamente, Mário Negromonte, político baiano filiado ao Partido Progressista, e Fernando Pimentel, político petista que depois se elegeria governador de Minas Gerais. Negromonte, acusado de irregularidades, deixou o cargo. Pimentel continuou ministro; explico as acusações a ele logo adiante no artigo.

ora, são apenas suspeitas), será o governo defendê-lo. Essa parece ser a batalha decisiva. O ministro lembra que, quando prestou consultoria à Federação das Indústrias do Estado de Minas Gerais, não exercia cargo público. Mas na política não vale o princípio de que todos somos inocentes até prova em contrário. Quando uma acusação emplaca, o suspeito é culpado até provar sua inocência. Isso porque a política – e a mídia – seguem regras distintas das da lei penal. Imprensa e política lidam com aparências. FHC e Lula foram chamados de "teflon" porque nenhuma acusação grudava neles. A imagem que construíram era tão boa que vencia qualquer suspeita. Não é o caso dos ministros.

Acreditamos que a ética seja mais exigente que a política. Não é certo. Os ministros demitidos podem ser inocentes não só na lei penal, que exige provas robustas, mas também no plano ético. Podem ser gente direita. Só que a política é implacável. Uma imagem negativa é difícil de limpar.

Uma grande pergunta: qual o tamanho da corrupção? Nos últimos oito anos a Advocacia Geral da União, órgão do Poder Executivo, ajuizou ações para reaver R$ 67 bilhões, que estima desviados pela corrupção. Os processos se referem a atos do governo Lula, mas também dos anteriores – inclusive o de FHC. A soma é alta. Se juntarmos tudo de que são acusados os ministros demitidos, talvez não chegue a um milésimo desses R$ 67 bilhões. Há muito mais a apurar. É possível que a grande corrupção vá por outros dutos, não pelos que foram denunciados.

Apurar, eu disse. Jamais afirmaria que este governo, o anterior ou qualquer um é o mais corrupto de nossa história. Simplesmente porque não há estudos medindo a corrupção. Só posso acreditar, com muita convicção, que na ditadura, que tinha mais dinheiro para investimentos e se valia da falta de transparência dos negócios públicos, a corrupção deve ter sido alta. Receio que, no governo tucano, as privatizações possam ter levado a desvios. Mas, se tenho esta convicção e este receio, é porque quase nada foi apurado. As denúncias que surgiram não chegaram a termo. Não se teve condenação nem absolvição, o que deixa forte odor de suspeita. Isso vale ainda para os governos petistas. A Controladoria Geral da União, também do Poder Executivo, demitiu milhares de funcionários desonestos – mas nenhum ministro.

O que fazer? Sentimos o descaso dos poderes constituídos por investigar, mas também a irresponsabilidade da mídia que denuncia. O mínimo a fazer, quando o ministro cai, é continuar a apuração. Se o Ministério Público e a polícia não o fazem, a mídia deveria manter a chama acesa. Mas não. Sai o ministro e ele some do noticiário. É pena. Se for culpado, o país tem de vê-lo punido. Mas, se for inocente, isso tem de ser reconhecido.

Não devemos esquecer dois nomes que a política e a imprensa escondem, os grandes injustiçados dos anos 1990: Alceni Guerra, ministro de Collor, execrado por um ato de corrupção que, depois se soube, ele não cometeu; Ibsen Pinheiro, que presidiu a votação do impeachment de Collor, cassado por um malfeito que, mais tarde se soube, ele não praticou. Guerra poderia ter sido governador do Paraná; Ibsen, presidente do Brasil. Suas carreiras foram truncadas. Ninguém pagou por isso.

Está na hora de cobrar. Se um ministro não tem mais o respeito da sociedade para continuar no cargo, a mídia que o derrubou deve exigir a apuração completa dos fatos e se empenhar nisso. Ele deve terminar condenado – ou ser reabilitado com todas as honras. Não cabe meio-termo. Na Polônia do século XVIII, os negócios públicos eram facilmente paralisados devido ao *liberum veto* – o direito de qualquer membro do Parlamento a vetar, mesmo sozinho, uma deliberação da Casa inteira. Para resolver esses impasses (que acabaram destruindo a Polônia, retalhada por seus poderosos vizinhos), Rousseau sugeriu que quem usasse o veto fosse julgado seis meses depois. Se provasse que tinha razão, seria exaltado; se não, executado. É claro que não defendo a pena de morte. Mas cada um dos ministros deveria ter seu caso apurado até o fim. Então seria proclamada sua inocência ou culpa. Igual rigor deve se aplicar a quem denuncia. Está na hora de parar de brincar com o sentimento de honestidade de nosso povo. ■

A presidência no feminino

Segunda-feira, 2 de janeiro de 2012

Estamos completando um ano com uma mulher na presidência da República, a primeira em nossa história. A data pede reflexão. Três importantes países da América Latina elegeram nos últimos anos mulheres para governá-los: na ordem cronológica, Michelle Bachelet, no Chile, Cristina Kirchner, na Argentina, e Dilma Rousseff. Todas tiveram ótima avaliação. Bachelet, que não fez seu sucessor, saiu do governo altamente popular. Cristina foi reeleita com ampla votação. As pesquisas de opinião são bem favoráveis a Dilma. Mas mal temos mulheres nos demais escalões do poder. São poucas as governadoras, prefeitas, deputadas, senadoras e vereadoras. Sentimos dificuldade até com a palavra para designar quem está na chefia de Estado. Embora Dilma Rousseff se diga "presidenta", quase toda a imprensa a chama de "presidente". O dicionário valida ambas as formas, mas já li no Facebook, depois que usei o "presidenta", que isso provaria meu suposto petismo... Uma dedução, obviamente, malfeita.

Porém, tudo isso é sintoma de uma grande dificuldade, não apenas dos brasileiros, mas dos homens em geral – e aqui uso "homem" no sentido de varão e também no de membro do gênero humano –, para assimilar a novidade que é ter mulheres no poder. Só no século XX elas adquiriram o direito de voto. No Brasil, votaram pela primeira vez em 1933. Antes disso, algumas mulheres exerceram o poder como rainhas, por direito próprio – isto é, não como meras esposas de homens que fossem reis. Mesmo isso não foi fácil. Ironicamente, a maior estadista coroada da Inglaterra, Elizabeth I, que reinou de 1558 a 1603, só nasceu devido à ansiedade do pai, Henrique VIII, por ter um filho varão. Como o primeiro casamento do rei lhe deu apenas uma filha, ele receava que uma sucessão feminina fosse contestada. Daí a famosa série de divórcios de Henrique e sua ruptura com a Igreja católica – para, afinal, ter como definitiva e melhor sucessora logo uma mulher... Mas, embora Elizabeth tivesse enorme poder em suas mãos, seus auxiliares a pressionavam para se casar. Ela deveria ceder o poder a um homem. No fim das contas, ela só governou porque decidiu conservar-se solteira. E a estabilidade de seu longo governo teve um preço: com ela, terminou sua dinastia. O trono inglês passou aos reis da Escócia.

A despeito de tudo, avançamos muito. Lembro que, em 1989, a antropóloga Mariza Corrêa foi a primeira diretora de uma faculdade na Unicamp. Já a USP demorou mais – o que é espantoso, levando-se em conta que tem unidades, como a de enfermagem e a de educação, predominantemente femininas –, mas já teve uma reitora. A primeira senadora do Brasil foi Eunice Michiles, em 1979; ela era, porém, apenas uma suplente, que assumiu o cargo com a morte do titular. Só em 1990 tivemos mulheres eleitas para o Senado. Hoje, isso já não é exceção, mas está longe de ser a regra. Uns anos atrás, ouvi uma vereadora paranaense contar que, toda vez que falava na Câmara, os colegas homens riam dela. Isso tornou sua vida insuportável até que, participando em Curitiba de um encontro de mulheres paranaenses detentoras de mandatos, percebeu que podia ter o apoio, mesmo a distância, de outras mulheres e, de volta a seu município, enfrentou a situação.

Ainda é difícil, porém, aceitar uma mulher chefiando o governo. Não falo do mundo islâmico; curiosamente, países muçulmanos – embora não árabes – já tiveram mulheres no poder, como Benazir Bhutto, no Paquistão (mas será que o fato de ser mulher contribuiu para ela ser assassinada?). Penso em nosso próprio país. Porque o preconceito é tenaz. Mesmo quando não é agressivo contra as mulheres, um resíduo importante dele aparece na quase impossibilidade de conciliar o que se espera da mulher e o que se espera do governante.

De quem governa, esperamos que mande. Da mulher, esperamos que seja doce. É possível mandar docemente? Milhares de anos nos acostumaram a uma experiência em que o ato de mandar é duro, agressivo, viril. Também nos acostumaram à ideia de que a mulher é boa, compreensiva, receptiva. Daí que, quando uma mulher manda, entremos em curto-circuito. Talvez tenha sido isso o que levou à queda de Nelson

Jobim, político hábil e capaz: quem sabe não aceitasse que uma mulher mandasse nele, que, por sua vez, dava ordens à cúpula das Forças Armadas. A sucessão de declarações aparentemente desastradas de Jobim, praticamente forçando Dilma a exonerá-lo, permite considerar essa explicação tão boa quanto qualquer outra.

A situação tampouco é fácil para as mulheres. Hillary Clinton, quando o marido concorreu à presidência dos Estados Unidos, teve que reduzir seu perfil de profissional competente e se apresentar como dona de casa que fazia *cookies*. Depois voltou a seu perfil mais verdadeiro, mas parece que nunca presidirá seu país*.

Creio, porém, que é justamente esse problema que traz, no seu bojo, a solução. As mulheres assumirem o poder não significa elas se tornarem másculas – imagem que se insinua, às vezes, sobre a própria Dilma. Significa um novo estilo de poder.

Não é fortuito que estes anos se fale tanto em *soft power*. Aproveitando a palavra, mas dando-lhe novo sentido, o poder precisa se feminizar. Ele não pode, numa democracia, estar na dureza, na repressão, na ordem. Aliás, depois do hipermasculino Collor, nossos três últimos presidentes foram mais de persuadir que de ordenar. Sua retórica era mais importante que suas ordens. Essa é uma das tarefas que teremos de cumprir, nós e o mundo, nos próximos anos ou décadas: compreender, definir, construir um poder com mais traços femininos. Isso pode demorar bem mais que o mandato de Dilma Rousseff, mas vai acontecer. ■

* Hillary Clinton concorreu mais tarde, em 2016, à presidência dos Estados Unidos e venceu por três milhões no voto popular, mas, devido a regras constitucionais que datam do século XVIII, perdeu no colégio eleitoral para Donald Trump. Evidentemente, se a legislação eleitoral refletisse a preferência popular, eu estaria errado e ela teria, sim, presidido seu país. Por outro lado... Tanto Trump, nos Estados Unidos, quanto Bolsonaro, no Brasil, retomaram a imagem hipermasculina, levada à caricatura.

Só democracias são legítimas

Segunda-feira, 9 de janeiro de 2012

Desde que as potências do Eixo – Alemanha, Itália e Japão – começaram a perder a guerra, por volta de 1943, foi ficando claro que não dava mais para falar mal da democracia. Porque até então era plausível condená-la; quem viu o belíssimo filme *Vestígios do Dia* pode verificar como, nos anos 1930, muitos zombavam dela. Assim, um regime que nasceu na Grécia há 25 séculos, e renasceu na Europa e América do Norte há cerca de três, somente se libertou do desprezo menos de setenta anos atrás.

Mas, desde então, é quase impossível falar mal da democracia. Até as ditaduras se dizem democráticas. Para o general Ernesto Geisel, o regime militar brasileiro era uma "democracia relativa". Os Estados comunistas se definiam como "democracias populares". A democracia se tornou valor universal. É certo que muitos que se dizem democratas não o são, mas lembrem o ditado segundo o qual "a hipocrisia é a homenagem que o vício presta à virtude". Quem é democrata da boca para fora reconhece que esse regime, que não é o seu, é o melhor que existe. Por isso, várias ditaduras desabaram quando os dissidentes exigiram que cumprissem o que existia nas palavras, ainda que não de fato. O que, enfim, mostra que as palavras são poderosas. Podem vencer os fuzis. Basta lembrar a rápida queda dos regimes comunistas europeus, em 1989.

Dessa universalização da democracia, no discurso e nas ações, podemos sugerir uma consequência: somente os regimes democráticos seriam legítimos. Qualquer poder imposto ao povo, sem que ele desfrute das liberdades de expressão, de organização e de voto, será ilegítimo.

Isso parece óbvio? A mim, parece. Mas daí derivam algumas conclusões bem menos óbvias.

Se governos que não passaram por eleições livres carecem de legitimidade, então parte razoável dos países do mundo hoje é governada de forma ilegítima. O que significa que ordens dadas por esses governantes não valem. São obedecidas apenas enquanto eles dispõem da força bruta. Empréstimos e negócios firmados por eles também não são válidos. Tais atos comprometem cidadãos que não puderam examiná-los, discuti-los, concordar com eles. Esse princípio é claro na vida privada. Se eu assinar um contrato sem ter conhecimento dele, não vale. Na França, a lei exige que, antes de assinar um contrato, a pessoa escreva com a própria mão "Li e aprovei". A exigência da grafia manuscrita certifica que o indivíduo saiba de que se trata.

Ora, se para indivíduos livres numa sociedade livre vale o princípio de que só estão obrigados pelas ações que livremente consentiram, por que essa regra não valeria para os países? Mas aqui, embora isso me pareça óbvio, entramos em terreno minado. Acho ótimo que metade da população mundial hoje esteja em regimes com liberdade de expressão, organização e voto. Nunca foram tantas as pessoas que vivem em democracias.

Contudo, isso significa que a outra metade está em sociedades despóticas, autoritárias ou totalitárias. Portanto, metade do mundo não estaria obrigada pelas decisões de seus governos. Ora, esse princípio introduziria uma insegurança bastante grande nos negócios e tratativas com esses poderes. Assim, se Mianmar, Cuba ou Belarus não forem democráticos, seus cidadãos não estarão obrigados a responder pelos atos de seus governantes – e então quem há de negociar com estes? Se o governo do Afeganistão foi escolhido em eleições fraudadas, como disseram os observadores internacionais, que segurança teremos se tratarmos com ele?

O que estou apontando não é absurdo. No tempo da ditadura no Brasil, diziam alguns que nossos governantes pagavam no mercado internacional juros mais altos do que as democracias desenvolvidas, justamente porque a segurança de que o país pagasse as obrigações assumidas era menor do que se fosse uma democracia. Portanto, no custo do dinheiro, estaria embutido um "risco ditadura". Caso o Brasil, uma vez democratizado, deixasse de pagar algum empréstimo recebido, isso já estaria previsto nas contas dos bancos. Aliás, um dispositivo da Constituição de 1988 mandava auditar a dívida externa, justamente para que o povo, novamente soberano, não respondesse por eventuais atos de corrupção praticados pela ditadura. Essa auditoria jamais ocorreu, mas teria a legitimidade que aponto.

Agora, se um país não tiver governo legítimo, quer isso dizer que outros podem intervir nele? As intervenções ditas humanitárias se baseiam nisso – mas não só. Geralmente exigem uma condição adicional, que é o governo, além de ilegítimo, estar fazendo guerra a seu povo. Foi o que se invocou no Kosovo e na Líbia. Mas o campo continua minado. Quem decide qual governante pode intervir onde? Podia Bush invadir o Iraque para promover um *regime change*, que, na ausência das inexistentes armas de destruição maciça, acabou-se tornando a justificação da guerra de 2003? Não, mas por quê?

Essa é uma questão aberta. Usualmente vinculamos o direito de intervir a uma autorização supranacional, de preferência a da ONU, mas eticamente isso não é óbvio. As Nações Unidas contam com muitas ditaduras que votam em sua assembleia geral. Por isso, aqui entramos numa espécie de limbo. O que eu diria, antes de concluir, é: estamos caminhando para uma concepção do mundo em que as ditaduras serão ilegítimas. O que faremos a partir dessa convicção ainda não está claro. Mas esta será uma das discussões políticas mais importantes dos próximos anos. Termino com uma pergunta: Bush filho, ao tomar posse em 2001 em decorrência de eleições duvidosas, era legítimo para governar os Estados Unidos? Boa semana para todos. ■

Crédito: governo ou consumo?

Segunda-feira, 16 de janeiro de 2012

As análises de opinião mostram que a popularidade presidencial depende pouco ou nada das denúncias de corrupção. Isso se vê desde, pelo menos, o governo FHC. As denúncias da *Folha de S.Paulo* sobre a privatização das teles na sua gestão, ou as do mensalão no governo Lula, não afetaram seriamente a popularidade de nenhum dos dois presidentes. Estudos recentes indicam que ela está ligada, sobretudo, ao crédito disponível para compra. É o que demonstra recente *post* no blog de José R. Toledo, no site de *O Estado de S.Paulo*.

Podemos aprofundar este ponto – lembrando que o crédito ao consumidor e a confiança no (ou na) presidente são a mesma palavra... Crédito, confiança, fé, o latim *fides* e o inglês *trust* querem dizer uma única coisa: acreditar em outro. A crença tem algo de peculiar: ela não é provada, mais que isso, não é passível de prova. Há coisas que sei, porque as presenciei ou porque a ciência me diz que são verdadeiras. Mas há coisas em que acredito: na fidelidade de meu cônjuge, na lealdade de meus amigos, na honestidade do governante, na existência de Deus (ou no contrário de cada uma dessas "coisas"). Nada disso, ou pouco, pode ser provado, em alguns casos porque afeta o futuro, e este não nos pertence.

Vemos, na análise de Toledo, que a popularidade de Lula e, hoje, de Dilma Rousseff está ligada à irrigação de crédito na praça. Isso quer dizer que muitas pessoas, da classe média bastante baixa à quase alta, podem desfrutar de bens de consumo duráveis, como a linha branca e os automóveis, ou de serviços apetitosos, como viagens, pagando a prazo. Essa antecipação do gozo no tempo torna os governantes mais populares, até porque resulta de várias decisões políticas deles – desde as que mexem no sistema financeiro até as que tratam da distribuição de renda, do incentivo ao turismo ou à importação de bens baratos.

Assim, quando o eleitor premia com o voto o governante que aumenta seu poder de consumo, ele mostra sua confiança (sua fé) em alguém que ampliou o crédito (ou fé) do qual ele se beneficia. Uma fé retribui outra fé. Quem pode antecipar o desfrute de um bem, pagando-o a prazo, também concede um prazo adicional ao governo para que continue pela mesma via. O crédito ao consumidor se converte assim em confiança no governo.

Há um aspecto positivo – e um negativo – nessa troca de crenças. O lado bom é que os cidadãos, enquanto consumidores, estão decidindo seu voto a partir de vantagens ou desvantagens que eles realmente percebem. Parece ter passado o tempo em que a manipulação ideológica presidia a decisão do voto, sobretudo arrastando os eleitores menos instruídos (os mais numerosos) a votar contra seus próprios interesses. Um dos ganhos do governo Lula é que, quando o eleitor vota levando em conta o Bolsa Família (e um leque de outros programas, não assistenciais, como o Luz para Todos) e não a distribuição de cestas básicas, ele reduz sua dependência do "coronel" local. Leva mais em conta o seu interesse próprio. Aliás, a economia e a política capitalista nascem, justamente, exortando as pessoas a considerar mais seus interesses reais do que suas ilusões.

Mas há um aspecto negativo nesse fenômeno. Uma forte tendência de nosso tempo é reduzir a cidadania ao consumo. Desse assunto trataram vários cientistas sociais, entre os quais Albert Hirschman. Há uma perda quando questões de interesse público são reduzidas a ganhos e perdas pessoais imediatos ou quase; quando discussões que interessam ao futuro de todos, a começar pela família de cada um, são reduzidas ao prazer das pessoas no presente; quando a construção de projetos, que sempre depende de uma poupança, de um adiamento no desfrute, para que seja possível realizar algo grandioso, é subordinada não apenas ao ganho imediato, mas ao consumo, supressão, destruição.

Isso é visível quando pensamos no globo e em seu futuro. Como diz Sylvia Earle em seu *The World Is Blue – How Our Fate and the Ocean's Are One**, o verde depende do azul: a natureza e a própria vida dependem da

* Washington, National Geographic Society, 2009.

vida da água, em especial a do oceano – que, nas últimas poucas décadas, sofreu uma destruição maior do que nos milhões de anos anteriores.

Em francês, o verbo *user* significa não "usar", mas desgastar: o consumo desgasta. Assim, se traz popularidade ao governante, também hipoteca o futuro. Lembrei que crédito e confiança são palavras próximas, e que aumentar o consumo é a chave – na verdade desde o "iogurtinho" que, notava FHC, os pobres começavam a consumir – para ampliar a confiança no governo. Confiar e crer são palavras que remetem ao futuro. Mas o futuro do consumo é de pouco prazo, é imediato. O que é consistente depende de um futuro mais longo – o da construção, que, por sua vez, exige adiamento do gozo, poupança, educação. O problema, quando a popularidade do governante depende do crédito ao consumo, é que o longo prazo é sacrificado ao curto, a educação ao entretenimento.

Mas, para concluir, pensemos em dois pontos contraditórios: primeiro, isso acontece no mundo todo. Não é um irônico privilégio dos subdesenvolvidos e atrasados. Segundo, e paradoxalmente, podemos ter a esperança de que este seja um momento de passagem. Quem nunca comeu melado quando come se lambuza. Mas depois para de se lambuzar.

Faltava, a milhões, a linha branca. Ela praticamente se tornou um direito humano. Ter a primeira geladeira não quer dizer que a pessoa se viciará no consumo. O importante é que sejamos capazes, vencida essa etapa pela qual se dá uma promoção social pelo acesso a bens importantes de consumo, de evitar o consumismo e apostar num futuro sustentável. ■

NOTA DE 2021 Alguns leitores poderão dizer que, desde 2016, o tema da corrupção tomou vulto nas campanhas políticas brasileiras, em detrimento da inclusão social (um *leitmotiv* deste livro) e da tese específica deste artigo, que vincula o consumo do comprador à confiança do eleitor. Mas eu responderia que esse peso maior da corrupção na retórica política só foi possível porque o consumo e a confiança despencaram.

Orgulhosos de nossos estados

Segunda-feira, 30 de janeiro de 2012

Há um traço curioso na sociedade brasileira: a maior parte das pessoas se orgulha de seus estados. Num tempo recente, passamos por um período de sérias crises econômicas e políticas, no qual se alternavam o orgulho e a vergonha de ser brasileiro. Ele findou graças ao fim da inflação (governo FHC) e ao avanço da inclusão social (governo Lula). Orgulhávamo-nos do país no futebol e nos envergonhávamos da inflação e muitas outras mazelas, a começar pela corrupção, que, aliás, disputa com a miséria o título de maior vergonha nacional. Mas esse movimento ciclotímico, como era chamado, reduziu-se. Com a estabilidade monetária e os avanços sociais, ficamos mais estáveis em nossa nacionalidade, que hoje vivemos melhor do que na fase de inflação recrudescida, digamos, os quinze anos de 1979 a 1994. Tivemos um forte pessimismo em relação ao Brasil. Mas o curioso é que, mesmo nos períodos máximos de instabilidade em escala nacional, no plano que os militares denominavam "psicossocial" (palavra que felizmente sumiu do vocabulário!) não foi ameaçado esse orgulho de que falei acima – um orgulho estadual. O Brasil podia gerar otimismo ou, em maior dose, pessimismo, a partir de suas realizações ou fracassos, mas os estados passavam – e passam – incólumes por seu sucesso ou insucesso. Gostamos deles como são.

Isso é ainda mais curioso porque os estados significam pouco do ponto de vista do poder, num país cada vez menos federalista e mais unitário. Na verdade, a tradição que a colônia nos legou foi a da autonomia dos municípios, não das – então – capitanias. Pouco após a independência, foram criadas assembleias legislativas nas províncias, mas o Poder

Executivo, nelas, era exercido por nomeação do governo sediado na Corte. Só com a República tivemos autonomia dos estados – e, por razões difíceis de entender, talvez por importação de costumes norte-americanos, talvez para se contrapor ao centralismo imperial, ela foi exagerada. Basta ler o que Erico Verissimo escreve sobre as guerras civis gaúchas da República Velha: enquanto tropas de um lado e outro se matam, as guarnições federais permanecem neutras. Hoje, é impossível imaginar que haja uma rebelião contra um governador e o Exército apenas assista, impassível, aos combates.

Desde 1930, vemos um gradual mas constante fortalecimento do poder federal às custas dos estados. Nos períodos ditatoriais, com Getúlio Vargas ou sob o regime militar, obviamente foram afastados os governantes estaduais que divergissem do poder central. Mas mesmo nos períodos democráticos, como o que vivemos ininterruptamente desde 1985, as competências dos estados diminuem. Enquanto o controle central se exercia, nas ditaduras, pela força, hoje ele passa pelo papel predominante da política econômica. Esta é competência da União, e determina quase tudo o que se pode fazer na Federação. Daí que a situação dos estados se torne paradoxal. Por um lado, ser governador ou senador é importante. Aliás, uns e outros, escolhidos em eleições majoritárias, costumam trocar de posições. O Senado é uma casa de ex ou futuros governadores – ou, pelo menos, eles assim se veem. Não é fortuito que o Senado seja tão mais importante que a Câmara. Lá, os estados ou seus imaginários futuros ou passados governantes falam alto.

Por outro lado, no Poder Legislativo brasileiro, haverá órgão menos importante do que as assembleias estaduais, justamente as únicas que portam "legislativo" no nome, mas, estranhamente, têm menos assuntos para regular sob forma de lei? O Congresso legisla sobre praticamente todos os assuntos. As Câmaras Municipais decidem o plano diretor e podem regular qualquer tema que afete a vida cotidiana, o que é muita coisa. Aos deputados estaduais, pouco resta. Algumas assembleias fazem esforços enormes de imaginação para ocupar um espaço político.

É digno de nota que a assembleia do Rio de Janeiro seja, das 27 que há no Brasil, a que maior presença tem; realiza eventos e até dispõe de uma sigla conhecida de todos os fluminenses, Alerj. Nos demais estados, a sigla da respectiva assembleia é só para iniciados; no Rio, todos sabem o que é. É curioso que a popularidade da Alerj – onde foram, em junho de 2011, se manifestar os bombeiros revoltados contra o governo local – subsista embora o governador*, como mostrou recentemente o *Valor Econômico*, tenha reduzido a oposição a menos de 15% das cadeiras.

A Câmara Distrital de Brasília é outra exceção, pois soma às competências estaduais as municipais e, por isso, conta com muitos assuntos para legislar. É só. Um vereador de capital perde em importância ao se tornar deputado estadual, a não ser que mostre, como os verdes Carlos MinC e Aspásia Camargo (não por acaso, ambos ecologistas, ambos do Rio), muita criatividade.

Então, por que o orgulho? Um estado como o Rio Grande do Sul, que há anos enfrenta uma crise econômica e fiscal, é um dos mais altivos quanto a seu modo de ser. E eu, que já estive em praticamente todas as unidades da Federação, senti em todas elas o orgulho de sua comida, de seu falar, de sua alegria – ou de sua seriedade. Evidentemente, há quem não compartilhe esse orgulho, mas falo de um sentimento majoritário. O curioso é que esse nativismo tardio mal tem tradução política. É um fenômeno social forte, mas que não resulta em união pelo estado, em posição única ante os problemas que enfrente, em nada disso – salvo em casos extremos, como o dos royalties que alguns estados recebem pelo petróleo no mar. Por que será? Será justamente porque, do estado, não esperamos política econômica e então podemos ser, gostosamente, bairristas? ■

* À época, Luiz Fernando Pezão, do PMDB.

Uma posição empreendedora

Segunda-feira, 6 de fevereiro de 2012

Virou gênero literário: analistas políticos acreditam saber, mais que os partidos, o que eles devem fazer. Sei que é pretensioso, mas muita gente o faz. Vamos lá, então. Já insisti, aqui, na necessidade de uma forte oposição democrática – e na inapetência do maior partido de oposição, o PSDB, para o trabalho que isso exige. Ora, vejo ao menos três possibilidades de uma boa oposição no Brasil. A primeira em outros tempos se chamaria liberal, a segunda, industrial e a terceira, sustentável. Hoje me deterei na primeira.

Uma oposição liberal deve assumir um princípio essencial do capitalismo: a liberdade que de fato importa, a do indivíduo, se realiza quando ele empreende. A iniciativa de cada um para florescer na vida é da pessoa que chamávamos de empresário, que está sendo substituída pela figura do empreendedor. Empresário é um substantivo – na linguagem corrente, o detentor do capital, que se opõe ao trabalho. Já empreendedor é um adjetivo, quase sempre elogioso. Uma "pessoa empreendedora" extrapola o mundo dos negócios e mexe com todas as dimensões de vida. É quem age com iniciativa e criatividade para modificar sua existência e seu entorno. Em números, o estoque possível de empresários é limitado, ao passo que, em tese, qualquer pessoa pode ter uma atitude empreendedora.

Uma oposição focada no empreendedorismo estimularia, claro, as pessoas a empreender. Este é um projeto econômico, mas que pode ter um foco social. Há cada vez mais empreendedores sociais, que não buscam necessariamente o ganho pessoal. Conheço alguns. Mostram preferências partidárias bem diversas. Há petistas e há quem goste de *Veja*. Eis algo positivo: o empreendedorismo embaralha as categorias de direita e esquerda. Cada vez mais prioriza a geração de ativos sociais, em conjunto com os econômicos, isto é: geração de renda e crescimento humano. Uma ONG pode ter outras metas. Mas, para melhorar a vida das pessoas, elas terão que ganhar seu dinheiro. Serão educadas para melhorar de salário ou criar seus negócios. São as duas vias principais, não necessariamente incompatíveis.

A tendência é serem pessoas práticas, que arregaçam as mangas para mudar de vida. Já o lado preocupante é que raramente traduzem a militância social em linguagem política. Se há empreendedores votando à direita ou à esquerda, é porque não converteram sua ação social em consciência política. Sua escolha partidária pouco tem a ver com aquilo a que dedicam a vida. É como se houvesse um abismo entre sua dedicação a um projeto e a tradução dele em proposta para alterar a balança do poder. No dia em que traduzirem sua ação própria em linguagem política, e o fizerem de maneira coletiva, hão de se espantar com sua força.

Como, mais que repetir ideologias, eles têm experiência prática e conseguem melhorar muitas vidas, estão formando um vasto contingente de quadros para dirigir – um dia – a sociedade brasileira. Mas isso depende de almejarem o poder político, o que não está no horizonte; caso se organizem, poderão ser o embrião de uma agremiação poderosa. Enquanto isso não acontece – e talvez nunca aconteça –, exprimem os valores seguintes.

O principal é a autonomia. Cada vez mais se enfatiza que o principal é ensinar a pescar. Iniciativas assistenciais cedem lugar à afirmação dos direitos humanos, sejam eles de natureza econômica ou social: o importante é a luta pela afirmação de uma equidade. Isso é emancipar as pessoas (ou promover seu *empowerment*). Elas devem ser autônomas, para não dependerem mais de ninguém. Doar-lhes coisas é menos importante do que mudar seu modo de perceber a vida. Na esfera econômica, para fazer isso funcionar e crescer, mudanças legais são desejáveis.

O Simples é o sistema tributário do empreendedor. Parece bom, barato e simplificado. Mas pode ser ampliado a outras categorias. Mesmo com o Simples, a empresa lida com alguma burocracia – que pode ser reduzida. Mais grave é que a pequena empresa responda por menos de 20% de nossa economia, quinhão bem inferior ao que atinge na Itália e Alemanha (Paulo Feldmann, "Pequena Empresa Não Ganha Eleição", *Folha de S.Paulo*,

20 jan. 2012*). Entraves legais dificultam sua participação em concorrências públicas e a exportação de seus produtos. São questões específicas, de solução não tão difícil, mas que enfrentam os interesses de grandes empresas, que hoje têm garantia de acesso ao mercado estatal e estrangeiro.

Isso permite uma conclusão curiosa. O empreendedor – ou o pequeno empresário, do qual, simplificando tudo, o aproximei – não precisa de muita coisa. Do Estado, ele quer desburocratização e acesso. Ora, se isso lembra a ética capitalista estudada por Max Weber, por outro lado essas demandas podem ser atendidas por qualquer governo. Ideologicamente, sendo detentor de capital, o empreendedor poderia ser o embrião de um autêntico partido liberal. Mas nada impediria que sua posição fosse atendida pelo próprio PT.

Aliás, a palavra "liberalismo", marcada à direita, parece ceder lugar a "empreendedorismo", mais ampla. O empreendedor está mais para ter uma posição do que ser oposição. Só que nenhum partido lhe dá muita importância. Nem ele mesmo se dá, pois não se torna ator político. Mas, caso se organize, seu caminho poderá estar entre o partido próprio – que não seria de massa popular como o PT, nem de líderes como o PSDB, mas de uma massa de pequenos líderes – e sua absorção ou cooptação por uma coligação inteligente, que perceba sua importância para o país e integre seus membros para melhorar a gestão do Estado e da sociedade, com ganhos sociais significativos. ■

NOTA DE 2021 Talvez devesse ter enfatizado mais o empreendedor social, que cresceria cada vez mais e não é exatamente o mesmo que o empreendedor, porque este último visa ao seu próprio lucro – a *startup* seria seu modelo –, enquanto o empreendedor social pretende reduzir as desigualdades sociais e, sobretudo, empoderar os mais vulneráveis para que deixem a pobreza. Por outro lado, infelizmente, essa gente bronzeada – os empreendedores, sociais ou não – continua sem mostrar (ou conhecer) seu valor, para lembrar a música *Brasil Pandeiro*, de Assis Valente. Deveriam disputar mais o poder político do que o fazem.

* Disponível em: <https://www1.folha.uol.com.br/fsp/opiniao/20953-pequena-empresa-nao-ganha-eleicao.shtml>. Acesso em: 6 jul. 2020.

O partido industrial

Segunda-feira, 13 de fevereiro de 2012

Há no Brasil um projeto político – sem partido – composto daqueles que se inquietam com a desindustrialização do país, ou melhor, com a redução da parte da indústria em nossa produção e exportações. Em meados do século XX, quando o subdesenvolvimento e seus males despertaram reflexões de alta qualidade, entendeu-se que, para saírem da miséria, os países mais pobres deveriam ir além da agricultura, pecuária e extração de minérios. A única forma de se desenvolverem seria agregando valor-trabalho a seus produtos. As mercadorias com baixa quantidade de riqueza gerada pelo homem acabam valendo menos. Mesmo a grande exceção dentre os produtos coletados, o petróleo – que, por sinal, começou a se tornar mais caro apenas na década de 1970 –, não é uma bênção para as nações que o extraem. A grande exceção são os Estados Unidos, mas justamente porque sua produção de petróleo é apenas um item numa economia complexa e rica. Em outros lugares, o petróleo desestimula a geração de riquezas pelo trabalho humano. Mas, ficando no Brasil, entendeu-se que a solução de nossos males passava pela industrialização. É o que une Volta Redonda, construída ainda na ditadura Vargas, os projetos de JK na década de 1960, o planejamento de Celso Furtado e as grandes obras da ditadura militar.

Contudo, os dois últimos presidentes da República, FHC e Lula, conviveram bem com o que desde a década de 1990 se tem chamado de desindustrialização. Voltou a crescer, em nossa pauta de exportações, o que vem da terra: seja a riqueza mineral gerada ao longo de milhões de anos e que desaparece para sempre, seja o produto do campo, ora lavoura, ora pecuária. Na análise que a Cepal fazia das causas da pobreza, trata-se de produtos honrosos, mas que não permitiriam dar o salto para o desenvolvimento. É verdade que a agropecuária e a extração de minérios hoje têm uma qualidade nunca antes vista. Ciência e tecnologia estão embutidas nelas.

E hoje não basta ter indústrias: há as de primeiro e de segundo time. Só as melhores representam um diferencial. O trabalho agora valorizado não é qualquer um – é, sobretudo, o intelectual. Ou seja, a diferença de nossos dias não é bem entre indústria e agricultura: é entre o uso da inteligência e o uso dos braços. Mesmo assim, o fato é que nas últimas décadas – por coincidência as mais estáveis de nossa história política, as que também mais contribuíram para a redução da miséria e da pobreza – nossa economia de exportação voltou a se constituir principalmente de produtos com pouca agregação de valor. Há, aí, pelo menos um paradoxo, e talvez um risco.

Testemunhei um episódio dessa história quando jovem. Meu pai, Benedicto Ribeiro, jornalista econômico*, trabalhava em 1967 com Horácio Coimbra, que presidia o Instituto Brasileiro do Café. Horácio, dono da Companhia Cacique de Café Solúvel, perdeu o cargo no IBC, vítima das pressões norte-americanas para que o Brasil não exportasse café solúvel, mas só em grão. Em plena vigência do Ato-5, o então deputado Helio Duque relatou esse caso em *A Guerra do Café Solúvel* (1970). A simples transformação do café para solúvel, incluindo mais trabalho no valor do produto, já era um elemento de combate ao subdesenvolvimento.

Temos economistas e políticos preocupados com essa redução da qualidade do que exportamos. Os nomes óbvios são Luiz Carlos Bresser-Pereira, que deixou o PSDB no ano passado (como revelou ao jornal *Valor Econômico*), e José Serra, que em sua carreira se empenhou na defesa da indústria. Contudo, este assunto hoje não é pauta de discussão política. Não tem destaque na maior parte dos jornais, nem na televisão aberta. Apenas devo lembrar, aqui, que não se trata exatamente de defender a indústria na exportação brasileira; é antes de mais nada entender que o país não pode depender tanto da exportação, digamos, de soja para alimentar o gado estrangeiro. É ótimo exportarmos esses produtos, mas

* Ver José Venâncio de Resende, *Construtores do Jornalismo Econômico*, São Paulo, Ícone, 2005.

eles não bastam. Ou seja, o que chamei de partido industrial não é bem um defensor só da indústria, ou de qualquer indústria: o que o incomoda é a hipercommoditização do que mandamos para fora, que nos deixa econômica e politicamente vulneráveis, e o que ele quer é agregar trabalho brasileiro para o país produzir mais riquezas. Mais ainda: pretende romper com a ideia do país "rico por natureza", quando riqueza é o que fazemos com o trabalho e, cada vez mais, a inteligência.

O problema é que esse partido da agregação do valor-trabalho não existe. Há economistas preocupados com o problema. Só que o assunto não vai à praça pública. Nem sei se Serra ainda lhe dá importância: na campanha, mal o mencionou. Pode ser tema impopular – é tão barato importar da China... Mas os pontos cruciais são dois: aparentemente, vemos aqui o calcanhar de aquiles de nossa economia, que tem permitido uma redução drástica da pobreza; e, seguramente, é o assunto de que não se fala.

Haverá políticos querendo trazer o assunto para o debate? Na verdade, o que chamei de partido industrial deveria ser conhecido como o "partido da inteligência como força produtiva". Talvez aí esteja o problema: ele se concentra demais no Ministério da Ciência, Tecnologia e, agora, Inovação. Poucos sabem dele. Mas é prioritário para nosso desenvolvimento. Não sei, a rigor, se ele tem que virar partido. Como os empreendedores de quem falei na coluna passada, talvez seja melhor que contamine as diversas forças políticas. Mas tem que fazer-se presente no debate público. ■

O projeto verde

Segunda-feira, 27 de fevereiro de 2012

Preocupo-me com uma triste curiosidade da política brasileira: temos, por um lado, partidos sem projeto político, como é o caso de várias agremiações médias ou pequenas, que nada almejam senão uma fatia do poder, e, por outro, projetos ou agentes políticos sem partidos. Estas semanas, discorri sobre este assunto. Tratei dos empreendedores e ongueiros, que, a despeito de suas diferenças, estão desenvolvendo um *know-how* de qualidade para organizar a sociedade – mas não têm, e talvez jamais venham a ter, projeto político. Substituem com vantagem, a meu ver, um liberalismo que nunca deitou raízes reais em nosso país, mas nem por isso se converteram em ator político. Falei disso há duas semanas. Já na última coluna, lembrei aqueles, economistas ou políticos, que acham insuficiente o Brasil exportar produtos agropecuários e minérios, querendo uma pauta de produção e de exportações que agregue mais valor-trabalho a nossas mercadorias.

Acrescentei que esta importante discussão não tem desdobramento político; fui então agradavelmente surpreendido pelo lançamento, em breve, da Frente Parlamentar em Defesa da Indústria Nacional, comunicado a mim pelo deputado Newton Lima. Espero que dê frutos, embora eu esteja convencido de que hoje a oposição indústria-lavoura está sendo substituída pela do trabalho inteligente *versus* o braçal.

Hoje há duas forças políticas capazes de disputar o poder no Brasil – o PT e o PSDB. Mas há outras ideias, outras questões, que precisam ocupar mais espaço em nossa cena pública – seja criando novos partidos que com o tempo se tornem competitivos, seja levando os dois principais a levar em conta conceitos e concepções que não constam, ainda, de suas agendas. Aliás, esse foi o caminho tomado pelos verdes, na sua história de quase meio século. Sabendo que não conseguiriam votos suficientes para chefiar um governo, eles se aliaram aos socialistas, na França e na Alemanha, a fim de implantar ao menos parte de suas políticas. Isso, que vale para os verdes nos dois países mais importantes em que exerceram algum poder, parece-me valer para todos os projetos de que tratei, mais o que verei hoje, que é o dos verdes de Marina Silva. Empreendedores podem ser mais fãs do capital (ainda que social), industrializantes podem ter tido em José Serra seu político mais proeminente e Marina foi ministra de Lula; mas não há impossibilidade, de princípio, para que uma dessas políticas seja assumida quer pelo PT, quer pelo PSDB.

Vamos então aos verdes. Eles passaram do romantismo para a ciência e a tecnologia. No começo, era o amor às matas e a tudo o que é natural. Depois, tornou-se princípio econômico. Entre nós, o lançamento da obra organizada por Ricardo Arnt, *O Que os Economistas Pensam sobre Sustentabilidade* (São Paulo, Editora 34, 2010) marcou bem essa transição do ideal à proposta ou, se quiserem, esse revestimento da ética pela ciência, essa aliança do romantismo com a economia. Temos aí um projeto de vida, mais até do que uma proposta política. Estamos acostumados à ideia de que um partido importante tem uma visão global do mundo. Aqui, nem sempre é o caso. Quem tem a visão global são os defensores do desenvolvimento sustentável, isto é, membros de um partido pequeno – ou nem membros, de partido nenhum. Isso pode até fazer deles pessoas de uma nota só, mas o relevante é que tenham propostas para cada momento do dia, para a ação cotidiana assim como para o planejamento econômico.

Aqui, o paradoxo. Por um lado, os verdes têm uma visão do mundo mais detalhada e mais consistente, quem sabe, do que nossos dois principais partidos. Mas, por outro, a experiência dessas décadas lhes dá, quando muito, a chance de serem parceiros minoritários numa coligação de governo. Assim foi no estrangeiro, mas também aqui: geralmente, o PV se coliga com administrações tucanas municipais ou estaduais. Ou seja, entre seu ideal e suas possibilidades, vai uma distância. Eles bem que gostariam de moldar o mundo à sua imagem – pois têm uma utopia, talvez a única de nossos dias –, porém dificilmente o conseguirão. Mas talvez a república que eles propõem, sua visão de "coisa pública", de "como viver juntos", seja política só em parte. Como ela diz respeito a toda uma mudança espiritual e comportamental – que inclui a reciclagem, o não desperdício, o respeito à natureza e ao outro –, pode ser que seu projeto esteja mais na ética do que na política. O que, certamente, não os exclui da disputa pelo poder, mas define um leque interessante: muita ambição nos ideais, um certo pragmatismo nas alianças de governo, pouca chance de mandar.

Quer isso dizer que a candidatura de Marina Silva, com todos os votos que obteve, não terá chances – ela ou outra – de conquistar a presidência da República, ainda que a longo prazo? Assim acredito. É verdade que poderíamos compará-la, sim, ao PT, que lentamente, durante vinte anos, construiu sua ascensão ao poder. O PT é um partido de certa forma único no mundo – uma grande agremiação de trabalhadores, tendendo à esquerda, mas sem ser comunista. Há partidos trabalhistas no mundo, há partidos grandes e há esquerda não comunista; mas essas três características, ao mesmo tempo, só o PT tem. Por isso mesmo, se o PV em outros países nunca chefiou o poder, quem sabe seremos originais também nisso. Ele pode começar pelo Brasil... Mas, por ora, o papel dos verdes – não o do partido, mas o do movimento que Marina capitaneou – parece ser o da pregação ética e científica. O que, por sinal, *mutatis mutandis*, nos longos anos de travessia do deserto antes de chegar à presidência, também foi uma das grandes contribuições do próprio PT para nossa política. ■

Apagando os barris de pólvora

Segunda-feira, 16 de abril de 2012

Estamos a dois anos do centenário da Primeira Guerra Mundial. Neste período, o mundo mudou a ponto de se tornar irreconhecível. Em 1910, no funeral do rei da Inglaterra, Eduardo VII, os embaixadores francês e norte-americano se incomodaram, porque as carruagens com os representantes das duas repúblicas desfilaram depois das monarquias. As outras potências eram monárquicas: Rússia, Áustria-Hungria, Alemanha, Itália. Todas estas, hoje, são repúblicas. Daí a pouco, o Kaiser alemão faria guerra a seus primos que reinavam na Inglaterra e na Rússia. O condomínio monárquico iria cindir-se, na guerra mais cruel e letal até então travada.

Um dos maiores empenhos da diplomacia, no século que se sucedeu a essa tragédia lenta, foi impedir uma nova guerra suscitada por um entrevero local. Porque a Grande Guerra foi isso: um tiro em Sarajevo, na periferia da Europa, matando o herdeiro do trono austríaco, leva Viena a dar um ultimato à Sérvia, que é aliada da Rússia, que o é da França... Em semanas, se mobilizam milhões de soldados que vão matar-se por um episódio que poderia ter sido circunscrito. Circunscrever conflitos se tornou o grande êxito dos diplomatas no século XX. Não foi fácil.

Numa primeira etapa, o empenho dos britânicos e franceses – mas não dos nazistas – em evitar uma segunda guerra mundial enfraqueceu as democracias diante de Hitler. A cada passo do megacriminoso, os ocidentais buscavam manter a paz. Mesmo quando deram um basta a suas chantagens, ainda houve franceses e ingleses que achavam absurdo "morrer por Dantzig", isto é, lutar pela Polônia contra o nazismo. Eram gatos escaldados pela chacina iniciada em Sarajevo.

Mas, desde 1945, com a derrota do nazismo e o advento da bomba nuclear, o cuidado de que lutas locais não se globalizem foi decisivo. Leiam jornais de 1950 e vejam o medo que tinham, ocidentais e comunistas, de uma guerra geral, que extinguiria nossa espécie. Cada lado se preparou para enfrentar o outro – às vezes, até sonhando com uma arriscada guerra preventiva. Felizmente, ela não ocorreu.

Houve todo tipo de contribuição para impedir o transbordamento do particular para o mundial. Kissinger, em seu recente *On China*, obcecado que era com a ideia de equilíbrio de poder, dá sua versão de como a improvável aliança dos Estados Unidos com a China comunista teria inibido a União Soviética, detendo os projetos agressivos de Brejnev. Este certamente acharia o contrário: suas alianças no Terceiro Mundo teriam contido o imperialismo norte-americano. Mas o resultado foi este tempo melhor em que hoje vivemos.

Porque um dos êxitos de nosso tempo é que sobraram poucos barris de pólvora de impacto global. A África vive um período difícil, com fomes e guerras calamitosas. Mas nenhum de seus conflitos corre o risco de atear fogo ao mundo. A contenda local mais perigosa continua sendo a que opõe Israel ao mundo árabe e islâmico. Mesmo assim, o Estado judeu mantém relações diplomáticas com o Egito e outros países da região. Acredito que esse conflito seja o único com potencial letal para o mundo. Israel tem armas nucleares e, se atacar o Irã, não se sabe em que isso dará. É certo que haverá reações de Estados da região – o mínimo que farão será congelar suas relações com Israel, produzindo um afastamento que não trará bem a ninguém – e atentados pelo mundo inteiro.

O fator preocupante é que os Estados Unidos dificilmente se dissociarão desse eventual ataque. Em 1956, quando Israel, os ingleses e franceses invadiram o Egito, o presidente Eisenhower mandou que se retirassem. Foi o último presidente norte-americano a enfrentar Israel. Obama não fará isso. Portanto, se o Irã for atacado, as respostas se dirigirão contra a única grande potência. Falo de respostas políticas, legítimas, e terroristas, ilegítimas. Os Estados Unidos não serão derrotados, mas haverá estragos enormes, que serão pagos pelo mundo inteiro. Lembremos o que aconteceu depois de 11 de setembro de 2001. Os terroristas não criaram seu emirado islâmico. Mas tornaram o mundo um lugar pior do que era. Aumentou a insegurança. Aumentou o caráter policial dos Estados. Os direitos humanos padeceram.

No passado, a esquerda acreditou que seria bom "desmascarar" a natureza repressiva de Estados que fingiam ser democráticos enquanto oprimiam seus pobres e suas colônias. Mas essa foi uma ilusão. Alguns hoje creem nisso, entre os extremistas islâmicos (que nada têm a ver com a esquerda, quase sempre laica). Mas não é bom romper nenhum diálogo, por exemplo, o de israelenses e árabes. Não é bom um Estado minimamente democrático sacar a "máscara", porque sem liberdade só piora a vida de quem está abaixo na escala social. É um jogo sem vencedores.

Além da região em que está Israel, há hoje só mais um conflito com riscos de se globalizar – o da Índia com o Paquistão, dois países com arsenal nuclear, ainda por cima vizinhos do Afeganistão. Mas, desde a guerra de 1971, já se somam quatro décadas de paz, ainda que armada. É de esperar que as coisas continuem assim – e melhorem.

Para que comentar isso? Para celebrar. Trinta anos atrás, o mundo tinha dezenas de conflitos com potencial para extinguir a vida humana. Diplomatas e governantes reduziram isso em enorme escala. Essas mudanças em boa parte vieram de cima, de quem está no poder. Muitos de nós gostamos de criticar as elites e elogiar o povo. Aqui, o mérito foi de elites sábias, que viram o horror da guerra. Sirva-nos isso de alerta. Será bom pacificar o que resta de perigoso no mundo. Esta deveria ser uma prioridade política – e humana. ■

A Constituição tem um programa

Segunda-feira, 7 de maio de 2012

O Supremo falou: as políticas de ação afirmativa são constitucionais. Elas consistem em tratar desigualmente os desiguais, por um tempo e como meio para que se consiga um fim fundamental, que é promover a igualdade de direitos entre as pessoas. A unanimidade na decisão é um sinal de que a sociedade brasileira, pelo seu maior tribunal, opta pela inclusão social dos grupos que, ao longo da história, foram discriminados negativamente. Mas vale a pena ver algumas implicações de longo prazo da decisão do STF.

Comentei na semana passada que o Supremo dá mais valor a direitos humanos do que aos políticos. Nossos juízes compreendem melhor os direitos que têm pessoas – um indivíduo ou mesmo muitos – como titulares do que os que têm a pólis, a sociedade inteira como sujeito: por exemplo, o direito ao que se chama "democracia", o poder do povo. Conta-se que certa vez Fernando Henrique Cardoso teria reclamado de uma sentença do Supremo, má para as finanças governamentais, dizendo que "eles não pensam no Brasil". Mudando o contexto, eu poderia sugerir que os ministros do STF pensam mais nos brasileiros do que no Brasil. Os brasileiros são titulares dos direitos humanos. Estes têm sido tratados com esmero por nossa corte suprema. Já o Brasil é a sociedade democrática que estamos construindo. A esse respeito, o STF parece ter menos convicções. Tolerou, como observei aqui, a entrega de dois governos estaduais a candidatos derrotados nas urnas. Se a reflexão dos ministros desse à questão da democracia a atenção que tem dedicado aos direitos humanos, isso não teria acontecido.

Talvez pela mesma razão, salvo erro meu, os ministros não basearam seus votos sobre a ação afirmativa no artigo 3º da Constituição, que define os "objetivos fundamentais" de nossa sociedade. O Brasil assim se propôs em 1988 a "construir uma sociedade livre, justa e solidária" e a "erradicar a pobreza e a marginalização e reduzir as desigualdades sociais e regionais". Durante os primeiros anos de vigência da Constituição, esses pontos ficaram de lado. O salário mínimo não subia sequer o mesmo que a inflação, contrariando o artigo 7º da Carta, que diz quais necessidades do trabalhador ele deve atender. Mas os "objetivos fundamentais" do país foram se implantando. Por exemplo, é meta do Brasil a integração latino-americana (artigo 4º). Disso, podemos sugerir que o Mercosul e ações análogas sejam imperativo constitucional. Se um governo quiser sair dele sem razões muitíssimo boas, o Supremo poderá impedi-lo. Ou, se tivesse pretendido participar da invasão do Iraque, a corte suprema poderia tê-lo proibido, dado o princípio constitucional da não intervenção. Não quer dizer que o Brasil não possa travar guerra alguma, nem ter conflitos políticos com os países vizinhos; mas isso teria de ser bem justificado.

Entendo que as ações afirmativas visam a erradicar a desigualdade acentuada. Aliás, a Constituição manda erradicar não só a miséria, mas a pobreza. Simplificando, é pobre quem vive da mão para a boca. Poupa ou progride pouco. Tudo o que ganha vai para sua sobrevivência. Já o miserável, trabalhando ou sem emprego, corta na própria carne. Alimenta-se de suas reservas físicas. Degrada-se. Está abaixo da linha de sobrevivência. Seria fácil que a Carta priorizasse o fim da miséria. Mas ela não quer erradicar só esse traço indecente de nossa sociedade. Ela propõe "erradicar a pobreza". A Constituição quer uma sociedade brasileira de classe média. Quando a presidente Dilma disse que esse era seu objetivo, expressava a meta dos constituintes de 1988. Eles não quiseram o fim dos ricos. Mas propuseram o fim da pobreza. Todos devem ter direito de ascender na vida e de, poupando, adquirir bens duráveis. Se o farão, é outra coisa; mas a sociedade deve dar-lhes oportunidade para isso, de modo que, se não o conseguirem, seja por escolha ou responsabilidade própria.

Exige-se do governante que aja para reduzir a desigualdade injusta. É o que fundamenta – e limita – as ações desse tipo. Quando se tornarem desnecessárias, não deverão persistir; mas não antes disso. Assim, se é lícito adotar ações que ampliem a presença social de negros, mulheres e egressos de escolas públicas, por outro lado serão inconstitucionais medidas legais que direta ou mesmo indiretamente aumentem o protagonismo de brancos, varões e formados por escolas caras. Evidentemente, ninguém colocará isso às escâncaras; mas nosso país é perito em subsidiar os ricos e a classe média em programas ditos sociais, que aumentam, em vez de diminuir, a desigualdade. Parece-me legítimo interpretar a parte programática da Constituição de modo a determinar ações dos gestores públicos, em especial, penso eu, a das prefeituras.

Há dias, Laura Capriglione informou, no jornal *Folha de S.Paulo*, que a prefeitura de São Paulo gasta per capita, no Jardim Europa, o dobro do que despende em bairros pobres e necessitados da cidade. A Constituição permite contestar essa política. É até plausível contestar políticas que, mesmo não agravando a miséria, não a minorem. Talvez as consciências ainda não estejam maduras para isso. Mas acredito que em breve, se os poderes eleitos na cidade ou no país não explicitarem políticas de redução da pobreza, sobretudo a extrema, serão cobrados para tanto, pela opinião pública, pelo voto popular e também pelo Ministério Público e o Judiciário. Desde já, deveríamos exigir que cada plano diretor diga como vai melhorar a condição de vida dos pobres. Leis ou atos que aumentem a distância entre quem mora bem e quem mora mal devem ser declarados inconstitucionais. ■

A democracia e a presidência

Segunda-feira, 14 de maio de 2012

Ouvimos com frequência advogados, juristas, políticos e analistas políticos dizerem que, no Brasil, a iniciativa de legislar saiu do Poder Legislativo e foi tomada pelo Executivo. Dizem isso, e o lamentam. Concordo com o diagnóstico, mas nem tanto com o lamento. Há razões fortes, objetivas, para o protagonismo legislativo da presidência da República. Isso porque, gostemos ou não (eu, pessoalmente, não gosto), em nosso país o poder mais democrático é o Executivo. Quero dizer: ele é o poder cuja eleição é mais democrática. Só na escolha do chefe de Estado todos os brasileiros são iguais, todos os nossos votos têm o mesmo peso. Esse fato fortalece a presidência, aos olhos do povo, e enfraquece o Parlamento.

Sim, há outro argumento que é dado para nossa preferência – brasileira, latina ou do continente americano – pelo presidente, em detrimento dos parlamentares. É que nós, sobretudo os latino-americanos, gostaríamos de personalizar a política. Para nós, o nome da pessoa e sua história importam mais que o partido e seu programa. Seria esse, quem sabe, um sinal de nossa imaturidade política. Mas tal explicação, mesmo que parcialmente correta, é insuficiente. Na verdade, a grande ferida de nossa vida institucional é que a forma de composição da Câmara dos Deputados reduz seu peso democrático.

No regime presidencialista, que predomina nas Américas, é comum o Parlamento (na verdade, usa-se mais o nome "Congresso") contar com duas casas. Uma delas, a Câmara dos Deputados, dos Representantes ou Câmara Baixa, representa o povo e é renovada integralmente cada tantos anos. Outra, o Senado, tem mandatos longos, conta com membros mais experientes (mais velhos também, ou pelo menos que tenham "senioridade") e representa os estados, províncias ou até mesmo, em raros casos, outras organizações da sociedade. O Senado, ou Câmara Alta, é ainda chamado de "casa revisora", porque seria menos importante que os deputados. Estes, porque representam o povo, numa democracia são mais significativos. O Senado revisaria decisões dos deputados, mas teria menos atribuições que eles.

Só que no Brasil o Senado é mais relevante que a Câmara. Por quê? Insisto: esse fato é estranho, se o poder vem do povo e quem representa o povo são os deputados (o Senado, em nosso sistema, representa os estados). Acredito que a Câmara se tenha esvaziado porque não representa fielmente o povo e, em parte, imita o Senado. Há um piso e um teto para o número de deputados por unidade da Federação, o que achata a representação do estado mais populoso e exacerba o número de deputados de vários estados com pequena população. Na Câmara, os brasileiros não são iguais. Uns valem mais que outros.

Isso é correto? No Senado, sim. O princípio de nosso Senado é dar igual peso a cada unidade federada. Há um certo elemento artificial e mesmo artificioso nisso, porque, ao contrário dos Estados Unidos, o Brasil não foi formado pela união de estados soberanos. Foi a República, desde 1889, que concedeu autonomia às antigas províncias, antes governadas por presidentes nomeados pelo poder central, sediado no Rio de Janeiro. O Senado não deriva da formação histórica do país. Ele é uma criação política, já no Império, que mudou de papel ao longo de nossa história republicana. Mas assim seja: no Senado, faz sentido cada estado ter o mesmo número de votos. Só que, quando esse princípio de representar os estados (e não só o povo) se estende à Câmara, esta perde seu significado. Lembremos que a Constituição americana garante, a cada estado, o "mínimo" de um deputado. A nossa assegura oito... Daí, também, que lá haja estados com um deputado e dois senadores, isto é, mais senadores do que deputados. Aqui, o menor estado tem três senadores e oito deputados.

Uma Câmara que se senatizou se priva de parte de seu papel. Ela deveria representar o povo ou, se quiserem, o eleitorado. Quando passa a representar o povo com ressalvas, sua missão constitucional se perturba. Vejamos: São Paulo, com 21,5% da população, tem 13,6% dos deputados. Em contrapartida, chegando-se aos estados menos populosos, a super-

-representação fica nítida. Acre, Amapá, Rondônia, Roraima e Tocantins, contando com entre 0,3% e 0,8% da população brasileira, têm cada um 1,6% dos deputados. Já o Distrito Federal, Mato Grosso, Mato Grosso do Sul, Rio Grande do Norte e Sergipe superam 1% da população cada um, mas ainda estão afastados do 1,6% de que dispõem na Câmara. Essa desigualdade se acentuou com a mudança na Constituição efetuada pelo ditador Geisel, em 1977. Com isso, a Câmara não representa cada brasileiro; representa paulistas, acrianos, mineiros; não é o que devia ser. Imitando (mal) o Senado, ela falta à sua missão e perde a vocação de voz maior do povo brasileiro.

Disso, o que decorre? Que, se quisermos ver onde a voz do povo melhor se expressa, é quando escolhe o presidente da República. Não importa quem seja ele ou ela, ou seu partido. Isso valeu para Fernando Henrique e Lula, vale para Dilma e valerá para seus sucessores, se não houver uma grande mudança institucional. Será muito difícil alguém considerar que a voz do Parlamento – ainda por cima, dividido em numerosas legendas – seja mais representativa da vontade popular do que o eleito do voto universal e, sobretudo, igual. Se quisermos que o Parlamento ganhe o poder que deve ser seu, antes de mais nada precisa ser fortalecida a Câmara e, para isso, a principal medida tem de ser fazê-la representar o povo, não os estados – que, para isso, já têm o Senado. ■

Receita para um mau prefeito

Segunda-feira, 11 de junho de 2012

Quase não vejo discussão sobre as eleições deste ano. Fala-se, sim, em coligações, mesmo as mais absurdas, e no tempo de televisão que gerarão para os candidatos – mas do que importa, que é o mérito dos nomes propostos, quase nada. Permito-me assim dar uma sugestão para o eleitor decidir não em quem vai votar, mas em quem não votar. Pelo menos, deste modo ele pode descartar nomes que não merecem cargo tão destacado.

Considero prefeito o cargo mais importante do Brasil, depois de presidente da República. Embora os governadores estejam hierarquicamente acima dos prefeitos, é o município que lida com quase tudo de nossa vida cotidiana. Trânsito, saúde, educação, árvores, calor e frio, até o bem-estar físico e mental e muitos dos prazeres da vida e da alma: tudo isso tem a ver com os prefeitos – e, claro, os vereadores.

Como saber que alguém não presta para prefeito? Receita simples e segura: os assuntos que prioriza na campanha. Se priorizar religião, corrupção ou futebol, podem ter certeza de que será mau prefeito. Nada tenho contra esses temas, apenas observo que, ao dar-lhes prioridade, ele estará fugindo dos assuntos que pode e deve abordar. Não é que não possa ter opinião a respeito. Mas pode fazer pouco de bom sobre religião, futebol e mesmo corrupção. (É verdade que pode atacar a corrupção na prefeitura. Mas sua opinião sobre a corrupção fora do município, seja o caso Cachoeira, seja o mensalão, não tem muita importância.)

Não estou defendendo políticos de nenhum partido em especial. Um dos maiores prefeitos do Brasil foi Jaime Lerner, que revolucionou Curitiba, transformando a cidade que era alvo das piadas do jornal *O*

Pasquim em exemplo de urbanismo para o Brasil e, não sejamos tímidos, o mundo. Ele, mais um técnico do que um político, pertenceu a partidos de direita, como a Arena e o PFL. Em compensação, uma das cidades que mais melhoraram no Brasil foi Porto Alegre – graças a uma sucessão de bons prefeitos do PT. Temos exemplos de bons administradores municipais dos dois lados.

O que estou defendendo é, simplesmente, que os candidatos digam o que pretendem para suas cidades. Se não disserem nada, é porque não farão nada que preste. Ou não têm ideias para o cargo, ou o querem para algum fim espúrio.

Então, qual seria uma pequena lista de assuntos municipais decisivos?

Primeiro, a educação. O ensino fundamental é assunto das cidades – e estados. Uma prefeitura pode investir muito nisso. Pode e deve controlar a qualidade da educação, porque está perto da escola. Pode comparar os resultados de cada uma delas nos exames e, especialmente, na entrada e na saída: pode cotejar o conhecimento do aluno que ingressa no primeiro ano e do que está se formando. Ele melhorou, piorou, e quanto? Provavelmente, uma escola de classe média formará alunos melhores, no conjunto, mas ela já os recebeu mais qualificados. Se virmos o que cada escola acrescentou, ou agregou, ao seu aluno em termos de qualidade, aí, sim, teremos uma métrica justa. Promoveremos assim a melhora da educação. Também há que levar em conta os recursos investidos: uma escola com menor orçamento que consiga bons resultados tem mérito maior do que outra que teve iguais resultados, mas com mais dinheiro.

Para escolas, existem manuais de boas práticas. Há gente de tudo o que é lado político empenhada nisso. E, se por acaso o município for desses que têm arrecadação enorme, pode levar a escola ao infinito. Em educação, sempre se pode melhorar.

Segundo, a saúde. Ela tem uma vantagem sobre a educação: quem está doente sabe que não está bem de saúde. Já quem é ignorante ignora a própria ignorância. Por isso, nosso povo reivindica mais em termos de saúde que de educação. Ora, a boa saúde é um bem enorme. Reduz gastos sociais. Cada real bem investido nela (ou na educação) leva a economias e mesmo ganhos mais adiante. Por isso muitos afirmam que não se trata exatamente de gasto, mas de investimento. Isso para não falar no ganho qualitativo, que nem se pode medir, do bem-estar das pessoas.

Terceiro, o saneamento. Vão longe os tempos em que um governador de São Paulo, Paulo Egydio Martins, lamentava que canos não dão votos, porque estão debaixo da terra e ninguém os vê – ao contrário, por exemplo, do asfalto ou do poste, que seriam mais populares. Hoje, ao contrário, as pessoas sabem que água e esgoto trazem saúde. Salvam vidas, sobretudo de recém-nascidos. O que o seu candidato propõe a respeito? Quantos domicílios em sua cidade não têm água tratada, ou esgoto? Ele sabe quantos? Tem propostas a respeito?

Quarto, o trânsito. O trânsito é o problema. O transporte público é a solução. Em várias cidades do Brasil, fazem-se mais viagens por dia de carro do que de ônibus. Isso é absurdo. Andar só de carro é insustentável, do ponto de vista econômico e ecológico. Infelizmente, o Brasil aposta na indústria automobilística para crescer. Será preciso mudar isso. Mas a mudança começa pelo município. Precisamos ter uma rede boa de transporte público para, depois, adotar o pedágio urbano, restringir vias ao tráfego privado, premiar em termos de tempo e tarifa quem usa ônibus, metrô ou bondes (que deveriam voltar, como voltaram à Europa em grande estilo). Isso finalmente exigirá, ou melhor, permitirá que mudemos nossa matriz de produção, comércio e imaginação, em que o carro particular tem há décadas um peso tão significativo.

Este é um rol pequeno de temas, mas todos eles essenciais. Se conseguirmos focar a discussão neles, poderemos ter melhores prefeitos – e vereadores. O ganho social dessa melhora será enorme. ■

A desonestidade dos políticos

Segunda-feira, 25 de junho de 2012

No Brasil, quando falamos em desonestidade dos políticos, entendemos que eles são corruptos e roubam dinheiro público. No Reino Unido, entende-se que eles – ou ele, um modelo em especial, Tony Blair – mentem à sociedade. Aqui, o descontentamento se expressa em postagens mal escritas e em artigos repetitivos nos jornais. Lá, o protesto resultou em literatura – e da boa. Conheço três livros a respeito, dos quais dois foram transpostos para o cinema. São *O Fantasma*, de Robert Harris, publicado em 2007 e depois filmado por Polanski (com o título aqui de *O Escritor Fantasma*), e *A Pesca do Salmão no Iêmen* (2006), de Paul Torday, que virou o filme que acaba de estrear em nosso país, com o impossível nome de *Amor Impossível*, dirigido por Lasse Hallström.

Falta ir para o cinema o melhor desses bons livros, *The Uncommon Reader*, de Alan Bennett (2007). O autor imagina que a rainha Elizabeth começa a ler e isso muda sua vida, tornando-a mais crítica dos fatos e ao mesmo tempo, talvez, uma pessoa melhor. O título é um jogo de palavras. Na Inglaterra, *common* é o plebeu. Por isso, a Câmara dos Comuns é eleita pelos plebeus, os não nobres, a maioria esmagadora da sociedade. A rainha é a mais *uncommon* das pessoas, porque está no auge da nobreza – mas a rainha leitora também se torna uma pessoa incomum, porque começa a pensar por si mesma. Daí que, no final do livro, ela observe que seu décimo primeiro-ministro, o governante marqueteiro, tem auxiliares ignorantes e que se orgulham disso. Nenhum deles tem cultura. Todos somente se preocupam em marketing.

Esse é o ponto comum das críticas a um primeiro-ministro que aparece nos três livros com outros nomes ou mesmo sem nome, mas porta os traços de Tony Blair. Ele não dá importância à verdade dos fatos, mas à sua aparência. Tudo vale, se puder ser aproveitado politicamente. De certa forma, isso já aparecia num bom filme que exalta Blair, que é *A Rainha*, de Stephen Frears (2006). Elizabeth II era apresentada no seu pior momento, quando ela e o marido não compreenderam o amor popular pela princesa Diana e, em vez de se associarem à enorme dor popular, esconderam os príncipes recém-órfãos. Blair, chamando Diana de "princesa do povo", soube capitalizar o sentimento popular. Mas, em *A Rainha*, Stephen Frears mostra Blair como o líder que usa sua habilidade política para, na última cena, canalizar o apoio do povo – e da monarca – para a mais que necessária reforma na educação.

Numa chave mais leve, *Simplesmente Amor*, de Richard Curtis (2003), apresenta um *premier*, representado por Hugh Grant, que se apaixona pela empregada do palácio e, por esse amor, enfrenta o presidente dos Estados Unidos, que quer possuir a moça e, metaforicamente, o Reino Unido. É um filme agradável, uma comédia romântica. Mas ainda é um filme da lua de mel com Blair – a quem sugere que, afastando-se da liderança norte-americana, ele seria uma pessoa decente.

Esse Blair – que também conseguiu o acordo de paz na Irlanda do Norte, um feito mais que elogiável – desapareceu. Em *O Fantasma*, ele se esconde nos Estados Unidos, para fugir ao ódio de seu povo e talvez também à justiça de seu país. É até suspeito de ser agente norte-americano, traidor, portanto, de sua pátria. Em *Uncommon Reader*, ele oscila entre a falta completa de cultura e a manipulação mais desbragada das pessoas. Em *Amor Impossível*, só está interessado em imagens que rendam dividendos políticos. A história é a mais cômica das três: um rico xeique iemenita se dispõe a pagar a fortuna que for necessária para criar e pescar salmões no Iêmen – um país que não tem a água nem a temperatura adequadas para criar esses peixes típicos de lugares frios. O governo britânico, desejoso de mostrar uma cooperação bem-sucedida com um país árabe, seja qual for, obriga um cientista a entrar nesse projeto absurdo. E a assessora de imprensa do *premier* não recua diante de nenhum expediente para conseguir notícias favoráveis à imagem do governo.

Agora, a questão que cabe é: por que os britânicos convertem seu descontentamento com um governo que acabou mal em boa literatura, e nós não? Nos Estados Unidos o ótimo Philip Roth faz algo parecido, com a crônica, bem em filigrana, dos anos neoconservadores em seu país. Isso aparece no fundo de seus livros, como quando ele menciona o processo movido contra Clinton devido a seu romance com uma estagiária. Mas ignoro uma produção literária ou mesmo artística em outros países que se compare ao modo como os britânicos transformam os anos de seu descontentamento em literatura.

Como ficamos nós? Do período de FHC, restaram as tiras poéticas de Luis Fernando Verissimo, *As Cobras*, dizendo que o então presidente estava se descuidando do "social" (que despencava da árvore, caía num rio etc.). Da gestão Lula, nada. Um escritor notável, que é João Ubaldo Ribeiro, não perdeu ocasião de atacá-los em sua coluna nos jornais, mas suas crônicas não se alçam ao nível de seus romances, não indo além do plano de algum comentador habitual. Por que não temos uma literatura que trate, com qualidade, da nossa política? Sei que não é fácil. Parece que nos acostumamos mais ao discurso semidifamador, em vez de nos dispormos a um texto criativo. Curiosamente, os romances britânicos que mencionei são muito críticos. Condenam Blair sem piedade, mesmo que nunca mencionem seu nome. São ferozes com o marketing político, que, aliás, hoje é uma prática quase unânime no mundo. Só que eles criticam bem. São sofisticados. Dá prazer lê-los. Ficarão, creio eu, nas estantes dos livros que vale a pena ter, mesmo daqui a décadas. ■

Comunismo no poder e fora dele

Segunda-feira, 16 de julho de 2012

O comunismo parece coisa antiga, que talvez subsista, com seus ideais, apenas em Cuba. Estive recentemente na China e, embora a retórica do regime fale em comunismo, sua prática está a mil léguas deste. De todo modo, ele marcou o século XX e deixou sua marca na sociedade atual. Vale a pena perguntar por que, no poder, ele foi ditatorial e totalitário, enquanto, na oposição, contribuía para os direitos trabalhistas, os direitos sociais e mesmo a democracia. Esse é o grande paradoxo do comunismo.

Nisto, ele se distingue do fascismo. É verdade que ambos, no poder, instituíram Estados policiais, campos de concentração e mataram milhões, sobretudo no período que vai de 1917, data da Revolução Russa, a 1953, quando morreu Stalin. Mas o fascismo, na oposição, já usava da extrema violência. Na Itália, dava óleo de rícino a beber aos inimigos. Na Alemanha, tomava as ruas com militantes bandidos. Não há diferença entre o fascismo na oposição e no governo: vejam a truculência dos nazistas gregos, hoje. Estão na oposição e já fazem mal; imaginem no governo.

Já o comunismo, na oposição, defendia direitos. É possível que essa diferença entre ele e o fascismo esteja no discurso, no texto, na doutrina de cada um. A doutrina comunista é bela. Muitos de seus críticos reconhecem isso – bela, dizem, mas irrealizável, utópica. Aliás, segundo alguns, o comunismo teria gerado o mal justamente porque propôs um bem inatingível. Não conseguindo implantar o mundo perfeito, utilizou a violência na tentativa de alcançá-lo. Como não extirpasse do ser humano a vontade de lucrar, de ter mais, tentou arrancar esse traço de caráter à força. Daí que, como tantos visionários antes e depois, ao longo dos tempos, o comunismo tenha se tornado cruel exatamente porque pretendia ser bom. Não admitiu uma bondade que não fosse a sua, ou melhor, não admitiu uma humanidade que não fosse boa como a sua.

Pode ser esta a explicação para os males do comunismo. Talvez! Mas permanece o fato de que ele delineou uma utopia – também no sentido bom, e original, da palavra. Já os fascistas jamais propuseram uma sociedade justa para a humanidade. O que propuseram, e continuam propondo na voz dos vários movimentos semifascistas que hoje há na Europa, como a Frente Nacional na França, foi uma sociedade supostamente vantajosa (o que não quer dizer moralmente boa) para um único grupo étnico. Os fascistas são, por definição, ultranacionalistas e xenófobos. Odeiam o estrangeiro, o diferente, o divergente.

O fascismo é o egoísmo tornado política. Detesta quem não é como ele. O próprio compatriota, ele só aceita se for um clone seu. Toda diferença será castigada.

O comunismo foi internacionalista. Entendia que as fronteiras nacionais foram construídas pelas classes dominantes. Pretendia uma sociedade justa, não apenas para os alemães ou italianos, mas para todos os seres humanos. No discurso comunista, há uma ética. No fascista, não.

Assim, quando os fascistas de antes e de hoje empregam a força física contra as pessoas de quem não gostam, apenas aplicam na prática a sua doutrina. Não há divergência entre o que dizem e o que fazem. Ações e palavras andam juntas. Eles prometem expulsar quem não é de seu país, reprimir quem diverge dos costumes dominantes – por exemplo, homossexuais e feministas –, eliminar quem pertence a uma raça dita inferior. Em *Mein Kampf* (1925), Hitler já contava o que faria dez ou quinze anos depois. Já os comunistas, no poder, quando agiram como os fascistas, estavam dizendo uma coisa e fazendo outra. Proclamavam a igualdade dos povos, mesmo quando submetiam várias outras nacionalidades à russa. Pregavam a liberdade, enquanto colocavam milhões a trabalhar como escravos. Isso não foi mera hipocrisia, embora em alguns casos clínicos, como o de Stalin, fosse pior que ela. Foi algo que pertenceu à essência do comunismo no poder.

Agora, por que o comunismo, na oposição, foi mais fiel a seus ideais do que quando esteve no poder? Por que ele foi melhor desobedecendo do que mandando? É verdade que falo aqui em linhas gerais. Mesmo no poder, houve comunistas leais aos ideais de humanismo que aparecem na doutrina – o húngaro Imre Nagy, o eslovaco Dubcek. Mesmo na oposição, houve comunistas que mataram dissidentes ou simples suspeitos, como Elza Fernandes, a adolescente assassinada em 1936 por ordem do Partidão. Mas, em linhas gerais, na oposição os comunistas defendiam as liberdades, e no poder as suprimiam. Terá sido justamente por causa do discurso deles? Seriam mais fiéis às promessas de Marx quando eram profetas desarmados do que armados? Terão sido melhores os comunistas com a pena do que com o fuzil, escrevendo e subvertendo do que decretando e impondo?

O comunismo talvez tenha sido a melhor oposição que o capitalismo pôde ter. É até provável que comunismo e capitalismo precisassem um do outro – ou que uma sociedade, para ser boa, precisasse dos dois. Isso resultou no que houve de melhor no século passado – os trinta anos gloriosos após a Segunda Guerra Mundial, quando o mundo (ou pelo menos o mundo então rico) mais se desenvolveu, econômica e socialmente. Mas esse duo só funcionava bem quando o capitalismo estava no poder, o comunismo na oposição. Sem esses opositores, os capitalistas teriam sangrado as classes sociais a fundo, como fizeram em tantas partes, inclusive no Brasil da ditadura. Sem o capital no poder, o comunismo seria só um totalitarismo a mais. É curioso esse equilíbrio de poderes, um em cima, outro embaixo. Curiosamente, pode ser que o comunismo – de oposição – faça falta em nossos dias. Porque ele permitiu humanizar o capitalismo. ■

A educação em ano eleitoral

Segunda-feira, 30 de julho de 2012

Há vinte anos, quando o ministro Murílio Hingel assumiu a pasta da Educação no governo Itamar Franco, começou a mudar a prioridade na educação brasileira. Com boas intenções, a Constituição de 1988 incumbira o governo central de manter o ensino superior, com um número de universidades federais que depois aumentou, e atribuíra a estados e municípios o ensino básico. Traduzindo, a União paga as universidades federais, gastando nelas três quartos do seu orçamento com a educação, enquanto os municípios mantêm os primeiros nove anos de escolaridade (os antigos grupo e ginásio, depois segundo grau, hoje ensino fundamental) e os estados apoiam esse esforço, respondendo também pelo ensino médio, antigo colegial. Há exceções, substanciais inclusive, mas o desenho constitucional é esse. A boa intenção foi pensar que, colocando a educação mais importante, a de crianças e adolescentes, mais perto do eleitor, ela iria melhorar. O cidadão controlaria de perto a educação dos quatro aos dezoito anos, ou mesmo desde as creches.

Ledo engano. Daí, surgiram inúmeros problemas. Muitos prefeitos e governadores não são capazes de dirigir sistemas educacionais – quanto mais de conceber mudanças que valorizem o professor e estimulem os alunos. Na verdade, os maiores avanços da educação básica nestes vinte anos, em que pesem as boas intenções de Murílio Hingel, Paulo Renato Souza e Fernando Haddad, os ministros mais duradouros no cargo, foram apenas dois. Primeiro: priorizar na pauta de intenções do governo a educação básica. Por ora, é uma intenção. Não é uma realização. Mas já é positivo aumentar a convicção de que essa educação é a mais importante. Infelizmente, falta as famílias assumirem isso.

Segundo ganho: a decisão de avaliar a educação. E a percepção de que, para tanto, precisamos de indicadores bons. Isso pode parecer óbvio. Como melhorar a educação, sem uma avaliação constante? Mas o que não é óbvio é o modo de avaliar. Isso é muito difícil. Podemos, sim, fazer uma avaliação bastante básica dela – ver como as crianças menores se saem nas operações fundamentais da matemática e no português. Meu filho, aos oito anos, fez a Provinha Brasil, que eu baixei para ele. Acertou 23 das 24 questões. Uma amiguinha dele teve dificuldades com a última pergunta, que era como se escreve "quintal". Aliás, aproveito para recomendar aos pais que procurem, no site do Inep, as edições anteriores da Provinha e apliquem aos filhos de sete a nove anos. É uma brincadeira, mas fará que as famílias se envolvam mais com a educação das crianças. Lembro, porém, que, à medida que a pessoa cresce, vai-se tornando cada vez mais difícil avaliá-la, e a regra número 1 é que a avaliação não pode inibir iniciativas criativas e emancipadoras.

A avaliação dos sistemas educacionais foi um tema que dividiu, por muito tempo, o PSDB – que a defendia e implantou em escala federal – e o PT, que fechava com os sindicatos de professores na resistência a ela. Entendia o PT, e hoje entendem os sindicatos docentes, que a avaliação é injusta com os professores, punindo-os por deficiências do sistema como um todo e só recompensando alguns deles, os melhores. Mas não há como melhorar a educação, inclusive a remuneração dos profissionais, sem exigir deles um bom desempenho. Sempre fui defensor da qualidade. Achei muito bom que, no governo Lula, o PT mudasse de posição a respeito e, inclusive, aprimorasse os indicadores educacionais. (Vários sindicatos continuam contrários, o que hoje leva parte deles a apoiar os partidos ditos de extrema esquerda.)

Recomendo aos pais: olhem no Inep a prova adequada à idade do filho, seja Provinha Brasil, Prova Brasil ou Enem. Peçam ao filho para fazê-la e o acompanhem. E por quê? Não é só para saber como está seu filho, embora isso seja fundamental. Mas é, sobretudo, porque a maior deficiência do ensino brasileiro é que a sociedade não fez dele sua prioridade. Muitos consultores e jornalistas dizem que melhorar a educação é condição para o país se desenvolver. Mas sejamos claros. A família pode ajudar na segurança, na saúde e na educação. Pode ensinar os filhos a serem honestos e a se acautelarem dos criminosos. Deve educá-los a ter hábitos higiênicos e cuidar da saúde. Mas não pode substituir a polícia, o médico – nem, aliás, o professor. Só que, na educação, a família pode fazer muito mais do que faz. Pode, numa palavra, mostrar que a educação é importante.

Exemplo negativo: um conhecido meu, numa crise econômica, mudou os filhos de escola porque a mensalidade estava cara. Só por isso. No mês seguinte, trocou o carro seu e da mulher. Que sinal ele deu para os filhos? Não precisa responder. Mas foi pior do que aquilo que mil governos ruins podem fazer.

Sugestão nestas eleições: vejam o que os candidatos a prefeito propõem para a educação. Verifiquem se falam em merenda escolar, transporte, pintura de escolas. Se falarem só nisso ou principalmente nisso, fujam! Provavelmente, eles não têm ideia do que é a educação. Claro que podem – e devem – falar desses pontos, mas o principal é a qualidade do ensino. Vejam também se vão falar em tablets, internet e coisas que tais. Alerta! Esses instrumentos só são úteis se houver alguém que saiba usá-los. Confiram se falam em cursos para qualificar os professores, em aumento de salário vinculado a cobrança de desempenho, e em incentivo aos alunos para que tenham prazer estudando. Aprofundem estes pontos, para ver se eles entendem do que estão falando ou apenas repetem mantras de marqueteiros. Porque, se entenderem disso, podem ser prefeitos bons para a educação. ■

O PT não é comunista

Segunda-feira, 27 de agosto de 2012

De vez em quando, leio em blogs ou mesmo em cartas que recebo enquanto colunista deste jornal ataques aos "comunistas" do PT. Ora, é importante esclarecer algumas coisas. Todos têm o direito de divergir do Partido dos Trabalhadores e do comunismo. Mas é errado confundir um com o outro. Melhor aclarar alguns pontos, para que os adversários do PT ou do comunismo possam criticá-los sem incorrer nessa confusão. O PT não é ou foi comunista, nem por seu programa nem por sua história.

Vamos ao programa ou, se quiserem, aos ideais. O princípio de todo partido ou militante comunista é a abolição da propriedade privada dos meios de produção. Quer dizer que só a sociedade pode ser dona de fábricas, fazendas, empresas. Já residências, carros, roupas e hortas para uso pessoal ou familiar não precisariam ser expropriados de seus proprietários privados. A casa em que eu moro não é "meio de produção". Menos ainda, minha roupa. Mesmo a horta, em vários países comunistas, ficou em mãos particulares. Seja como for, o ponto de partida do comunismo é: a propriedade privada dos meios de produção – fazendas, fábricas – é injusta e, também, ineficiente. Deve ser suprimida. Sem essa tese, não há comunismo.

Um parêntese: até o presente, esse projeto não funcionou. Para Marx, a questão não era moral, mas econômica. A propriedade privada acabaria se mostrando ineficiente. Seria superada por uma forma superior de propriedade, a coletiva. Ora, até hoje a propriedade privada se mostrou mais produtiva. E ninguém conseguiu mostrar na prática (ou teorizar) o que seria a propriedade "social" dos meios de produção. Houve, sim, propriedade estatal deles. Mas Marx era claríssimo: o Estado tinha que ser abolido. Nunca propôs ampliá-lo. Nem reduzi-lo. Ela ia mais longe do que os próprios liberais: queria suprimir o Estado. Era o contrário do que fizeram os Estados comunistas, que reforçaram a polícia e controles de toda ordem. Eles suprimiram a propriedade privada, mas não o Estado: criaram um monstro policial que Marx jamais aceitaria.

Pois bem, o PT namorou em seus inícios a ideia de um socialismo vago, mas nunca se bateu pela abolição da propriedade privada dos meios de produção. Daí que, nos seus primórdios, fosse até acusado de ser uma armação contra a "verdadeira" esquerda, a comunista. Dizia-se que Lula seria um ingênuo, ou mesmo um agente infiltrado da CIA. Além disso, o PT nasce de um inovador movimento sindical; ora, Lênin fora áspero na crítica ao "sindicalismo", que padeceria de uma ilusão reformista, querendo melhores salários em lugar da revolução. Tínhamos um abismo entre o projeto petista e o comunista. Finalmente, o lado libertário do PT – o fato de reunir descontentes com a cultura dominante, machista, racista etc. – desagradava a quem achava que a contradição decisiva da sociedade seria o conflito do capital com o trabalho. Havia marxistas no PT, talvez ainda os haja, mas sempre foram minoria.

Daí vêm duas consequências curiosas e paradoxais quanto ao comunismo. Para ele, o fim da propriedade privada não é só um projeto. É uma certeza científica. O marxismo pretende ser a ciência das relações humanas. É científico que um dia virá o socialismo. Disso decorre que, sendo uma ciência, o marxismo no poder não admite discordância. O dissidente é um errado. E por que autorizaríamos os errados a falar? Eles só atrasarão a rota da história... Seria mais econômico e melhor, para a humanidade, calá-los. Daí o caráter não democrático dos regimes comunistas (é por isso que, na democracia, a liberdade de expressão significa que podemos errar, que renunciamos à certeza). E disso decorre, também, que os marxistas fora do poder não têm pressa. Um dia, chegará o comunismo. No poder, enfatizam que o socialismo é uma necessidade histórica. Fora do poder, enfatizam que a história não precisa ser apressada. Dão-se bem com a adversidade. Derrotados, sabiam ser serenos, para usar a virtude que mostravam em tempos nefastos: a história lhes daria, um dia, razão.

É paradoxal, não é? A mesma convicção de que o marxismo seja uma ciência leva os comunistas, no poder, a não tolerar a oposição, e fora do poder a fazer tudo o que é acordo, mesmo dos mais espúrios, a aguentar qualquer derrota, a esperar. Ora, é digno de nota que o PT nunca aceitou o pressuposto do marxismo como ciência. Por isso mesmo, também recusou suas consequências. Nunca reprimiu divergências ao feitio comunista. E sempre teve pressa (exceto, talvez, depois de chegar à presidência). Não foi à toa que, entre petistas e comunistas, as relações nunca tenham sido fáceis. A queda do Partido Comunista tradicional, o "partidão", acaba coincidindo com a ascensão do PT. Não restou espaço ao PCB. Mudou de nome, abriu mão do fim da propriedade privada, manteve uma excelente retórica, foi para a direita.

Em suma, há muito a criticar ou a elogiar no PT, mas será errado criticá-lo (ou elogiá-lo) por ser comunista. ■

A educação básica cabe no município?

Segunda-feira, 3 de setembro de 2012

As eleições deste ano devem nos levar a discutir uma prioridade constitucional dos municípios, a educação. Esta é a sexta eleição de prefeitos e vereadores sob a Constituição de 1988, que deu ao município a atribuição de zelar pela educação básica, tendo os estados como parceiros e a União... ela, bem ao longe.

É hora de cobrar duas questões dos candidatos: o que propõem para o nível de educação mais relevante que há, o inicial, que forma as crianças e define boa parte de seu futuro? E se até agora esses gestores não deram conta de melhorar a educação fundamental e o ensino médio, darão um dia? Será o caso de pensar seriamente na proposta do ex-senador Cristovam Buarque – ex-ministro da Educação, verdadeira usina de ideias – que diz que a educação básica, importante que é, tem de ser federalizada?

O assunto não é dos mais populares. Perde, nas campanhas eleitorais, para a saúde. Qualquer um sabe que está doente. Mas só quem tem educação sabe o que é a educação falha. Quem mais precisa dela não percebe o quanto precisa. As famílias não se comprometem com ela. A educação faz parte dos assuntos, como a ética, que não lotam a avenida Paulista. Isso tem que mudar.

O constituinte pensou que, ao aproximar a educação básica do cidadão, nos municípios, aumentaria o controle popular sobre ela. Engano. Tanto é verdade que o governo federal, apesar de incumbido essencialmente do ensino superior, é quem tem posto dinheiro e ferramentas para melhorar o ensino básico. A União hoje é o ator decisivo na educação pública. O Indicador de Desenvolvimento da

Educação Básica (Ideb)*, aliás, mostra que os primeiros anos de escolaridade obrigatória têm avançado mais que o previsto. Numa escala que vai até 10, a meta é chegar em quinze anos ao nível dos países desenvolvidos em 2005, que era nota 6. Não é fácil avançar vários pontos consistentemente, ano a ano. Mas em 2011 se pretendia 4,6, e o Brasil chegou a 5. Só anda mais devagar o ensino privado (que subiu para 6,5 em vez de 6,6), mas este já começou no mesmo patamar de nota que os países da OCDE.

A nota no Ideb mede o desempenho e, assim, induz políticas de longo fôlego. Mas os professores também precisam de um projeto de longo prazo. Quantos professores há na educação básica? Segundo o Inep, em 2011 havia 2,045 milhões de funções docentes na educação básica – mas o dado é de funções, não de docentes, porque há quem trabalhe em dois lugares. Já quando os separamos por dependência administrativa, isto é, por quem lhes paga o salário, o número sobe a 2,26 milhões, porque a mesma pessoa pode dar aula no setor público e no privado. Quase 46% lecionam nas redes municipais, 32% nas estaduais, 21% na área privada e menos de 1% nas unidades federais. Temos dois milhões de professores. Que metas devemos ter em relação a eles?

Seria impossível dar a todos um aumento único e de impacto, já. A proposta ambiciosa, mas viável, seria criar uma carreira para três milhões de professores em sala de aula – ao longo de vinte anos. O ideal é uma carreira federal: ou se federaliza a educação mudando-se a Constituição, ou a União coloca dinheiro e cobra em qualidade alta. Por exemplo, o professor começaria recebendo três mil reais** e teria um plano de carreira factível, que aumentaria gradualmente seu salário, levando em conta só o seu desempenho. Seriam realizados concursos regulares de provimento de cargos, contratando 150 mil novos docentes por ano. Os atuais professores poderiam concorrer a eles, em igualdade de condições com qualquer pessoa. A seleção se faria apenas por conhecimento da matéria e capacidade de lecionar, os critérios essenciais. Assim, conviveriam por um tempo os professores da carreira federal, com um bom

* Criado no governo Lula, pelo ministro Fernando Haddad.

** Valores, obviamente, de setembro de 2012. Em junho de 2020, corresponderiam a R$ 4.737,68, corrigidos pelo IGP-M da FGV, segundo tabela disponível em: <https://www3.bcb.gov.br/CALCIDADAO/publico/exibirFormCorrecaoValores.do?method=exibirFormCorrecaoValores>. Acesso em: 9 jul. 2020.

selo de qualidade, e docentes sem a mesma qualificação, mas que manteriam seus direitos até se aposentarem e que poderiam disputar a nova carreira, com as vantagens que esta daria.

Assim entendo a proposta Cristovam. A seleção dos novos se daria em todas as disciplinas, renovando integralmente o sistema escola por escola, criando assim ambientes mais qualificados de ensino. A renovação beneficiaria todas as classes sociais, na proporção que têm na sociedade, o que implica atender à classe média e mesmo à rica, mas sobretudo à multidão dos bairros pobres e periféricos. Para promover a inclusão social, é mais eficiente do que as cotas. Mas para funcionar isso exigirá ações integradas, inclusive no plano dos transportes, construções e segurança pública.

A proposta fixa parâmetros claros. Não se melhora a educação sem bons salários – nisso têm razão os sindicatos. Mas não basta subir os salários para os professores se tornarem bons – nisso têm razão os pesquisadores críticos ao mundo sindical. O que fazer? Unir as duas perspectivas. Aumentar os salários em função do desempenho. Mas, sobretudo, definir metas num prazo factível. Isso é melhor do que simplesmente subir para 10%, sem contrapartidas ou avaliação da qualidade, o dinheiro investido na educação. ■

NOTA DE 2021 Eu não podia imaginar que, dali a três anos, seria ministro da Educação. Convenci-me, então, de que a federalização da educação municipal, como a propusera meu antecessor Cristovam Buarque, não seria factível, entre outras razões porque agigantaria ainda mais a União.

Contudo, como digo no próprio artigo, a União já fazia muito – e pretendíamos fazer mais – pela educação municipal. A formação de professores precisava ser revista, os livros didáticos constantemente melhorados, a gradual adoção de tablets a par do formato livro, e também medidas difíceis de pactuar, como a introdução de um exame nacional para seleção dos professores. Os municípios e estados que quisessem, por adesão, utilizariam os resultados de um exame nacional de seleção (valeria o mesmo para diretores) e, acréscimo importante, haveria a "portabilidade" da condição de professor ou diretor, isto é, se você mudasse de cidade ou estado e quisesse continuar na carreira, isso seria possível sem ter que recomeçar do zero (mas dentro de critérios a definir). Além disso, é bom lembrar que cada município ou estado tem seu plano de carreira, havendo aqueles que começam com salário baixo e terminam com valores altos, e aqueles que começam com valores mais elevados, porém não aumentam muito ao longo da carreira: escolha política delicada a tomar, quanto a qual deles é o melhor.

Além disso, desde o governo Lula tinha sido criado o Programa Institucional de Bolsas de Iniciação à Docência (Pibid), um programa integrado de bolsas, cujos primórdios acompanhei dentro da Capes (quando eu era diretor de avaliação da pós-graduação) e que visava a estimular, com formação adicional e uma bolsa, os melhores alunos que quisessem se dedicar ao ensino na rede pública. Contudo, quando fui ministro, o presidente que convidei para a Capes, Carlos Nobre, constatou que apenas 18% dos egressos do Pibid cumpriam a obrigação de ir lecionar no setor público. Esse é um exemplo de como as boas iniciativas para promover a inclusão social – no caso, melhorando a educação oferecida aos alunos da escola pública – são apropriadas pela desigualdade social, que é quase um traço do DNA brasileiro: no caso, quem teve melhor formação procura ganhar mais dinheiro com isso, realizando uma apropriação privada dos investimentos públicos de que desfrutou. Lutar contra isso é um combate de todos os dias.

Finalmente: uma das ideias do Pibid era justamente a de renovar em vinte anos o quadro docente da educação básica, com uma formação aprimorada. A grande diferença da ideia que expus nesta coluna é que, nela, sustentei que os melhores professores já ativos e os novos concorressem ao adicional de salário que seria destinado a quem educasse com mais êxito.

Temos partidos demais?

Segunda-feira, 10 de setembro de 2012

Tudo depende, na resposta a esta pergunta, do que chamemos de "demais". Nossos partidos são numerosos, sim. Acabo de descobrir que há um partido de número 10. Estranhei, porque os números surgiram quando foi restabelecido o sistema multipartidário, no final da ditadura. Os cinco partidos então criados receberam números que, obviamente, iam de 1 a 5. Mais tarde, com a democracia, foi facilitada a criação de novas agremiações, e os números de 1 a 9 (porque, claro, nenhum partido quereria ser o zero...) se mostraram insuficientes para acolhê-los. A solução foi começar em 11. O antigo partido "1", que era o da ditadura, se tornou o 11, e assim por diante. Portanto, não tínhamos o 10. Agora, ele surgiu. Temos também o 65. Não sei, na verdade, quantos partidos existem no Brasil, no dia de hoje.

Mas isso é ruim? É comum se denunciar a proliferação de siglas de aluguel. Mistura-se, na mesma expressão, o grande número – a "proliferação" – e a indecência, a imoralidade, o "aluguel". Porém, que relação há nisso? Nenhuma. Se aluguel significar a falta de convicção ideológica, essa não é exclusividade dos partidos menores, que mercadejariam o apoio no Legislativo ou seus minutos de televisão em troca de vantagens escusas. Porque nosso partido mais tradicional, que tem a maior bancada no Senado e a segunda na Câmara, é justamente uma agremiação que abriu mão das convicções ideológicas e divide seu apoio entre forças políticas as mais diversas.

Refiro-me, claro, ao PMDB. Isso embora ele conte com alguns dos parlamentares mais respeitados eticamente do Congresso. Mas ele apoiou os tucanos nos tempos de Fernando Henrique e aliou-se a seu candidato

José Serra, em 2002, dando-lhe a companheira de chapa, Rita Camata; e apoiou os petistas no governo de Lula e aliou-se a sua candidata Dilma Rousseff em 2010, dando-lhe o companheiro de chapa, Michel Temer. Há duas décadas renunciou a pleitear a hegemonia nacional, sinônimo da presidência da República, e desde então vive bem o papel que, segundo o folclore, seria dos nanicos inconvenientes. Mas que ele desempenha com brio e sem remorso.

Os pequenos partidos têm suas vantagens. Facilitam a apresentação de candidaturas. Lembremos dois exemplos de política bipartidária, os Estados Unidos e a Grã-Bretanha, onde um terceiro partido tem dificuldades até para sobreviver. Lá, porém, qualquer um pode concorrer aos cargos legislativos. Nos Estados Unidos e na Inglaterra, é bem difícil eleger alguém que não seja dos grandes partidos – mas não é proibido. Já no Brasil, a pretexto de fortalecer os partidos, o que seria condição para a democracia funcionar, reservamos as candidaturas a eles. Pior, só pode concorrer quem esteja filiado a um partido há pelo menos um ano*. Como as convenções se realizam pouco antes da eleição, já ocorreu de alguém se filiar a um partido e depois ter a legenda dele negada. Isso aconteceu com Itamar Franco, que voltou ao PMDB querendo disputar em 1998 a sucessão de FHC, mas foi barrado na convenção. Ele deveria ter o direito de concorrer, sem precisar de legenda. Aliás, nada o impediria, na França ou nos Estados Unidos, de disputar a presidência sem ter um partido.

Em suma, o mau comportamento que se atribui aos pequenos partidos não é privilégio deles. As grandes democracias admitem candidaturas avulsas, solteiras, e nem por isso sofrem problemas maiores. Tomemos nossos deputados federais. Se olharmos os partidos pequenos – digamos, os que elegeram menos de dez deputados –, suas bancadas somavam na posse, em 2011, apenas 26 parlamentares, ou seja, 5% da Câmara. Se pegarmos os partidos com até vinte deputados, teremos um total de 73 congressistas, isto é, menos de 15% – e entre eles estão os bem conhecidos PCdoB e Partido Verde, com quase metade dessas cadeiras.

O fato é que os partidos pequenos têm pouco espaço no Congresso, portanto, seu eventual oportunismo causa pouco mal. E, se olharmos

* A lei mudou, depois, para seis meses.

quais partidos representam interesses precisos ou convicções ideológicas, não é o número que faz a diferença. O DEM certamente é o mais conservador dos partidos médios, mas seguramente o PSB não é socialista e muita gente contesta que o PV seja realmente ecologista. O próprio PCdoB, que entrou no governo Kassab em São Paulo, hoje só é comunista no nome.

Algo, então, a mudar aqui? Seria completamente inútil alterar a lei eleitoral para reduzir o número de partidos. Já se tentou, adiou-se e, penso, desistiu-se. Mas duas medidas seriam positivas. Primeira, dificultar ou mesmo proibir coligações para as eleições proporcionais. É péssimo votar no candidato de um partido e eleger o de outro, às vezes sem afinidade histórica com o primeiro. Segunda, restringir a moeda de troca que é o horário eleitoral. Não há razão alguma para um candidato ter mais que metade dos minutos de televisão – como tem, por exemplo, o prefeito do Rio de Janeiro. Poderia haver um teto no horário de propaganda política. Seria, digamos, um terço do total de minutos. Obviamente, se houver só dois ou três candidatos, isso se recalcula, mas temos que parar de premiar, com nosso dinheiro, partidos que só existem para dar tempo na TV. Aliás, a tão malfalada aliança do PT com Maluf, em São Paulo, só ocorreu por causa disso. Uma mudança dessas reduziria a invasão de nossos olhos por interesses menores, além de favorecer a concorrência pelo cargo em disputa. Afinal, em dez minutos qualquer candidato diz tudo o que tiver a comunicar.

Mesmo assim, não vamos esquecer: os nanicos nada fazem, de ruim ou bom, que seus irmãos maiores não façam. ■

Os principais cargos da República

Segunda-feira, 17 de setembro de 2012

Os dois principais cargos eletivos da República são os de presidente e prefeito. Essa afirmação pode chocar, porque reduz o papel dos governadores. É verdade que os governadores aparecem mais. Prefeitos não são candidatos natos à presidência da República, nem mesmo os de São Paulo e Rio de Janeiro, enquanto os principais governadores o são. Os jornais cobrem mais a opinião dos governadores que a dos prefeitos, salvo rara exceção – Gilberto Kassab, Cesar Maia. Mas lembremos que o cidadão é antes de mais nada quem mora na cidade. O cidadão reside. Por isso mesmo, quem define a qualidade de nossa vida, depois do presidente da República, é quem lida com o morar: o prefeito. O poder dos governadores está mais longe de nós.

O Poder Executivo federal define a política econômica e social do país. Os resultados disso são importantes. Hoje, se perto de minha casa vejo inúmeras caçambas, sinal de que a classe média está reformando as residências, é porque vivemos uma política econômica mais próspera do que dez anos atrás. Se o Brasil firmou a prioridade de políticas de distribuição de renda e de combate à miséria, isso se deve à política conduzida no Planalto. Na política econômica e social, a presidência da República tem papel decisivo. Mas a vida cotidiana, que está mais perto de nós, depende essencialmente das prefeituras. Por isso as eleições deste ano são significativas. Por isso é pena quando o eleitor amesquinha seu voto, ou o candidato não expõe suas ideias, ou a imprensa não as cobra.

Cada município tem suas leis de ocupação do solo, suas regras de expansão, a definição de onde pode haver fábricas, comércios, lixões. A prefeitura determina a qualidade do transporte coletivo, o papel do carro individual, o nível do ensino básico e da saúde. Em vários casos, ela não age sozinha – na saúde, por exemplo. Na educação, ela atua junto com o estado para a formação das crianças e adolescentes, a missão mais nobre que existe. Mas o principal, que é quase só da prefeitura, é a competência para desenhar a cidade e o convívio com os outros.

Muitas vezes esquecemos isso. Queremos que a cidade cresça para que lado? Queremos casas ou prédios? E queremos que as casas sejam construídas em terrenos exíguos, em lugares sujeitos a inundações – ou não? Queremos jardins, praças públicas, ruas arborizadas – ou não? Dificilmente alguém responderá "não" a estas últimas perguntas. Se o fizesse, dificilmente seria eleito. Mas o problema é que esses assuntos são pouco discutidos. E o fato de não haver discussão já é um sinal preocupante. Porque, se esses assuntos não forem expostos à luz do debate, ganhará quem se interessa em escondê-los. Escondê-los é fácil: basta distrair a atenção do eleitor para o secundário, o inessencial.

Darei alguns exemplos. Sem dúvida, merecem respeito as religiões que cresceram em nosso país nos últimos anos. Sem dúvida, não se deve opor dificuldade a nenhum culto – e, sem dúvida, todo culto deve respeitar as leis que se aplicam a todos. Ora, conceder alvarás para templos nem sempre é trivial. No passado, podia abrir uma igreja quem fosse de uma Igreja – isto é, abrir um templo estava ligado a pertencer a uma religião tradicional, com hierarquia clara. Hoje, multiplicam-se religiões e sacerdotes. Uma igreja às vezes é já uma Igreja. Licenciar um templo fica mais complicado. Às vezes é mais fácil, às vezes não. É legítimo políticos se empenharem em obter alvarás para eles. Mas isso não legitima colocá-los, por exemplo, acima das leis de silêncio, que a todos se aplicam.

Agora, por mais que qualquer culto mereça o respeito de todos, se um político se eleger com só essa bandeira, mesmo assim ele depois vai participar de decisões sobre o plano diretor, sobre a altura de edifícios, a obrigação ou não de preservar áreas verdes e outros temas que vão bem adiante de sua agenda eleitoral – mas que afetam cada minuto da vida de toda a população. Se durante a campanha ele não disser o que fará sobre esses tópicos, de duas uma: ou ele não sabe e, ao concorrer despreparado a um cargo de muita responsabilidade, está agindo mal; ou sabe, mas não diz.

O mesmo vale para todos os candidatos de segmentos, que por sinal se têm multiplicado. É compreensível e legítimo que concorram ao

Legislativo pessoas que querem representar tal ou qual grupo de trabalhadores, de empresários, até mesmo de praticantes de um esporte. Mas insisto: todos eles hão de votar em questões bem mais amplas do que o grupo ao qual pedem votos. E como vão se posicionar, então? É isso o que devemos cobrar.

Até se entende que candidatos queiram se omitir sobre assuntos delicados. Mas este é um sinal poderoso de que não são confiáveis. A obrigação de se informar é nossa, como eleitores. E isso implica também um dever para a boa imprensa. Ela pode apertar os candidatos em suas propostas. Mas, para isso, ela também tem de estar preparada. Ela precisa ser crítica quanto à visão deles para a cidade, e quanto às condições que eles tenham de executar essa visão. São essas as principais questões a colocar.

Agora, o mais fácil é partir para o escândalo, a cobrança na vida pessoal, a discussão do caráter. Sabemos como isso degradou a política dos Estados Unidos. Esse país é, dos desenvolvidos, o único em que candidatos viáveis fazem do racismo, da oposição à ciência e da defesa do preconceito armas poderosas, que até podem levá-los à presidência. Em nenhum outro país desenvolvido o preconceito grassa em tal medida. Ora, o melhor antídoto para isso é uma opinião pública que cobre dos candidatos o que eles farão. ■

A esquerda venceu?

Segunda-feira, 24 de setembro de 2012

A esquerda venceu? A esquerda perdeu? (Não estou falando em eleições, mas no desenho da sociedade em que vivemos.) Um balanço das últimas décadas permite argumentar numa direção e noutra. Vou propor uma distinção, para sugerir que a esquerda política perdeu, enquanto a esquerda que chamarei de comportamental venceu.

As mudanças na vida pessoal – o que hoje é denominado "comportamento", termo que uso aqui por simples comodidade – foram enormes no último meio século. Na década de 1960, homossexuais eram malvistos em quase todo o Ocidente, mulheres eram cidadãs de segunda classe, negros muitas vezes não eram sequer respeitados como cidadãos e, para resumir, quem adotasse uma postura não convencional em face da vida enfrentava dificuldades que podiam ser grandes. Os cinquenta anos transcorridos desde então conheceram uma mudança nas atitudes das pessoas sem precedentes na história do mundo.

Boa parte dessas bandeiras foi desfraldada pela esquerda. Ela foi radical contra o racismo. É verdade que não foi unânime em favor das mulheres nem dos homossexuais, mas seguramente a maior parte da esquerda apoiou as causas delas e deles; e certamente a proporção de direitistas que defenderam a emancipação feminina e o respeito à orientação homossexual foi bem inferior à proporção de esquerdistas assumindo tais valores. Sem dúvida, havia pessoas à esquerda que achavam que homossexualismo era vadiagem, mas eram menos numerosas do que os direitistas que o condenavam como pecado. Sem dúvida havia gente à esquerda que considerava a defesa dos direitos das mulheres como um desvio em relação ao conflito principal, que seria a luta entre capital e trabalho – mas isso porque esperava que a vitória do socialismo traria, automaticamente, a solução dos problemas das mulheres. Isso claro que em linhas gerais.

Ela mudou mais o comportamento do que a política

Hoje, essas causas venceram, não totalmente, mas em larga medida. Continua havendo crimes de ódio contra homossexuais. O machismo está presente em nossa sociedade e em outras. Fora do Ocidente expandido, a situação é sem dúvida pior, mas, pelo menos nesta parte do mundo, a esquerda que chamei de comportamental conseguiu emplacar várias de suas causas. Mas ela venceu justamente porque essas questões deixaram de ser de esquerda e se tornaram universais.

Talvez seja por isso que, no Brasil, enquanto a sociedade politizada se cindiu de maneira talvez irremediável entre PT e PSDB, esses dois agrupamentos coincidem o mais das vezes na defesa dos direitos humanos. Alguns colunistas de jornal que atacam com veemência o governo petista estão mais perto dele na defesa do meio ambiente, dos direitos das mulheres e dos homossexuais. Essas causas nasceram na esquerda, mas se expandiram. É verdade que os agrupamentos políticos de base religiosa não seguem esse caminho, e que – sobretudo nos Estados Unidos – eles obtêm uma votação preocupante. Também é verdade que em nosso país o segundo turno de 2010 foi sequestrado por uma discussão arcaica sobre o aborto, o que o converteu na disputa de ideias mais rasa de nossa história recente. Mas na postura política mais civilizada temos a vitória de ideais que, aliás, foram de esquerda mais no sentido de uma sensibilidade ampla do que no de pertencerem a um partido ou outro. Porque os temas que enumerei nunca foram propriamente partidários. O único partido minimamente importante que já se organizou em torno de uma dessas causas foi o Verde, que só chefiou um governo nacional uma vez – dez meses na Letônia.

Quantos lembram como começou Maio de 1968, na França? O ministro da Juventude do general De Gaulle foi inaugurar uma piscina em Nanterre, em 8 de janeiro daquele ano. Um estudante alemão, Daniel Cohn-Bendit, interpelou-o. Disse que fazer piscinas era uma aposta nazista para reprimir sexualmente os estudantes. Tudo começou aí.

Cohn-Bendit não estava errado, mas o próprio fato de que essa frase hoje chocará ou fará rir nove em dez leitores mostra que hoje as aulas de educação física já não são cogitadas para esgotar a energia de natureza sexual dos jovens. Hoje, ter uma vida sexual ativa não é mais uma causa rebelde ou revolucionária.

Para a esquerda política, porém, as coisas são bem diferentes. É verdade que em toda a América Latina é mais fácil ser de esquerda hoje do que nunca no passado. Os governos importantes da América do Sul, salvo Chile e Colômbia, são de esquerda. Políticas de conteúdo social se tornaram irrenunciáveis. Sindicatos e movimentos sociais não são mais reprimidos a bala, pelo menos não como praxe. Todos esses são avanços da esquerda, mas, por outro lado, ninguém hoje disputa seriamente o poder propondo o fim da propriedade privada dos meios de produção.

O projeto de uma sociedade socialista sumiu ou pelo menos recuou. Em 2008, quando o mundo da utopia neoliberal faliu, acarretando um desastre econômico e social, não havia proposta alternativa pela esquerda. Não tinha havido uma crítica em regra da teoria marxista, que levasse a um novo projeto passível de empolgar as massas. Não tinha havido uma atualização das propostas radicais, que, com frequência, são apenas as mais antigas. Para os pobres traz resultados mais imediatos a política de cooptação de seus movimentos pelo capitalismo, iniciada por Lula, do que os ideais puros e duros de um PSOL. Quando os grandes partidos do centro para a esquerda, como o socialista francês ou o PT, aceitam princípios do neoliberalismo, então a esquerda política vive um momento de eclipse. Para sair dele, precisará propor uma nova sociedade, em escala macro, mas como fazer isso? Ela avançou no microssocial, mas hoje não se sabe como retomar seus sonhos para a sociedade como um todo. ■

Os intelectuais e a política

Segunda-feira, 8 de outubro de 2012

No meio século que passou, o Brasil viveu três fases na relação entre os intelectuais e o poder. Durante a longa ditadura militar, a maioria dos intelectuais esteve na oposição, ou pelo menos a uma distância razoável do poder de exceção. Mas, no governo Fernando Henrique Cardoso, parte razoável deles parou de enxergar o poder como seu inimigo. Depois da eleição de Lula, aumentou o número de intelectuais que se reconheciam no governo.

A grande mudança, do regime militar para o mais longo regime democrático de nossa história, está no fato de que trinta anos atrás era impensável gostarmos de um governo. Agora, é possível. Na verdade, tornou-se norma, mais que exceção. Mesmo quem é contra o governo federal pode simpatizar com o governo mineiro ou o paulista, há anos em mãos da oposição.

Passamos de um longo período, uma geração inteira, no qual achávamos que todo governo era ruim por princípio, para um tempo em que os intelectuais apoiam algum poder eleito.

Demoramos a nos reconhecer em governos eleitos

Muito disso se deve à democratização do país. Um governo eleito representa o povo. Como os intelectuais destoariam por completo da sociedade? Mas não foi fácil para os intelectuais, nem para quem se interessa por política, migrar de uma situação em que falar mal do governo era esporte trivial e rotineiro para outra em que ele foi instituído por nós. Era confortável culpar o governo por tudo de ruim. Mas, com o avanço da democracia, fica claro que a sociedade, incluindo os intelectuais, é responsável pelos problemas do país.

Para mim foi um certo espanto, um dia de 1995 ou 96, numa conversa social sem nenhuma importância, eu fazer uma crítica ao governo, tipo "o governo é assim mesmo", uma frase irresponsável e irrefletida, e ouvir meu interlocutor defender algum ministro de Fernando Henrique. Não é que eu estivesse errado; na verdade, nem lembro o assunto; mas o que eu dizia estava marcado por décadas de críticas a governos não representativos, ditatoriais e, supunha eu, ineficientes nos assuntos que importavam. Meu maldizer não era sequer meu; estava ancorado em trinta anos de experiências ruins: a ditadura militar, o governo que era para ter sido do PMDB mas foi do ex-presidente do partido da ditadura* e, depois, o primeiro presidente eleito, que terminou destituído por corrupção**. Antes disso, séculos de autoritarismo, Colônia, escravidão, monarquia, fraude eleitoral, revolução liberal que culmina em ditadura. Mesmo no único período que tivemos de democracia, entre 1945 e 1964, tivemos repressão à esquerda e golpes militares. Desses governos todos, qual admirar como democrático, representativo, capaz? Talvez só Juscelino cumprisse os três quesitos***. Portanto, meu escárnio presumia toda a história do Brasil, a mágoa democrática ante o fracasso dos poucos democratas ou dos empenhados em enfrentar o subdesenvolvimento e a miséria.

Os primeiros anos após a ditadura foram difíceis. Os artistas gostaram da Lei Sarney, a primeira de incentivo à cultura. Mas Collor foi na direção contrária, revogando-a (depois, editou a Lei Rouanet em seu lugar) e granjeando a oposição de artistas, por sua errática política cultural, e de intelectuais, que o viam com horror. As relações dos intelectuais com o poder só melhoram com Itamar e com a tranquilidade democrática, que vivemos desde seu sucessor, FHC.

Em nossa história, como na de outros países, os intelectuais muitas vezes aderiram ao injustificável. José de Alencar defendia a escravidão. Mas também houve intelectuais de oposição – por exemplo, na Incon-

---

* José Sarney, que foi presidente no lugar de Tancredo Neves, que faleceu quando ia tomar posse.

** Fernando Collor.

*** Poderia lembrar também Getúlio Vargas, na qualidade de presidente eleito, que criou a Petrobras, a Capes, o CNPq, mas que terminou o governo tão atacado que se suicidou.

fidência Mineira. Na verdade, a grande mudança começa na ditadura Vargas (e na luta contra ela), quando a grande maioria dos intelectuais inclui entre seus valores a democracia. Isso explica a oposição deles ao regime militar. Esta história, por sua vez, explica por que custaram tanto a aceitar que um poder – mesmo eleito – pudesse ser respeitado e, mais que isso, apoiado. Manifestos de intelectuais, apoiando algum candidato, vêm dessa aceitação a entrar na arena.

Estar num governo sempre traz vantagens, geralmente em termos de patrocínio e prestígio, mas também um custo, que é o de se responsabilizar pelo que ele faz. O ex-presidente da SBPC que é ministro da Ciência e Tecnologia* tem de ser solidário da construção de Belo Monte. Ganha a nossa comunidade científica com sua presença no Planalto, mas não dá para ele estar no governo pela metade. Parafraseando um primeiro-ministro do Canadá, a participação no governo "não é um restaurante *self-service* [*une cafétéria*], em que você escolhe o que quer e rejeita o que não quer". No governo você engole sapos, mas realiza algo. Você mede constantemente custos e benefícios, sapos e êxitos.

Talvez por isso, entre intelectuais, cientistas e artistas, os que mais necessitam de dinheiro cobram mais do governo, criticam-no se forem desatendidos e o apoiam se tiverem apoio. Certamente por isso, as áreas que menos precisam de dinheiro – como as ciências humanas reunidas na minha faculdade, a de Filosofia da USP – podem fazer mais oposição, porque as verbas menores que usam lhes vêm de agências de pesquisa, que valorizam sobretudo o mérito, e não o engajamento na política do governo. Há aspectos positivos e negativos nos dois grupos. Quem tem interesses – isto é, interesses econômicos, materiais – em jogo pode abrir mão de princípios e valores, o que é ruim, mas também é mais objetivo na avaliação dos fatos, o que é bom. Quem depende menos do dinheiro pode se pautar mais por valores – isto é, valores éticos – e isso é bom, mas também pode transformar os valores em ilusões. Daí que a discussão sobre os intelectuais na política fique sempre em aberto. ■

---

* Marco Antonio Raupp, matemático, ministro da Ciência e Tecnologia de 2012 a 2014.

Eleição é uma catástrofe

Segunda-feira, 15 de outubro de 2012

Eleições democráticas são catástrofes – só que previstas e controladas. Isso explica por que podem suscitar um certo medo. Foi meu caso, confesso: temi a ascensão, que parecia resistível, mas irresistida, de Celso Russomanno à prefeitura de São Paulo. Nada tenho contra ele pessoalmente, mas temi a vitória de um candidato menos preparado, com propostas vagas e algum apelo autoritário.

Também senti medo nas primeiras eleições após a ditadura. Afinal, levaram Collor à presidência; no estado e na cidade de São Paulo, elegeram governantes próximos do regime autoritário. Mas desde 1994 no Brasil, desde 2002 no estado e desde 2000 na cidade em que vivo, não senti mais medo de quem ganhasse as eleições. Tenho minhas preferências a cada pleito, mas não veria ameaça nenhuma à democracia, em 2010, se elegêssemos presidente Marina Silva ou José Serra.

Uma eleição é uma catástrofe controlada, repito. Mal comparando, é uma vacina. Vacinas podem produzir efeitos parecidos aos da doença para a qual elas existem. Só que os produzem de modo contido, reduzido, com a finalidade de proteger-nos dela. Uma eleição é assim. A certa altura, tudo parece possível, inclusive a destruição do que existe. Direitistas temem a demagogia, o confisco dos bens, uma tributação mais elevada. Esquerdistas receiam o fim dos programas sociais, a truculência policial contra os movimentos reivindicatórios. Daí os medos. Para proteger sua riqueza, a burguesia evitou o sufrágio universal ao longo do século XIX. Acreditava que, se todos votassem, a maioria de pobres aprovaria leis que, reduzindo a desigualdade social, tirassem parte de sua riqueza. Para isso, também se valeu dos senados. Como essa câmara revisora costuma ter mandato mais longo, podia retardar a aprovação de leis populares. Isto é, se o povo votasse pela redistribuição de renda, precisaria renovar a decisão daí a mais quatro anos, a fim de ter também o Senado do seu lado.

O fantasma da destruição aparece no magnífico livro de Georges Bataille *O Erotismo**. Em certas sociedades do Oriente, conta ele, quando morria o rei seguiam-se cinco dias sem lei. Roubava-se, fazia-se sexo sem levar em conta as proibições. Depois, assumia o novo monarca. Ninguém era punido pelos dias de anomia. Eles eram uma espécie de Carnaval, em que os interditos estavam levantados. Mas talvez esse intervalo desse novo vigor à ordem institucional. Porque as pessoas tinham vivido essa liberdade sem limites, certamente com prazer, mas depois com saciedade.

Talvez um poder precise – para ser legítimo, para convencer o povo de que ele vale a pena – passar assim pelo risco. Quem sabe, até pelo risco de um quase aniquilamento. Pode parecer estranho, numa coluna sobre política, eu falar de morte, mas não podemos esquecer que ela é nosso destino, que ela é a única certeza. Os Estados são também mortais, embora possam alongar a duração de sua vida indefinidamente – mas um dia hão de morrer. Quando, a cada quatro ou cinco anos, vivemos uma pequena morte deles, conseguimos encompridar sua vida. É como se, a cada eleição, renovássemos sua apólice de vida. Pode ser que mudemos tanto o Estado que ele renasça como uma fênix, o pássaro mítico que se imolava numa fogueira cada quinhentos anos para daí ressurgir, novo em folha. Pode ser que apenas concedamos um novo mandato ao que já existia. Mas passar pelo risco é fundamental.

Isso porque nos últimos séculos se tornou norma um regime político que, por milênios, foi desconhecido ou existiu de forma apenas residual: o dos governos eleitos. Ele permite que a oposição chegue ao poder. Antes, isso só era possível aliciando o herdeiro do trono. Não foi raro. Na Inglaterra, Ricardo Coração de Leão se rebelou contra o pai. A herdeira Maria Stuart foi executada para não ameaçar a rainha Elizabeth. Finalmente, o filme *A Loucura do Rei George*** mostra bem o ódio que podia

* Editado em francês em 1957, tem várias edições em português.

** No Brasil, *The Madness of King George* se chamou *As Loucuras do Rei George*, mas a tradução no plural é um absurdo, porque não se tratava das "maluquices", como Paulo existir entre o pai rei e o filho herdeiro. A oposição apoiava o príncipe contra o rei, ou o príncipe montava um partido contra o próprio pai. Mas nunca se sabia em que data se daria a sucessão. Em suma, alterar o governo era quase um golpe de Estado.

Não vamos esquecer que, para levar em conta só o último meio século, vimos muitos nascimentos – e mortes – de Estados. Primeiro, as antigas colônias europeias conquistaram a independência. Mas também alguns países deixaram de existir, sobretudo em função da queda do comunismo. Tchecoslováquia, Iugoslávia e União Soviética se dissolveram, enquanto a Alemanha Oriental se extinguia. Estados podem morrer. As duas uniões, governadas de Belgrado e Moscou, se desfizeram com grandes danos – milhares morreram, milhões caíram na miséria. Por isso é importante tentar garantir a vida dos Estados.

Uma das conquistas da democracia é que a oposição – que no passado podia ser punida com a pena de morte, sendo confundida com a traição ao rei – se tornou algo não apenas aceito, mas essencial para os regimes políticos que pretendam ser legítimos. Mesmo assim, o momento em que o poder é posto em jogo constitui um risco, ainda que atenuado, de morte. É uma morte regrada. Existem regras para disputar o poder. É uma morte reversível. O candidato ou partido derrotado terá nova chance daí a alguns anos. E, mais importante que tudo, é uma morte-vacina. Porque ela nos vacina contra a morte do Estado. Justamente porque o governo muda sem enormes traumas, o Estado permanece. O Brasil é nosso país, seja governado pela direita ou pela esquerda. E assim, embora sabendo que nosso Estado é mortal como nós, vamos conseguindo uma sobrevida para ele, mandato após mandato. ■

Setúbal se referiu a dom Pedro I em seu livro sobre as extravagâncias de nosso primeiro imperador, e sim de uma loucura de verdade. O filme, britânico (1994), foi dirigido por Nicholas Hytner e teve roteiro de Alan Bennett. Mostra o conflito entre o rei Jorge III, que enlouquece, e seu filho, o futuro Jorge IV.

A guerra de todos no trânsito

Segunda-feira, 22 de outubro de 2012

Creio que a maioria dos leitores deste jornal aproveita bem pouco os serviços municipais, como os de educação e saúde. A classe média desistiu faz tempo de escolas e hospitais públicos. Por "classe média" entendo aqui cerca de metade da população brasileira, um pouco mais ou menos. Quando trabalhei em Brasília, notei que uma das primeiras providências de quem subia na vida era fugir da saúde estatal e procurar um plano de saúde. Um dos atrativos da Capes, órgão do Ministério da Educação no qual dirigi, entre 2004 e 2008, a avaliação de mestrados e doutorados do Brasil, era o bom plano para a saúde dos funcionários.

Às vésperas da eleição municipal, pergunto: de que serve a prefeitura para quem é de classe média? E que expectativas temos em relação a ela? Quase toda a propaganda eleitoral se escora na promessa de melhorias para os mais pobres. Dadas a desigualdade e a injustiça sociais que há no Brasil, nada mais justo. Aceito de bom grado que a prioridade seja dos pobres. Sei, aliás, que também sou beneficiado com a redução da miséria. Ela melhora o país como um todo. Dá perspectivas de vida a pessoas que, não fosse isso, teriam a vida breve, curta, sórdida e miserável. Esses adjetivos são de Thomas Hobbes, o filósofo que mais estudei, e definem o que ele chama de estado de guerra. A combinação de miséria e violência que há no Brasil corresponde razoavelmente a esse estado de guerra, até porque ele vige quando não temos proteção do Estado contra a insegurança – e é assim que estão muitos bairros que percorremos, em muitas cidades de nosso país.

Mas, reconhecida esta prioridade, o que esperamos ou queremos de um governo municipal? É legítimo os vários interesses se exporem numa campanha. É legítimo cada setor da sociedade pedir o que quer. O que não é legítimo é escondê-los. E o que é totalmente ilegítimo é manipulá-los. Quem viu, lembre, quem não viu, alugue a série *Hilda Furacão**, da TV Globo, adaptação de belo romance de Roberto Drummond: um rico desonesto manipula a opinião pública, em Belo Horizonte, para fechar a zona de prostituição, com o intuito de loteá-la e ganhar rios de dinheiro. A história, asseguram-me os amigos mineiros, tem base real. Sucede, em campanhas, de se manipular a opinião, geralmente com causas moralistas, para obter fins pouco confessáveis. O que deseja a classe média?

O problema é que para esta classe a prefeitura praticamente só assegura um bem, o trânsito. Nosso interesse pela vida pública municipal acabou se resumindo num trânsito que flua – o que, por sinal, não obtemos! Não é por acaso que asfalto bom, viadutos e pontes costumem ser populares com a classe média. Na verdade, ao contrário dos europeus, nos acostumamos a usar o carro, e não o transporte coletivo. O automóvel particular aqui não é um luxo, mas uma necessidade. Junto com o plano de saúde, é uma das prioridades de quem ascende na escala social. Dá-se mais importância à saúde privada e ao carro próprio do que à educação. Já sugeri que a educação fica em segundo plano porque as pessoas simplesmente não têm ideia do que ela seria, se boa. Mas elas sabem o que é a doença e o que é passar horas no ônibus. É por isso que, tão logo há uma folga no orçamento, o seguro-saúde e o carro estão entre as primeiras demandas.

Eu me permito aqui uma interpretação rápida. Um dos indicadores mais importantes da vida em sociedade é como cada um de nós interage com os outros em lugares públicos. Mas acontece que, tão logo você tenha um carro, passa a interagir muito menos nos espaços comuns. Não usa mais o ônibus, mesmo o metrô. Para muitas pessoas, os tempos mais longos em que elas têm contato com o outro – com o desconhecido, com o conterrâneo – se dão com cada uma dentro de seu carro. Na verdade, os encontros passam a se dar entre dois ou mais carros. Ora, que é da cooperação, neste caso? Duas pessoas se encontrando na rua, face a face, *tête-à-tête*, podem sorrir uma para a outra, ou uma recolher do chão alguma coisa que a outra deixou cair, em suma, podem ser simpá-

* Esta pequena obra-prima foi rodada em 1998 e teve por estrelas Ana Paula Arósio e Rodrigo Santoro. O romance data de 1991.

ticas entre si. Podem cooperar. Podem criar um laço social. Esta pode até mesmo ser uma sociabilidade efêmera, como a que construímos com o passageiro ao lado no ônibus, no avião, onde quer que seja – uma dessas relações que não terá continuidade, em que não daremos o telefone ou, se dermos, sabemos que não vamos ligar; mas que são muito agradáveis, direi eu, adaptando Vinicius: ternas enquanto durem.

Mas pode isso acontecer entre dois automobilistas? Não, ou melhor, só no filme de animação *Carros*[*], em que os personagens são, justamente, automóveis. Porque, quando dois carros se cruzam na rua, na maior parte dos países subdesenvolvidos é para seus motoristas se hostilizarem. Negamos a passagem ao outro. Disputamos com ele a preferencial. O contraste é espantoso com os países desenvolvidos. Lá, os motoristas são tranquilos. Cedem a vez. Não se estressam tanto, nem estressam o outro.

O que resumir disso? Pouco temos, nós da classe média, a esperar dos governos municipais – pelo menos em nosso interesse direto. E nosso principal interesse na vida nas cidades é esta pequena guerra de todos contra todos, em que fechamos o carro do outro com o risco de um acidente, que, na melhor das hipóteses, custa dinheiro e tempo, na pior, a vida ou a saúde, isso só para ganhar uma fração de segundo. E nisso sentimos também nossa falha nas relações humanas. Porque não adianta repetirmos que somos mais calorosos, mais afetuosos que os europeus ou americanos, quando o que fazemos, no trânsito, é uma simulação de guerra. Mudar isso é preciso. Depende de quem? ■

---

* Filme da Pixar de 2006.

Gestão por indicadores

Segunda-feira, 26 de novembro de 2012

Duas histórias, para começar. Na década de 1920, o escritor e político Humberto de Campos visita, no Maranhão, um hospital de leprosos. Fica impressionado com o atendimento, apesar da escassez de dinheiro. Procura o presidente da República, Washington Luís (vejam o simbolismo: o último mandatário da República Velha), e lhe pede cem contos de réis para o leprosário. O presidente reconhece o mérito, mas recusa. Humberto baixa o pedido, e Washington Luís: "Nem cinco [contos]. Porque, se der para um estado, tenho que dar para todos".

A outra história: conta-se que José Serra, ao assumir a pasta da Saúde – onde teve a realização mais prestigiada de sua carreira –, teria pedido aos assessores uma planilha, mostrando as doenças que maiores males causam (mortes, sofrimento etc.) e quanto o governo gasta com cada uma. Dessa maneira, fica mais fácil ver onde o dinheiro público, sempre limitado, rende mais. A gestão dá um salto de qualidade.

As duas histórias, separadas por setenta anos, mostram duas formas opostas – mesmo que ambas bem-intencionadas – de atuar o governo nas áreas sociais. Na primeira, só sai dinheiro com padrinho. Por sorte do leprosário, um homem ilustre o conheceu. (Por azar, o presidente não foi convencido da prioridade do gasto...) Na segunda, não precisamos de padrinhos. O sistema de dados do governo já indica o que se deve priorizar. Mais que isso: no primeiro caso, o cobertor é sempre curto. Sem o favoritismo, nada funciona. Com ele, funciona só para alguns. No segundo caso, o cobertor é ajustado para evitar, ao menos, que se morra de frio. Há a intenção, mais que isso, a possibilidade de garantir uma cobertura social universal – ou quase.

Cidadãos precisam acompanhar avanços do Estado

Em outros tempos, só conhecia as coisas quem as enxergasse. Hoje, com o avanço nas comunicações e, finalmente, a internet, podemos ter dados adequados sobre educação, saúde, estradas, enfim, sobre quase tudo o necessário para a gestão. Se Humberto de Campos não visitasse o hospital, ninguém saberia dele. Hoje, saberia mesmo a distância. No passado, não era só questão de favor ou proteção. Era questão de simples conhecimento. Hoje, podemos conhecer tudo o que importa. E, além disso, ao contrário do presidente, para quem a questão social seria um caso de polícia, ela se tornou central na missão do Estado.

A chave para sair da miopia, do clientelismo, do favor e do tratamento desigual é antes de tudo um sistema de dados. É preciso o poder público ter informações corretas para agir. Depois disso, é definir as prioridades e ir à luta. Vejam os programas sociais. Substituem, com vantagem, as cestas básicas que os governos davam por meio de políticos locais. Hoje, cada vez mais os programas de complementação de renda informatizam dados e os aplicam segundo critérios definidos. Ou vejam o que os auditores do Tribunal de Contas descobriram em 2009: que 1700 beneficiários do Prouni eram donos de carros novos. Para chegarem a esse dado, cruzaram os nomes do Prouni com os do Renavam, o cadastro nacional de veículos. Obviamente, essas pessoas não mereciam ser bolsistas. Seguramente, os gestores do Prouni não foram desonestos ao lhes darem bolsas, mas o TCU mostrou competência raras vezes vista ao criticar erros na concessão.

Isso não é tecnocracia. Os critérios continuam sendo políticos. Mas têm de ser explicitados. Por exemplo, a complementação de renda pode exigir que os filhos estudem, que as grávidas façam exame pré-natal, que o desempregado ou subempregado faça treinamento. Essas condições são políticas, mas não partidárias ou politiqueiras. E os portais de transparência permitem ver se estão sendo seguidas – ou não. Esses são avanços monumentais na gestão e também na democracia.

O importante é que esses progressos não são de um partido só. Ocorrem na esfera federal, em muitos estados e municípios. Foram se tornando regra, creio eu, desde o governo FHC. O PT deu-lhes continuidade. Vejam o exemplo do Provão, o exame nacional de cursos universitários, que permite que os vestibulandos e suas famílias saibam a qualidade da faculdade tentada. O PT se opôs a ele enquanto era oposição, mas aprimorou-o, com o Enade, uma vez no governo. Os avanços de que falo constituem políticas de Estado.

Mas há um grande senão nisso tudo. Ou dois. O primeiro é que nem sempre a mídia acompanha o que acontece. O segundo é que a sociedade não acompanha mesmo. A imprensa por vezes usa os dados para avaliar avanços e recuos do Brasil. Os grandes jornais são atentos aos mapas da exclusão social e da violência. O *Valor Econômico* vai mais longe, na avaliação fundada em dados, talvez por ter um público que entende de economia e, portanto, de planilhas. Mas o debate essencial na mídia, sobre os governantes eleitos, não leva em conta os dados de melhora ou piora da saúde e educação.

O pior mesmo é que os eleitores mal têm ideia disso tudo. Quem sabe do Ideb, o índice de desenvolvimento da educação brasileira, talvez o maior feito do governo Lula na educação? É mais fácil falar de corrupção. Então, ficamos com uma visão impressionista e maledicente da política por parte de quem deveria controlá-la, os eleitores; um acompanhamento limitado da gestão pela mídia; e um Estado – insisto, não só o federal, mas nas três instâncias de governo – que a sociedade nem sabe direito o que faz. Nosso Estado é provavelmente melhor do que imaginamos. Mas, para saber disso e controlá-lo, precisamos nos esforçar por entender o que ele está fazendo. Ele avançou mais do que nós. Meios para conhecê-lo há. Temos que nos dar a este trabalho. ■

Democracias de exceção

Segunda-feira, 10 de dezembro de 2012

Nem o pior inimigo de Israel deveria negar que esse país é uma democracia, por longo tempo a única no Oriente Médio, e ainda hoje a mais antiga na região. Nem o melhor amigo de Israel deveria negar que seus governos têm enorme responsabilidade pela infindável crise da região, ainda hoje a maior ameaça à paz mundial, além de fonte de sofrimento para milhões de pessoas.

Esse é o paradoxo: como uma democracia, o melhor regime que existe (ou o pior, tirando todos os outros, como disse Churchill), pode gerar problemas dessa monta? É que Israel é uma democracia de exceção, como, por sinal, os Estados Unidos, entendendo por esse termo um regime democrático diferente de praticamente todos os outros.

As colônias inglesas da América do Norte nascem, no século XVII, com duas grandes características: são democráticas, exercem o autogoverno mais até do que a Inglaterra, de onde seus pioneiros vêm – e escravizam negros. Essa contradição entre liberdade e antiliberdade marcará os Estados Unidos desde o início. Levará à guerra civil de 1861 e, um século depois, à quase guerra civil da década de 1960, que resulta no reconhecimento de direitos humanos aos negros. Mas tal situação é única no mundo moderno. Em todos os outros países que se tornaram democráticos depois deles, a democracia veio junto com os direitos humanos. À medida que uma nação se democratizava, ela abolia a escravatura. Assim foi na América do Sul. A Revolução Francesa constitui o caso mais emblemático, porque a escravidão é abolida em 1794, restabelecida quando Napoleão institui o regime autoritário, para ser finalmente extinta graças à Revolução de 1848. Com frequência, a abolição era um prelúdio à democratização. Democracia com escravidão é um absurdo. Só nos Estados Unidos um sistema pujante – e o mais pujante do mundo, à época – de autogoverno conviveu com a escravidão e, depois, com um apartheid assustador.

Democracia não convive com discriminação

Essa situação lembra a democracia antiga: nas cidades-Estado gregas que eram democráticas, bem como na Roma republicana, havia escravos – e também eram discriminados os estrangeiros e seus descendentes. Na modernidade, porém, não é assim. A escravidão e também o preconceito são hoje considerados incompatíveis com a democracia. Aliás, vejam outro paradoxo: Eleanor Roosevelt, viúva de Franklin Roosevelt, presidiu a redação da Declaração Universal dos Direitos Humanos, em 1948, como representante de seu país na ONU; mas, nas duas décadas que se seguiram, os Estados Unidos foram um dos países que mais violaram a declaração, tratando pessimamente, no Sul, os negros. Com muita luta, a situação dos afro-americanos melhorou extraordinariamente, e hoje os Estados Unidos esquecem esse passado horrível quando defendem os direitos humanos no resto do mundo. Mas, em suma, a "instituição peculiar" do Sul americano convivia, ainda que mal, com a democracia.

O que tem Israel a ver com isso? É também um Estado que pratica, junto com uma inegável democracia, uma relação ao menos tensa, com frequência discriminatória, em face dos seus "outros". Seria um absurdo chamá-los de escravos – e não o faço –, mas acabam sendo o que os americanos, numa expressão curiosa, chamam de "*non-citizens*". No restante do mundo, inclusive no Brasil, cidadão é o titular de direitos no país em que vive, mas isso não depende apenas da nacionalidade. Estrangeiros têm quase todos os direitos do nativo. Não usamos, para o estrangeiro, esse termo esquisito: "não cidadão". Ora, é nessa situação que vivem os árabes do quase protetorado palestino, e também parte dos que moram em Israel propriamente dito. É lógico que haverá sutilezas. Não tenho dúvidas de que é bem melhor ser árabe em Israel do que judeu num país árabe. Mas aqui está o problema: Israel nasce como democracia, só que nasce em conflito não apenas com o inimigo externo, mas com uma forte minoria árabe.

Pode a democracia servir só para uma parte da sociedade – os brancos, nos Estados Unidos pré-década de 1960, ou os judeus, na Israel de hoje? Pode um regime que reconhece a igualdade de todos no voto e a liberdade de escolher seu destino conciliar-se com a exclusão de parte substancial da sociedade? Não acredito. A discriminação corrói a sociedade. Ela corrompe os laços sociais. Nos Estados Unidos, foram necessárias décadas de luta para eliminar o que ela tinha de pior. Na década de 1960, o país esteve à beira de uma nova guerra civil.

Em Israel, vê-se a erosão política na decadência das equipes de governo, com o avanço de políticos demagogos. A cadeira de Ben-Gurion hoje é ocupada por Netanyahu... Um dia, isso terá de mudar. Dependerá essencialmente dos israelenses. Outros – os palestinos, os cidadãos dos países árabes e a opinião internacional – podem e devem ajudar. A pressão internacional certamente pode contribuir. Mas a decisão está na mão dos cidadãos de Israel. É uma questão grave que entre 1956, com o ataque a Suez, e 1991, com o fim da União Soviética, colocou no horizonte a possibilidade de uma guerra mundial. Hoje esta diminuiu, mas não foi por mérito dos atores regionais, e sim graças à geopolítica global.

Contudo, reitero que nada do que digo justifica o antissemitismo ou qualquer tentativa de destruir o Estado judeu. Ele existe, faz parte do panorama, tem que melhorar. Como os Estados árabes, por sinal, agora que a democracia desponta na Tunísia e no Egito. Aliás, se cobro aqui mais de Israel é justamente porque esse país tem quase setenta anos de democracia, o que é uma qualidade, mas que o duplo padrão de conduta coloca fortemente em xeque. ■

A corrupção e os comunistas

Segunda-feira, 17 de dezembro de 2012

A corrupção não é problema dos comunistas. Ela perpassa tudo o que é família política, menos a deles. Até na França, com Chirac, e nos Estados Unidos, com Cheney, dizem que esteve no centro do poder. Direita, centro e esquerda a praticam. A grande exceção são os comunistas.

Alguns deles abusaram. Ceausescu, ditador da Romênia, tinha torneiras de ouro nos banheiros. Os governantes comunistas da Europa Oriental gostavam de limusines pretas, caras. Mas, como corrupção, é pouco. São mordomias, não malfeitos. Se isso for corrupção, não escapa quase ninguém que exerça o poder, em qualquer lugar do mundo. Isso porque ele dá oportunidades de vida luxuosa, que nem sempre constituem, tecnicamente, furto ou desvio de dinheiro.

Não esqueço o que me disse um americano, que trabalhara nos serviços de inteligência de seu país, quando tomamos um café numa praia da Estônia, em 1992. Ele tinha o projeto de colocar os pés na água de cada mar ou oceano do mundo. Entrou no Báltico (acompanhei-o) e, depois, conversamos. Estávamos num restaurante à beira-mar e ele me disse:

– Este lugar era para os membros da *nomenklatura* comunista. Mas veja como é básico, se for comparado a um resort do mundo ocidental. Eles eram privilegiados, mas o privilégio deles, no Ocidente, estaria ao alcance de qualquer pessoa de classe média.

O que, aliás, só mostrava a ineficiência do sistema, que nem privilégios conseguia gerar direito...

Os comunistas foram puros – mas duros demais

São raros os casos de corrupção entre os comunistas duros e puros. Numa coluna anterior, falei da corrupção atribuída, com base na razão ou no mito, à esquerda não comunista, aquela que é liderada por uma fração minoritária da classe dominante que se torna dissidente e, por compaixão ou cálculo, decide incluir socialmente parcelas significativas das classes mais pobres.

É bem diferente do comunismo.

Eram mais honestos os comunistas? Eram. Queriam fazer a revolução. Algumas foram espontâneas, organizadas de baixo para cima, populares. Foi o caso da Rússia, Iugoslávia, Albânia, China, Vietnã e Cuba. Nos demais países, a força militar, geralmente soviética, impôs os regimes. Mas em todos eles se pretendia mudar por completo as relações sociais, rumo a maior justiça e igualdade. Esse projeto, ainda que mal realizado, marcou seus governos. O problema é que no final deu errado. Dos Estados que ainda se dizem comunistas, só Cuba procura fazer jus ao nome.

Mas há grandes diferenças entre as mudanças sociais que o comunismo promoveu e as realizadas "de dentro", por uma parte da classe dominante que realiza a inclusão social de parcelas grandes dos pobres. Primeira diferença: essas iniciativas reformistas, não revolucionárias, deram mais certo. Permaneceram. Reformas como as do New Deal, lideradas por Franklin Roosevelt, nos Estados Unidos, do governo trabalhista de Attlee, na Grã-Bretanha, ou de Getúlio Vargas e Lula, no Brasil, dificilmente têm volta. Na Argentina, sucessivos governos tentaram desfazer a obra de Perón; infelizmente, tiveram êxito. Mas as iniciativas moderadas resultaram melhor, a longo prazo, do que as que queriam mudar todas as relações sociais.

Já a segunda diferença não é tão boa. Houve corrupção em muitos lugares em que a reforma proveio da classe dominante. É compreensível, já que esta última estava acostumada a bens e vantagens. Também os líderes populares que ascenderam socialmente sentiram – e sentem – forte atração pelo conforto.

Aos comunistas se deve o elogio de que foram honestos, na grande maioria, mesmo já estando no poder. Howard Fast tem páginas notáveis a respeito, no belo livro em que realiza uma crítica implacável da liderança comunista, *O Deus Nu**. Mostra a honestidade profunda dos militantes, que não só punham dinheiro do próprio bolso como, também, continuavam no partido, apesar dos pesares, porque viam nele a única chance de melhorar a condição dos miseráveis e de combater as chacinas coloniais. Isso, ao mesmo tempo que Fast condena os líderes, mas não por corrupção, e sim por autoritarismo, mediocridade, falta de projeto político.

E uma terceira diferença? Esta é a área escura do comunismo. As revoluções modernas mostram uma certa regularidade: agiram com uma violência que beira a crueldade. Devoravam seus próprios filhos, afirma-se. Assim aconteceu na França e na Rússia, as duas grandes revoluções mais influentes no mundo. A exceção são as revoluções anteriores, a Inglesa e a Americana, menos radicais, mais duradouras em seus efeitos, mas que tiveram pouco êxito fora dos países de origem. Sua difusão mundial foi incomparavelmente menor. Quantas revoluções, após 1789, se inspiraram na Francesa? Quantas, após 1917, na Russa? Quase todas. Enquanto isso, a Grã-Bretanha mantinha colônias e os Estados Unidos apoiavam ditaduras, com a única grande exceção da Segunda Guerra Mundial. As revoluções anglo-saxônicas não serviram *for export*.

De que serve um balanço da corrupção nas esquerdas? Quem faz uma revolução – que, ao longo do século XX, foram na sua maior parte comunistas – geralmente é frugal. Passa anos na selva ou na serra. Mantém muito do espírito ascético, uma vez no poder. Desonestidade é pouca. Mas há dois problemas. Primeiro: muitos desses regimes foram, ou acabaram sendo, ineficientes na economia. Segundo: usaram da violência em escala industrial. O que deixa uma conclusão triste. No fim das contas, se tivermos de escolher, a corrupção é menos ruim do que o desastre na economia e, sobretudo, a tortura, o campo de concentração e o pelotão de fuzilamento. O ideal é não ter nada disso, mas nos casos concretos, históricos, foi apenas um ideal. ■

---

* Depois de romper com o Partido Comunista dos Estados Unidos, Howard Fast – autor de *Espártaco*, que inspirou o filme célebre de Stanley Kubrick – escreve *The Naked God: The Writer and the Communist Party* (1957), traduzido em português em 1959, como *O Deus Nu*.

Os direitos humanos e a democracia

Segunda-feira, 7 de janeiro de 2013

Já faz uns anos, escrevi um artigo, "Os Direitos Humanos Ameaçam a Democracia?", indagando se o inegável avanço dos direitos do homem em nosso tempo não poria em risco o regime democrático. Criticava o senso comum atual, que reza que só há democracia com pleno respeito aos direitos humanos. Mas a questão continua sendo pertinente. Isso porque os direitos humanos são em boa medida proteções do indivíduo, ou de grupos, diante do Estado ou mesmo contra ele – ao passo que a democracia, em seu cerne, é a atribuição do poder, no Estado, pela decisão majoritária do povo. Assim, governos eleitos pelo povo, hoje, acabam sendo mais limitados, em nome dos direitos humanos, do que governos autoritários. Direitos particulares podem refrear a vontade da maioria. Idealmente falando, a voz do povo e os direitos do homem deveriam convergir. Mas isso nem sempre sucede. E então?

Comecemos pelo conceito. A democracia nos vem dos gregos. Democracia não é só a eleição do governo pelo povo, e sim a atribuição, pelo povo, do poder – que inclui mais que o mero governo. Inclui o direito de fazer leis. Na democracia antiga, direta, isso cabia ao povo reunido na praça pública. Um grande êxito dos atenienses, se comparados com os modernos, era o amor à política. Moses Finley, um dos maiores conhecedores do tema, conta que em Atenas a assembleia popular se reunia umas quarenta vezes ao ano. Pelo menos mil pessoas costumavam comparecer, às vezes dez mil, de um total de quarenta mil possíveis (a presença não era obrigatória). Comparo esse empenho ao nosso. Quantos não resmungam para votar uma só vez cada dois anos? Nesse período, o ateniense teria passado oitenta tardes na praça, ouvindo, votando.

Mas a "falha" dos atenienses era a inexistência de direitos humanos. Não havia proteção contra as decisões da assembleia soberana. Ela podia decretar o banimento de quem quisesse, sem se justificar: assim Temístocles foi sentenciado, pelo mesmo povo que ele salvara dos persas, ao ostracismo. Ora, desde a Era Moderna os direitos do homem, protegendo-o do Estado, se tornam cruciais. Estes são os grandes legados das três revoluções modernas, a inglesa, a americana e a francesa. Somos protegidos não só dos desmandos do monarca absoluto, contra os quais o melhor antídoto seria a soberania popular, mas também da tirania do próprio povo e de seus eleitos.

A tensão entre voto popular e decisão judicial

Desde os gregos, se alerta que o povo pode ser tirânico, tal qual um mau rei. Na Revolução Francesa, os jacobinos abusam do poder extraordinário. Mesmo nos Estados Unidos, mais moderados em política, isso sucede. Em *O Vermelho e o Negro* (1830), Stendhal já critica o controle exercido pela opinião: "Por causa dessa feia palavra [despotismo], morar nas cidades pequenas é insuportável para quem viveu nessa grande república que se chama Paris. A tirania da opinião, e de que opinião! é tão *idiota* nas cidadezinhas francesas quanto nos Estados Unidos da América".

Ainda pior que o despotismo da opinião popular é a tirania expressa no voto. Daí que, quando surgem Estados democráticos, se pense em proteger o indivíduo dos excessos do povo. Mas aqui há um problema adicional, porque para aplicar os direitos humanos são necessários juízes e tribunais. Estes têm poder. Mas por que um poder não eleito terá maior poder que os eleitos pelo povo? Um problema dos franceses e ingleses com a União Europeia é que esta subordina seus poderes eleitos a cortes constitucionais, inclusive supranacionais. Resumindo esse ponto, os direitos humanos são aplicados por tribunais que ou são eleitos pelo povo e se partidarizam, ou não o são e então constituem o elemento aristocrático, não democrático, na Constituição.

Espanta vivermos hoje uma situação desse tipo no Brasil? Desde a Ficha Limpa à cassação dos mandatos no mensalão, há uma tensão entre um braço democrático de nosso regime, a Câmara, e o mais aristocrático, o STF. O Supremo tem sido feliz, a meu ver, na questão dos direitos humanos. Foram ampliados para além da letra da lei. Se dependesse dos poderes eleitos, dificilmente os homossexuais teriam conseguido o que obtiveram. Esse é o maior mérito de nosso Supremo. Mas com a democracia ele tem certas dificuldades. Deve tutelar o eleitor, barrando a candidatura de pessoas com o nome sujo? Devem algumas sentenças condenatórias ter efeito eterno, tornando inelegível para sempre quem cometeu certos crimes, como o de corrupção? Devem pessoas que ninguém elegeu decidir em última instância sobre assuntos que cabem ao povo e seus representantes? Quando o presidente do STF diz que a pior tirania é a do grande número, quem distinguirá a expressão legítima e a "tirânica" da vontade popular?

Faz parte da cultura aristocrática, que é a do nosso Judiciário, a aposta no certo, na verdade, no melhor. Um tribunal tem o dever de condenar o culpado e de absolver o inocente. Já o povo pode e deve, votando, fazer escolhas na área do que não é certo nem errado. Queremos boa educação, boa saúde, mas são tantos os meios de chegar a elas; e mesmo o que entendemos por elas. Pois, afinal, na democracia o importante é acertar ou é decidir? Há questões, como o confronto liberalismo-socialismo, que não são assunto de certo ou errado, mas de preferência. Podemos substituir o direito do povo a decidir pela missão do tribunal de acertar? Penso que não, mas não devemos esquecer que a discussão atual em nosso país não é nova nem só nossa, é um debate que constitui a democracia moderna e constitui sua contradição fundamental, talvez insuperável. ■

A política tem seu calendário

Segunda-feira, 14 de janeiro de 2013

O Brasil segue, no calendário de suas eleições, um caminho diferente do adotado pela França, Alemanha, Estados Unidos, Espanha, Grã-Bretanha, Argentina e Venezuela, para ficarmos nos países mais presentes em nosso noticiário. Aqui, fomos promovendo cada vez mais a coincidência das eleições. Na França, chega a haver várias consultas populares num ano, somando eleições nacionais, municipais, cantonais e eventuais referendos. Nos países que mencionei e que são federações – hoje, quase todos eles – as eleições subnacionais, para o governo de estados ou províncias, podem acontecer em datas desencontradas. No Brasil, porém, temos duas datas fixas, sempre em anos pares, nas quais se vai às urnas.

Nem todos gostam disso. Mas, curiosamente, a crítica mais frequente não é para que adotemos o modelo mais liberal dos países acima. Em quase todos eles, há maior liberdade para fixar as datas das eleições subnacionais e por vezes até a duração de seus mandatos. No parlamentarismo, como é da essência do sistema que possa haver a dissolução do Parlamento para que o povo resolva eventuais crises de governabilidade, não há datas exatas para os pleitos. No Brasil, porém, quando se critica o calendário eleitoral, não é para dizer que temos eleições de menos e que o povo deveria votar com maior frequência. Ao contrário: é para sustentar que temos eleições demais e deveríamos concentrar todas numa única data, elegendo simultaneamente executivos e legisladores da União, dos estados, Distrito Federal e municípios.

Insisto: nossa exceção não é termos eleições demais. É irmos pouco às urnas. Ou seja, quem quiser promover a coincidência de todos os mandatos deve sugerir argumentos melhores. Será bom que explique por que o Brasil deveria ir numa direção que não é a de sua história, nem a do resto do mundo.

Ações de governo precisam ter continuidade

Mas, falando de calendário, é bom aproveitar o início, que ora ocorre, dos mandatos municipais para comentar uma espécie de lei que rege nossos governos de todas as instâncias. O primeiro ano de um governo eleito é dedicado a tomar pé. Tem-se um orçamento que foi votado na gestão finda (o que poderia ser modificado se o mandato começasse 45 dias antes, o bastante para que os novos, não os velhos, governantes aprovassem o orçamento do primeiro ano). Vão sendo preenchidos os cargos aos poucos, o que não raro demora até dois anos (solução: reduzir os cargos de confiança e aumentar os de carreira). O novo governante também contém despesas, faz caixa e, assim, descumpre as promessas que fez a seus eleitores. Diz a eles que, com o tempo, elas serão atendidas. Às vezes, isso acontece.

O segundo ano de governo é de preparo para outras eleições. Nele, os prefeitos mostrarão serviço, para ajudar seus candidatos nos estados e na União. O terceiro ano é o melhor ano de governo. A administração já completou seus quadros de confiança, os projetos andam. No quarto ano termina o mandato, e ocorrem novas eleições: com sorte, investe-se; com azar (para o povo e o futuro), gasta-se. Lembro uma cidade da Grande São Paulo, com grandes problemas sociais, em que no ano da eleição o prefeito inaugurou uma frota de micro-ônibus com ar condicionado e até frigobar. Depois do pleito, eles sumiram.

Há soluções para isso? Sugeri acima a antecipação da posse, para que o novo Executivo e Legislativo decidam o orçamento do ano entrante. Mais ambicioso e difícil, porém crucial, será dar maior estabilidade à administração. É preciso termos programas de governo que não dependam de uma canetada do Poder Executivo, como hoje é o caso. Qualquer dirigente, atualmente, pode criar ou eliminar programas. Aliás, como diretor que fui do setor principal (mas o mais barato) da Capes, que é a avaliação dos cursos de doutorado e mestrado do Brasil, vi como os políticos dão mais importância ao que é novidade, ao que impressiona a mídia, do que às ações de base, permanentes, que não fornecem notícias. Uma avaliação, por exemplo, geralmente aponta 3% ou 4% de cursos excelentes; esse porcentual deve ser mais ou menos fixo, senão se inflaciona a avaliação e ela perde o sentido; mas o sonho de qualquer político é dizer que os melhores cursos passaram, digamos, de 4% a 10%. A seu modo, isso vale para as escolas, os hospitais, as estradas: o que é sólido é lento, depende de muito esforço e não gera notícias.

Daí, justamente, a necessidade de que os programas de governo sejam mais estáveis. E, com isso, é preciso capacitar servidores de carreira que possam conduzi-los no governo de um partido ou outro, até para não termos mais as perdas de tempo que assinalei: pelo meu raciocínio, o melhor ano de governo é o terceiro; todos os outros são anos de governo prejudicados pelo calendário. Sem essa reforma da função pública, não haverá "choque de gestão" ou o que seja. Mas nada disso se resolve fazendo coincidir todas as eleições, o que apenas aumentaria a distância entre o povo teoricamente soberano e seus supostos mandatários, reduzindo o controle do eleitor sobre o eleito.

O que atenua esses males é, paradoxalmente, a reeleição. O governante reeleito tem um segundo mandato quase inteiro, limpo, para dar continuidade ao que iniciou no primeiro. Com o aval dos eleitores, que aprovaram sua gestão, ele já não precisa conviver com um orçamento desconhecido (primeiro ano) nem compor uma administração nova (primeiro e segundo anos). Por isso mesmo, se formos contestar a reeleição, será preciso não perder esses benefícios que ela trouxe. ■

Incluir não é fácil

Segunda-feira, 28 de janeiro de 2013

Circulou muito no Facebook uma recomendação do blog "Viajando com os filhos", que consistia em conselhos para lidar com a babá. A autora, que em São Paulo se hospeda num dos melhores hotéis da cidade, discutia passagem, hospedagem, comida e bebida de sua empregada. O texto é detalhista e chocante. A patroa chama a babá de gênero de "terceira necessidade" e fala dela como se fosse um animal. Curiosamente, não parece mesquinha: paga um excelente quarto de hotel para a empregada; o problema é que não tem noção de como lidar com um ser humano*.

Por que discutir esse tema numa coluna dedicada à política? Porque, sem querer, o texto – que foi retirado do ar, quando o blog se deu conta da péssima publicidade que angariou com ele – mostra as dificuldades para se aceitar algo que, reconheço, é difícil: a inclusão social. Não me juntarei aqui àqueles que – com razão – condenam a autora. O que quero entender é o que passa na cabeça de alguém que vive no privilégio e não consegue sequer imaginar o que é passar ao mundo do direito. Ou que, tendo a vantagem da riqueza numa sociedade com alto teor de exclusão, não percebe que, um dia, isso acabará. Antes que me chamem de petista, é bom lembrar que tal nível de exclusão acabou faz tempo nas grandes economias capitalistas. Se a autora vivesse nos Estados Unidos, Reino Unido ou França, primeiro, dificilmente escreveria o que escreveu; segundo, se o fizesse, pagaria por isso.

---

* Aparentemente, o blog sumiu, depois do escândalo mencionado neste artigo.

O assunto faz lembrar a declaração de Delfim Netto, em abril de 2011 (quem teve empregada doméstica, que é um "animal em extinção", teve; quem não teve, não terá), ou o artigo de Danuza Leão, de novembro, observando como viagens a Paris perdem o valor quando todos podem fazê-la. Mas são casos bem diferentes. Com seu conhecido humor e inteligência, o ex-ministro anotou um fato: os empregos domésticos se extinguem, justamente porque uma pessoa cuidar da vida íntima de outra é quase humilhante e, por isso, nos países desenvolvidos, se encarece ou se extingue. Danuza Leão dizia que há prazeres que dificilmente comportam o acesso de todos: o Louvre não pode, gostemos ou não disso, receber cem mil pessoas por dia. Daí ela conclui – o que endosso – que ler um livro pode ser bem melhor. Delfim e Danuza disseram coisas pertinentes, ainda que a formulação não tenha sido feliz. Já o *post* da blogueira não é reflexão, é sintoma, e suscita outra discussão.

A inclusão social mexe em nosso imaginário

Ao longo dos séculos e milênios, o que hoje chamamos de inclusão social se estagnou, cresceu raramente e com frequência recuou. Mas, nas últimas décadas, a integração dos miseráveis na sociedade (Civil? De consumo? A diferença é importante.) se acelerou intensamente – em muitos países. Aqui, em cinco anos do governo Lula, cinquenta milhões passaram das classes D e E para a C. Esse aumento de justiça social impõe mudanças de atitude radicais no interior da sociedade. Os mais vulneráveis se fortalecem. Socialmente, o dado principal é que recusam o papel subalterno ou subserviente que sempre foi o dos pobres em nosso país.

Se esse processo é amplamente positivo, ele tem seus senões, também pensando no plano social. Um diz respeito à própria condição dos ex-miseráveis. Eles parecem dar maior importância ao aumento do consumo, e junto com ele ao do crédito e do endividamento, do que ao acesso à educação e à cultura – da mesma forma, por sinal, que os gestores da economia e da política. Daí que a conquista de espaços sociais pela nova classe média continue frágil. Hoje, pode ser que muitos salários estejam subindo mais porque a economia está aquecida do que porque os seres humanos, que eventualmente chamamos de "mão de obra", se qualificaram como sujeitos de sua existência.

Mas há outro problema, eticamente mais grave. Para as classes tradicionalmente ricas – ou "dominantes" – o ingresso em seu território de quem era não pessoa é chocante. Isso não quer dizer que os privilegiados sejam maldosos, de tão egoístas. O que falta é noção dos limites recíprocos que constroem uma sociedade decente. Obviamente, não merece elogio, nem sequer pena, quem age assim. Até porque essas pessoas, se viajam a países ricos, sabem que não podem tratar dessa forma as pessoas lá, mesmo as menos ricas. Seguem então um duplo padrão – assim como respeitam a lei de trânsito na Flórida e não no Brasil. Mas quem deseja mudar a sociedade não pode ficar na condenação ou no repúdio. É preciso compreender. Sem entender o que está ocorrendo, é difícil agir para mudar. Este é um campo importante para a pesquisa.

Mesmo assim, há medidas concretas e urgentes a tomar. Têm que ficar claros, para todos os brasileiros, valores como a liberdade e a igualdade. Isso depende do "governo", dos órgãos de defesa dos direitos humanos, do Ministério Público e do Judiciário, mas, mais que tudo, do esforço da sociedade. É preciso difundir a ética nas escolas. Ela não pode ficar nas mãos só das Igrejas e das famílias; deve ser estudada, com uma abordagem leiga e universal, no ensino básico, isto é, da alfabetização até a conclusão do ensino médio. Deve haver também uma preocupação das empresas, que são responsáveis por boa parte da socialização das pessoas. Uma corporação ou organização não pode tolerar atitudes antiéticas de seus funcionários, sobretudo de seus dirigentes. Estas são políticas públicas, não apenas estatais. Além disso, políticas de combate aos privilégios devem ser adotadas – tanto de quem usa um cargo público para levar vantagem quanto de quem utiliza sua riqueza para desprezar o próximo. Porque a batalha se trava, afinal, nos corações e mentes. ■

Ciclistas apoiam a democracia?

Segunda-feira, 4 de março de 2013

Deve soar estranho sugerir que as ciclofaixas que já somam dezenas de quilômetros para o lazer paulistano indiquem o fracasso de nossa democracia. E é claro que acho ótimo apostar na atividade física, largar o carro e ocupar o asfalto com outra coisa que não motores. Mas há um aspecto delas que nunca vi ser discutido, e me incomoda. Por isso nesta coluna, que trata de política, debato hoje o déficit democrático que as ciclofaixas apontam.

O problema é simples: elas foram instituídas há mais de três anos pela prefeitura de São Paulo, já somam 150 quilômetros de extensão – mas ainda temos, a cada esquina, um monitor com bandeirinha, avisando aos ciclistas que não passem no sinal proibido. Ora, se precisamos de pessoas para deter os ciclistas no vermelho, é porque se supõe que os usuários não interiorizaram o cumprimento das leis do trânsito e o respeito ao outro. Supõe-se que, se não houver centenas de monitores, um por quarteirão, ciclistas serão mortos – ou, o que parece mais provável, dado que as bandeirinhas estão lá para deter as bicicletas e não os automóveis, que ciclistas atropelarão pedestres ou baterão em carros. A prefeitura é sábia em não correr o risco de uma morte ou mais a cada domingo.

Mas me assusta a suposição de que, sem uma presença maciça de fiscais, teríamos acidentes, talvez numerosos. Os ciclistas de domingo são, ao que parece, pessoas de poder aquisitivo e talvez formação escolar maior que a média da população. No entanto, o que a prefeitura diz, pelos seus atos, ainda que não em palavras, é: eles não respeitarão as leis de trânsito se não os tutelarmos. Porque é isso o que está em questão: são tratados como crianças, incapazes que seriam de respeitar a legislação ou mesmo a moral, que manda esperar quando é a vez do outro – carro ou pedestre – passar.

Sigo aqui um princípio que vem de muitos filósofos e deságua em Freud: avaliemos as pessoas pelo que fazem e não pelo que dizem. Certamente as ciclofaixas – as quais não estou atacando, repito – têm um aspecto "cidadão". Mas o fato é que, mantendo a chupeta quando a criança pode ser desmamada, conservando a terceira rodinha na bicicleta quando o jovem já pedala direito, brecando manualmente os ciclistas a cada esquina, protege-se, tutela-se quem não deveria mais precisar disso.

A prefeitura crê na cidadania dos cidadãos?

Dou um exemplo do próprio trânsito. Coloquemos numa rua um sinal de contramão: o motorista pode infringir a lei, mas, se ele for educado, ao ver o aviso, respeitará não só a norma legal, mas também as pessoas que transitarão pela rua, com tranquilidade, justamente porque elas acreditam que seu direito (à mão única, por exemplo) será respeitado. Ou posso bloquear, fisicamente, o acesso a essa rua. Nesse caso, o motorista não tem escolha. Ele é forçado a respeitar a mão. Fica mais seguro para todos. Mas o motorista é, assim, infantilizado. Estamos dizendo, quando não apenas proibimos uma rota, mas a bloqueamos com cimento, que não confiamos em sua liberdade, em sua escolha, em seu caráter ético. Por isso, o mais "adulto", o mais democrático (dado que a democracia consiste em tratar as pessoas como adultas, e não como crianças), é sinalizar a via em vez de bloqueá-la.

Não é por acaso que em vários países desenvolvidos o respeito à lei de trânsito é tão maior do que entre nós.

E é esse o problema que as ciclofaixas parecem revelar. Elas, aliás, entram aqui como indicador de um mal-estar bem maior que elas: a dificuldade de nossa sociedade para cumprir a lei, em especial aquela que resume toda a ética: respeite o outro. É até comum, no trânsito, se reclamar quando a prefeitura multa; diz-se então que ela deveria "orientar", isto é, tutelar, proteger, mostrar ao infrator que ele está infringindo a lei, mas sem puni-lo. Isso como se cada motorista não tivesse passado por uma prova de conhecimento da legislação de trânsito – como se não soubesse que respeitar o pedestre e os veículos é básico, se quisermos um mínimo de cidadania na circulação de pessoas pelo espaço público.

Por que me deter nesta questão que pode parecer pequena? É porque o debate político, no país, é uma troca de acusações entre os dois partidos que têm disputado a presidência, cada um dizendo que o outro falta com obrigações básicas republicanas (isso os tucanos dizem do PT, chamando-o de corrupto) ou democráticas (isso os petistas dizem do PSDB, que defenderia os interesses dos mais ricos, e não os do povo). Pois bem, e se houver um problema sério, não só na forma como nossos representantes eleitos atuam, mas no modo como nós, cidadãos, eleitores e aqui ciclistas, agimos?

Se nos colocamos na posição de quem é apenas protegido, de quem não se responsabiliza pelas suas ações, se acreditamos que precisamos usar dinheiro público para dispensar adultos de sua responsabilidade de parar – espontaneamente – a bicicleta no cruzamento, então somos, nós também, responsáveis pelo déficit democrático do país. Na verdade, é assim: na democracia, os defeitos geralmente têm alguma base nos próprios cidadãos, que são quem elege os poderes.

Duas conclusões. Uma de curto prazo: tirar os monitores que "orientam" os ciclistas seria perigoso, porque eles expressam um problema real, o de cidadãos que não veem a cidadania como dever e, por isso, precisam ser tutelados. Acidentes ocorreriam; não vale a pena. Outra conclusão, esta de longo prazo: isso tem de mudar. Mas mudar na causa, o comportamento das pessoas, e não no paliativo, que são os monitores. Porque, no fundo, não há democracia sem uma sociabilidade democrática, e é esta que, penso eu, está falha entre nós. ■

NOTA DE 2021 Para meu espanto, dias depois o jornal recebeu uma carta da firma que implantou as ciclofaixas, defendendo-as! Isso quando eu não as havia criticado em momento algum. Li a carta, e a pessoa visivelmente não tinha entendido nada do que eu disse. O que apenas me confirmou o que afirmei sobre o – enorme – déficit democrático, e direi mais, cultural, que infelizmente vivemos.

Seguir a lei é econômico

Segunda-feira, 18 de março de 2013

Imagine, caro leitor, um idiota. Bebe três vodcas, sábado à noite. Raiando o dia, sai guiando pela avenida Paulista. Cones já demarcam a pista para a ciclofaixa, a ser ativada em uma hora. Faz zigue-zague entre os cones. Não vê um ciclista na faixa e o atropela. Assustado, foge. Percebe que o braço decepado da vítima está no carro. Depois do que fez – beber, atropelar, fugir –, o que é jogar o braço cortado no esgoto? Só uma etapa a mais na violência infligida ao ciclista. Mas isso impede um possível reimplante. Uma sucessão de pequenas infrações gera uma tragédia para a família do ciclista, pobre. Advogados do réu dirão que ele está traumatizado, que vai ajudar a vítima, que, enfim... Muitas palavras*.

Imagine, leitor, um idiota. Antes de dar um show, compra um sinalizador, para a galera vibrar. Pede um de dois reais. O vendedor pergunta onde vai usá-lo; "em lugar fechado, este não serve. Tenho um adequado, por setenta reais". O comprador acha caro: "Sei usar, não vai acontecer

---

* O ciclista atropelado no domingo de 10 de março de 2013 se chamava David Souza dos Santos. O culpado, Alex Kozloff Siwek, foi condenado a seis anos de prisão em regime semiaberto, pagamento de sessenta salários mínimos e a suspensão da carteira nacional de habilitação por cinco anos, mas em 2016 sua pena foi reduzida para dois anos de prisão em regime aberto, oito meses de suspensão do direito de dirigir e pagamento de indenização de dez salários mínimos. Na verdade, a prisão acabou sendo substituída por serviços à comunidade e prestação pecuniária de cinquenta salários mínimos. Ver <http://g1.globo.com/sao-paulo/noticia/2016/04/motorista-que-atropelou-e-jogou-braco-de-ciclista-tem-pena-reduzida.html>. Acesso em: 10 jul. 2020. Posteriormente, em 2019, o motorista ganhou ação contra a revista *Veja*, dando-lhe direito de resposta a matéria que relembrava o acontecido. Disponível em: <https://www.conjur.com.br/dl/clique-aqui-ler-decisao6.pdf>. Acesso em: 10 jul. 2020.

nada". Por 68 reais de economia – mais um forro impróprio e a falta de saídas adequadas – morrerão esta noite 241 jovens. Um real para cada três pessoas. Trinta centavos por vida. Choca o contraste entre a morte às centenas e a banalidade – e até o baixo custo – das causas para tais mortes*.

E cada morte se multiplica. Muitos dos 241 teriam filhos. Estes nunca nascerão. Há uma geração que nunca verá a luz do sol. E, porque morreram 241, centenas de seus próximos levarão o resto da existência sob um céu de chumbo, a alma pesada, sobreviventes – porque perderam um ser amado, e com ele os sonhos, o sonho de que fizessem faculdade, de que fossem felizes no amor, salvassem vidas como médicos, reduzissem a ignorância como professores, tivessem filhos, plantassem árvores, talvez escrevessem livros... O direito de sonhar é o direito de ter um futuro: difícil avançar na vida quando já não se tem esperança. Tudo isso ceifado, por uma irresponsável economia.

Contravenções até pequenas podem ter efeitos letais

Como pode um valor tão pequeno carregar tanta capacidade letal? Se pensarmos em termos econômicos, altos investimentos, públicos e privados, na formação dos 241 que foram destruídos pela irresponsabilidade de quem economizou no preço do sinalizador e de quem errou, por leviandade, na forração do teto da boate. O problema é que no Brasil essas histórias se repetem em fila. Sai de cena a boate, entra o atropelador. O roteiro é igual: uma infração à lei que parece ingênua, cometida por uma pessoa apenas leviana, irresponsável – mas que causa danos piores que um crime premeditado, doloso, que cometesse uma pessoa fria e impiedosa.

Na Justiça, ouviremos que os levianos eram pessoas de bem; ouviremos de sua fé e caridade, isso ajuda; em suma: o que aconteceu naquela fração de segundo é inexplicável, foi uma fatalidade, doutor, ele está sofrendo direto por isso.

---

* Cito a Wikipédia: "O incêndio na boate Kiss foi uma tragédia que matou 242 pessoas e feriu 680 outras numa boate da cidade de Santa Maria, no estado brasileiro do Rio Grande do Sul. A tragédia ocorreu na madrugada do dia 27 de janeiro de 2013". Importante corrigir: onde se lê tragédia, leia-se *crime*.

E o argumento da defesa prevalecerá, à medida que passe o tempo e se faça o luto dos mortos, ou se esqueça a miséria a que foi condenado o rapaz que fazia rapel para limpar os vidros do Hospital das Clínicas*. Visitas a ele, se prometidas, terão sido esquecidas. Ajudá-lo financeiramente será determinado pela Justiça, até para atenuar a pena prisional do réu, mas com o cuidado de não empobrecer este último nem enriquecer a pessoa que ele amputou. As posições sociais devem ser preservadas. Perder o braço não deve ser meio de ascensão social – ouviremos isso, sim. E uma "fatalidade" não deve arruinar a vida de um jovem estudante de... psicologia; terrível a ironia do contraste entre a profissão e a atitude.

Mas esses episódios deveriam ensinar uma coisa: o sentido ético do respeito à lei. Se o motorista de sábado não bebesse demais, não jogasse no lixo parte de um ser humano, o faxineiro poderia reaver o braço. Sem a série de descuidos que houve na boate Kiss, duzentos e tantos jovens sairiam vivos da boate; teriam à frente, somados, pelo menos 12 mil anos a viver. Pensei em distinguir o dano econômico, que é mensurável, e o dano humano, que não o é. Mas não é preciso. Porque, para cada dinheiro que pais e sociedade investiram nos mortos, houve também amor que estes receberam e deram. Contas econômicas e amorosas dirão a mesma coisa: uma destruição que raia o absurdo.

Está na hora de entendermos que o respeito à lei reduz custos econômicos, reduz sofrimento humano. Se isso não acontecer, o Brasil será o país não do Carnaval, mas do horror. Sabemos que há crimes por crueldade. Estamos avançando no conhecimento do crime de corrupção, que causa danos enormes. Mas ainda não assumimos que seguir as posturas de trânsito é tão importante como foi, na medicina do século XIX, os médicos começarem a lavar as mãos com água e sabão, a medida que talvez mais vidas salvou na história de sua profissão.

Nosso arcabouço mental entende a criminalidade decorrente da maldade, da conspiração – atos que, pensamos nós, nunca cometeremos. Só que há atos mínimos que podem gerar efeitos devastadores. Os tribunais terão dificuldade em julgar esses casos. A defesa alegará que os réus devem ser punidos pelo ato, não pelas consequências: multe-se o motorista só por invadir a ciclofaixa. Mas foi isso o que o levou a mutilar a vítima!

* O rapaz cujo braço foi cortado pelo motorista mencionado acima.

Precisamos despertar para a letalidade que a mera contravenção pode ter. Não adianta culpar o destino, a fatalidade, quando atos elementares de prudência fazem despencar a morte, reduzem enormemente os acidentes. Mas, para fazer isso, é preciso entender que a lei pode ser o que protege a vida, que aí está sua beleza, e que sem isso a vida se esvai às centenas. É preciso punir, sim, e é preciso educar. ■

As domésticas e a vida moderna

Segunda-feira, 8 de abril de 2013

O reconhecimento de direitos trabalhistas às domésticas é apenas um passo a mais, embora crucial, numa história moderna que passou não só pela abolição da escravatura, mas, perto de nós, pela igualdade entre homem e mulher na família e pelo projeto de lei da palmada, ainda não aprovado, que visa a coibir a violência dos pais contra os filhos*. Todas essas medidas seguem a mesma lógica – que é a do ingresso da Lei e da Justiça (no sentido também de Judiciário) em espaços que antes lhes eram imunes, porque pertenciam à vida privada, doméstica ou íntima, como queiramos chamá-la.

Pensemos nos anos 1960. Por lei, o marido era o chefe da família. Cabia-lhe decidir a residência comum. Se resolvesse mudar de cidade, a mulher devia segui-lo – ou seria culpada de abandono (sic) do lar, ensejando um processo de separação que a penalizaria na guarda de filhos. Isso valeu até 1962, quando a mulher foi erigida a colaboradora (mas só isso) do chefe da família. Ou falemos em 1983, quando Franco Montoro se tornou governador de São Paulo e criou a primeira delegacia da mulher no estado. Até então, a mulher estuprada era frequentemente humilhada na delegacia onde fosse prestar queixa. Ou o "defloramento da mulher, ignorado do marido": se após o casamento este descobrisse que a noiva não era virgem, podia requerer a anulação. Isso acabou apenas

* Refiro-me à Emenda Constitucional 72, promulgada em 2 de abril de 2013, que finalmente reconhecia aos empregados domésticos os direitos trabalhistas que a Constituição conferia a todos os outros trabalhadores. Ela foi aprovada por quase unanimidade no Congresso. Já a proibição de castigos físicos a crianças (a "lei da palmada") tornou-se a Lei 13.010, de 2014, no governo Dilma.

em 2002, com o novo Código Civil. Ou ainda a Lei Maria da Penha. Embora eu considere essa lei um pouco sexista, porque não pune a violência da mulher contra o companheiro, mas só o contrário, foi um avanço. É de 2006. Com tais medidas, a lei entrou onde, antes, a violência não encontrava obstáculo.

Mas respeitemos as razões de quem se opõe a essas mudanças. É absurdo – e desnecessário – fazer caricatura dos que discordam de nós. Um argumento contra essas leis é: elas introduzem numa relação íntima (o casal, a família), ou doméstica (patrões e empregadas), um terceiro elemento, o Estado, que esfria o afeto entre as pessoas. Em vez de resolverem elas mesmas os conflitos, passam a desconfiar uma da outra. Há alguma verdade nisso. Mas conflitos domésticos nunca opuseram iguais, e sim desiguais. É justo a sociedade, pela lei, barrar a violência na casa, para que se negocie em real igualdade.

Além disso, o terceiro ator que entra na cena doméstica, o Estado, não é o governo, nem o Poder Executivo. É geralmente o Judiciário e mesmo a opinião pública. Quem passa a achar intolerável a violência física contra mulher e filhos, ou a exploração da empregada em jornadas excessivas, é a sociedade. O Poder Executivo é até tímido. Faz tempo que poderia investigar se os patrões registram as domésticas, obrigação legal que existe há décadas e a meu ver é mais importante, de fato (mas não simbolicamente), do que a nova lei. Por que nunca as Delegacias do Trabalho foram ver, nas casas dos ricos ou da classe média, as condições de emprego doméstico, ou pelo menos se elas têm carteira assinada? Provavelmente, continuarão a não ir. Mas a emenda empodera as empregadas para exigir também esse direito que já tinham.

Quando uma mulher agredida se queixa do marido na delegacia, acaba o ditado “Em briga de marido e mulher, ninguém mete a colher”. A democracia é justamente essa colher. Briguem, resolvam só vocês seus conflitos, mas ninguém bata em ninguém. O que se coíbe é a violência. O marido, se quiser mudar de cidade ou mesmo de casa, não pode impor isso à esposa. Tem de negociar. É uma negociação sem última palavra: pois esse é o significado do diálogo. Isso tem, obviamente, um custo. Mas é o mesmo custo genérico da vida contemporânea. Todos nós somos, hoje, mais conscientes de nossos direitos e, ao mesmo tempo, mais impacientes. Toleramos menos que nossos pais e avós. Isso é ruim? Em parte, sim. Os laços afetivos se tornaram mais vulneráveis. Nosso desafio é aprender a cuidar melhor deles, porque a tendência é rompê-los ao primeiro desentendimento. Mas nada disso justifica a violência, contra mulher e filhos, ou a humilhação da doméstica.

Isso posto, a legislação nova precisa de uma regulamentação urgente, até porque já vige o novo preceito constitucional e há questões em aberto. Melhor teria sido tramitarem ao mesmo tempo a emenda e a legislação pertinente: diminuiria tensões e não haveria as demissões preventivas que já ocorrem. Ao contrário do que tenho lido na imprensa e no Facebook, patrões não são todos vilões, nem todas as empregadas são do bem. Mas quero dizer, a quem se sente incomodado com a Emenda 72, que esse mesmo incômodo já afetou muitos, em especial os homens, ao saberem que não podiam mais impor a vontade a seu entorno.

A tendência das relações democráticas é se expandirem. Isso significa que, de forma de governo, elas vão se tornando formas de vida. Saem do mero poder político para contaminar a sociedade e mesmo as microssociedades que são as famílias, os casais. Iluminam os cantos desconhecidos da vida. Obedecem, assim, ao princípio do Iluminismo: as luzes melhoram o mundo. Se formos conscientes disso, nos adaptaremos melhor à nova realidade. As patroas ganharão, se entenderem que o reconhecimento dos direitos trabalhistas às domésticas se dá em sequência à conquista da igualdade delas mesmas com seus maridos. Se quisessem manter o *statu quo*, deveriam voltar à família patriarcal – porque só nesta a Lei e a Justiça param do lado de fora da casa. Assim era na Roma Antiga, mas isso incluía o direito do *pater familias* a matar, sem processo, mulher, filhos e servidores. A família estava fora da esfera legal. Vivemos hoje num mundo diferente e, arrisco dizer, melhor. ■

Males da democracia atual

Segunda-feira, 22 de abril de 2013

Um elogio curioso à democracia deve-se a Winston Churchill, falando na Câmara dos Comuns, em novembro de 1947: "A democracia é a pior forma de governo, excetuando todas as outras que já foram testadas de tempos em tempos". É puro humor britânico. Na prática, diz que a democracia é a melhor forma de governo disponível; mas a graça está em que, mesmo assim, não é um bom regime político. É o menos ruim que podemos ter.

Hoje, quando elogiamos a democracia, parece que sua principal virtude é a transparência. Já não se enfatiza sua definição: como "poder do povo", ela dá voz a todos, gera governos que atendam à vontade da maioria, e isso sem esmagar a minoria. Hoje, a transparência parece até mais importante que a vontade do povo. Um século atrás, a Primeira Guerra Mundial marcou o auge e o apocalipse da diplomacia secreta, que levava a tratados negociados a portas fechadas, com o propósito de retaliar países inimigos. A entrada dos Estados Unidos na guerra, defendendo a autodeterminação dos povos, e a saída dos russos da guerra, divulgando os tratados sigilosos, anunciaram o fim da política internacional secreta. Ela fica difícil na democracia, o que é bom. Talvez por isso se diga, com certo exagero, que democracias nunca fazem guerra entre si. Finalmente, a transparência tem sido, talvez, o principal antídoto para o mau uso do dinheiro público.

Mas a democracia tem problemas. Estudiosos de comportamento eleitoral afirmam que as intenções de voto acompanham o crédito ao consumidor. O eleitor é racional, sim, ele não se oferece aos demagogos como uma vítima inocente – mas sua racionalidade parece estar ligada ao dinheiro que tenha no bolso para gastar. Isso favorece políticas diretamente voltadas para a satisfação de seus desejos. Assim, a importação de produtos baratos da China ajuda a aumentar o poder aquisitivo dos brasileiros mais pobres. Só que essa importação se faz em detrimento de nossa indústria. Para ganhos sociais em prazo curto, pagamos um preço econômico, a maior prazo.

Uma democracia consumista infantiliza o povo

Vejam um caso: a Europa está sacrificando sua política climática às imposições da crise econômica. Pois sacrificávamos as políticas sociais à primeira turbulência econômica, até não muito tempo atrás. Uma das mudanças do governo Lula foi tornar a política social um componente central – e irrenunciável – de todo projeto político brasileiro. Em 2010, mesmo quem atacava o programa Bolsa Família propôs aumentá-lo. Além disso, havia um subconsumo crônico dos mais pobres em relação a produtos básicos, seja o iogurte, seja a geladeira*. Mas a ênfase no consumo traz problemas. Um, econômico: consumir é mais popular do que poupar. Outro, cultural: a tão propalada ascensão dos mais pobres à classe C é medida em termos de renda e de acesso ao mercado. Não é avaliada em função da cultura ou da educação. Em suma, promovemos as pessoas não por algo que elas adquiriram e nunca hão de perder, ao se tornar seu patrimônio inalienável: a cultura, o conhecimento; mas por algo que é vulnerável e efêmero: o consumo.

Eleitores-consumidores votam de uma maneira específica. Premiarão o governo que lhes permitir o gozo das mercadorias e serviços. Propor políticas de longo prazo fica difícil. Ora, para ter um mínimo de eficiência, o governo tem que mirar o futuro. Daí que o Executivo tenha de ser racional, no lugar de eleitores que não o são. O governo atende ao desejo consumista dos eleitores da forma mais barata que conseguir, e se vira para separar dinheiro destinado a grandes projetos estruturais – estradas, portos, universidades, usinas elétricas. O único gasto público

---

* FHC falava que os pobres agora estavam consumindo iogurte. Lula, que estavam comprando geladeiras. Sempre achei que havia um certo humor na ideia de comprar iogurtes antes de ter onde guardá-los.

de longo prazo que o eleitorado adora é na saúde. Nem a educação consegue igual popularidade.

Nada mais longe do Iluminismo, o movimento de ideias que no século XVIII fundou a democracia moderna, propondo difundir as luzes do conhecimento para melhorar a vida e a ação humana. O filósofo Kant resumiu-o numa expressão: *Sapere aude*, atreve-te a saber. Disse que representava a passagem da humanidade à idade adulta. "Iluminismo é a saída do homem da sua menoridade, de que ele próprio é culpado. A menoridade é a incapacidade de se servir do entendimento sem a orientação de outrem."

Recomendo que leiam seu opúsculo *O Que é o Iluminismo*, acessível na internet. Pois, enquanto a democracia se escorar no eleitor-consumidor, ele será perpetuamente infantil. Eis um traço preocupante da política contemporânea, agudo no Brasil, mas presente também nos países ricos. E o pior é que nosso Congresso age de maneira parecida.

Já afirmei que o Executivo federal é o garante de nossa racionalidade. Ao não pagar emendas paroquiais ao orçamento, ao vetar leis inconvenientes, ao ter nas pastas ministeriais quadros de qualidade superior aos que dirigem as comissões parlamentares, ele atenua o impacto de demandas imediatas, populares ou parlamentares, sobre as finanças e, mais que isso, sobre a construção de nosso futuro. Teria dito FHC, quando presidente, comentando uma decisão do Supremo Tribunal Federal que perturbava as finanças públicas: "Eles não pensam no Brasil". É um pouco essa a ideia. Em nossa democracia, pensar no Brasil e em seu futuro se torna dever e ofício da presidência da República, a quem cabe a tarefa racional de sacrificar o desejo imediato em nome do bem futuro, no lugar dos eleitores, envoltos pelo consumo, e dos parlamentares, ansiosos por serem populares.

Como mudar este quadro? Não creio que uma reforma política ou eleitoral o altere; ela terá seus méritos, mas não aqui. A única saída é melhorar a educação e sua parceira mais que necessária, a cultura. Este é tema para a próxima coluna. ■

Educação para melhorar a política

Segunda-feira, 29 de abril de 2013

Como podem a educação e a cultura conduzir-nos de uma democracia de consumidores, na qual um dos grandes critérios para medir a inclusão social é o aumento nas vendas a crédito, para uma democracia em que as pessoas estejam menos presas ao consumo, com o que este tem de arriscado e perigoso: pois é efêmero e, o que é pior, torna o voto quase consequência de certas políticas governamentais? Entre elas, a irrigação de dinheiro na praça, a venda a preço baixo de mercadorias de má qualidade e, sobretudo, o fato ou suposição de que ganha votos quem esparrama o crédito pelo comércio. A confiança no governo, fator crucial para ganhar eleições, parece oscilar em função do crédito na praça.

Esta situação faz pairarem duas restrições à qualidade de nossa democracia. A primeira está no tipo de eleitor e cidadão que ela forma: seus valores principais estão no bolso. Não são valores políticos. São valores do consumo. É verdade que sustentei, anos atrás, em meu artigo "A Inveja do Tênis"*, que muitas vezes os pobres sentem maior desejo por bens de consumo, como um tênis de grife, do que pelas necessidades básicas da vida social: saúde, educação, trabalho, moradia e segurança. O consumo é forte na política atual.

A segunda restrição é que o consumo está em boa medida nas mãos do governo. Ele pode, abrindo e fechando as torneiras, influir nos resultados das eleições. A condição é marcar o ano da eleição presidencial pela expansão do crédito ao consumidor.

---

* Republicado em meu *A Boa Política*, São Paulo, Companhia das Letras, 2017.

Obviamente, nem do lado do eleitor, nem do governo essa situação é positiva para a democracia.

Aqui sugiro uma crítica que lembra a dos filósofos, ao longo da história, às ilusões do consumo. Podemos viver num mundo das aparências, aturdidos por uma sucessão de prazeres – já que a natureza destes é durarem pouco, precisando ser trocados o tempo todo. Nenhuma sociedade conseguiu, antes da nossa, fornecer tantos prazeres a tantas pessoas. Mas os filósofos criticam isso. Dizem que assim se perde de vista a felicidade, que, nas palavras de Rousseau, não é uma sucessão de prazeres, que sempre terminam em saciedade ou frustração, mas "um estado simples e permanente, no qual a alma se basta a si mesma". Pois é. Nada mais longe de nós, exceto daqueles, bem minoritários, que mesmo sendo ricos se orientam para o budismo ou outra sabedoria, geralmente oriental. Porque o grande problema da aposta nos prazeres (dizem os filósofos) ou no consumo (supomos hoje) é o risco, o *day after*, a ressaca – e ainda a impossibilidade do autogoverno. Quem é joguete do seu desejo não se autogoverna. Quem é refém de seus prazeres não vive em democracia.

Como mudar isso? Penso que há três ingredientes fortes que podem mudar a orientação das coisas. Começo pelo esporte, mas entendendo-o, a exemplo do movimento Move (iniciativa internacional que no Brasil foi encampada pelo Sesc de São Paulo), não como esporte competitivo, como projeto de investir milhões em atletas de escol a fim de obter medalhas olímpicas, em suma, não como gerador de espetáculo – mas como promoção da atividade física do maior número possível de pessoas. Basta um dado: por volta de 2005, nosso Ministério das Cidades queria baixar o porcentual de pessoas que vão a pé para o trabalho (por não terem dinheiro para a passagem), enquanto o Departamento de Saúde norte-americano pretendia aumentar esse porcentual (para aumentar o exercício físico dos cidadãos). Há mérito nas duas iniciativas, mas o futuro é da segunda.

Depois, a cultura. Cultura e educação são, se formos à etimologia, duas formas de indicar como o homem se separa da animalidade. Cultura se opõe a natureza. Educação significa sair de um lugar para outro, melhorando. Bebês, que são quase animais, são educados para se tornarem humanos. A educação tem assim um currículo, uma regularidade, que a faz ocupar mais de dez anos da vida das pessoas. Ela é absolutamente necessária. Agora, ninguém espera que a cultura tenha um currículo, uma lista de obras imprescindível, sequências necessárias a cumprir, exames a prestar. Há um aspecto obrigatório na educação e um gratuito na cultura, que colocam esta última do lado do prazer, do prazer bem usado.

Assim, dos três fatores que podem reduzir o canto de sereia do consumismo, um precisa ter um roteiro obrigatório e longo, que é a educação, enquanto os outros dois, cultura e atividade física, só funcionam se prodigarem satisfação. Precisamos dos três. Eles constituem fortes exemplos de que o dinheiro não pode tudo, até porque muito do esporte e da cultura são gratuitos, mas mais que isso: o que se ganha com eles não se perde. Esta é a enorme diferença em relação ao consumo. O que se consome, como diz a palavra, está consumido, queimado, liquidado. Já a educação fica, assim como a cultura e a atividade física se incorporam ao sujeito. Posso esquecer todos os filmes que vi, os jogos de que participei, mas minha mente e meu corpo se enriqueceram graças a eles.

Será então o fortalecimento destas três áreas um bom antídoto ao avanço, que até parece irresistível, dos excessos nos games, nas unhas esmaltadas das moças em ascensão social, da ideia de que "*my pussy* é meu poder"*, que reduz o poder a um de seus componentes básicos, primitivos, o de que tudo gravita em torno de quem controla o acesso ao prazer sexual, o homem pela opressão, a mulher pela sedução? Nenhum desses prazeres é mau em si. A questão, e lembro Foucault, está no uso dos prazeres. Eles precisam ter seu devido lugar. E para o terem é preciso fortalecer essas três áreas que mencionei: para além do prazer, a felicidade. ■

* *My Pussy é o Poder* foi um sucesso da Gaiola das Popozudas, pela época deste artigo.

Jabuticaba sem complexo

Segunda-feira, 27 de maio de 2013

Uma frase espirituosa, cunhada há uma ou duas décadas, diz que tudo o que há só no Brasil, e não é jabuticaba, é ruim. Sem dúvida, é uma afirmação engraçada, e já a ouvi de pessoas que estimo. Mas é totalmente errada. Sugiro um teste: substituam "só no Brasil" por "só nos Estados Unidos, na Grã-Bretanha, na França, na Alemanha, na China ou na Índia", países ricos os primeiros, importantes todos eles; duvido que algum nacionalista desses países admita que tudo o que há somente na França, e não é *camembert*, só no Reino Unido, e não é *whisky*, apenas nos Estados Unidos, e não é *whiskey*, só na Alemanha, e não é embutido de nome germânico, só na Índia, e não é *curry*, é ruim. Ao contrário, todos esses países e seus cidadãos têm enorme orgulho das muitas suas contribuições originais para a humanidade, inclusive aquelas que não podem ser reproduzidas em outros países.

Por que, então, o Brasil é possivelmente o único país de vocação mundial a depreciar a esse ponto o que tenha de original? Antes de propor uma explicação, avancemos um pouco. Nos últimos anos, assistimos a uma crescente depreciação de Alberto Santos Dumont, nosso maior inventor. Vejam o significado disso: o brasileiro que mais coisas inventou, inclusive um dos produtos mais importantes que hoje existem, o "mais pesado que o ar", é constantemente diminuído. Chegou a *Folha de S.Paulo*, ao chegar o ano 2000, a listar entre os grandes inventores do século XX os irmãos Wright, ou seja, a negar a originalidade de Santos Dumont. (Na verdade, o jornal estava apenas traduzindo um dossiê americano.)

Não é minha intenção discutir aqui os dois irmãos – basta lembrar que o voo deles, que dataria de 1903, somente foi divulgado anos depois, e que dependeu do impulso, externo, conferido por uma catapulta, em vez de decolar com seu próprio empuxo. Mas Santos Dumont não inventou apenas o avião. Era uma inteligência agitada, sempre em busca de soluções, sempre procurando o novo; o relógio de pulso foi um pedido seu ao amigo Cartier (que continua produzindo as *montres* Santos de Cartier – caríssimas, belíssimas), embora uma versão anterior seja atribuída ao filósofo Pascal; e seu espírito se vê de maneira magnífica na escada que construiu para sua casa de Petrópolis, na qual o visitante é obrigado, sempre, a começar a subida com o pé direito – uma invenção elegante e simples, primorosa, de marcenaria.

Inventar e descobrir são as ações mais nobres do intelecto humano. Quem descobre revela ao mundo algo que já existe, algo importante, mas que se ignorava. Pode-se descobrir um continente, um animal ou vegetal antes desconhecido, as propriedades medicinais de uma planta. Já quem inventa acrescenta ao mundo algo que nele não existia. Talvez por isso inventar seja até mais nobre do que descobrir. Nos dois casos, diminui-se o desconhecimento, a ignorância. Mas o descobridor está explicando o mundo, enquanto o inventor está acrescentando algo ao mundo. A natureza é descoberta. Já o que se inventa é cultura.

Uma invenção, por relevante que seja, poderia nunca ocorrer. Poderia nunca ter aparecido o avião, ou o computador, ou o jornal. Mais que isso: imagine o leitor aquilo que ninguém jamais inventou. Solte a imaginação, porque tudo seria possível. Poderíamos ter – e talvez um dia tenhamos – leitoras de mentes alheias, mochilas que façam cada indivíduo voar solo, em suma, uma lista de causar inveja no professor Pardal, que todos nós conhecemos e possivelmente admiramos em nossa infância. É até difícil imaginar as invenções possíveis, porque com algumas delas o mundo mudaria por completo. Por isso, é tão estranhamente significativo que o Brasil não se orgulhe de Santos Dumont.

Há até uma importante carreira de Estado que, na sua mitologia interna, evita pronunciar seu nome, para não atrair a má sorte, porque ele teria sido azarado* – com sua grande invenção sendo atribuída aos rivais Wright, com o espírito cavalheiresco e aristocrático com que inventava para doar conhecimento ao mundo sendo substituído pelo ânimo lucrativo com que Orville e Wilbur procuravam fazer dinheiro, com o uso mi-

* A diplomacia.

litar de uma invenção que segundo ele deveria ter aplicação civil, com as mortes da Grande Guerra causadas por aeroplanos e, finalmente, o que pode ter levado a sua morte voluntária, em julho de 1932, com os aviões sendo usados pelos dois lados durante a Revolução Constitucionalista. "Nunca pensei que minha invenção fosse causar derramamento de sangue entre irmãos", teriam sido essas as suas últimas palavras.

Mas, ao desqualificá-lo, desqualificamos a capacidade brasileira de inventar, de agregar algo ao mundo – em especial, de lhe agregar algo que esteja na ponta da ciência e da tecnologia, porque o mais pesado que ar foi isso: uma das principais invenções da história humana e uma das maiores do século XX.

É claro que o avião não existe só no Brasil – portanto, o complexo de jabuticaba não se aplicaria ao caso. Mas o que me preocupa é a crença de que a única contribuição especificamente nossa ao mundo seria a jabuticaba, um fruto de nossa natureza – algo que não inventamos, apenas descobrimos. Seríamos meros descobridores, maus inventores. Ora, há alguma razão para acreditarmos nisso? Não seria melhor, como a China e a Índia, países de perfil parecido com o nosso, gigantes do subdesenvolvimento superando seu atraso, crer mais em nossa capacidade de inventar o novo? Porque a vida e, no caso, o avanço científico, cultural, tecnológico e econômico são movidos não apenas pela razão, mas também pelas convicções. ■

A violência faz a diferença

Segunda-feira, 17 de junho de 2013

Antes da violência policial da quinta-feira*, li no Facebook posts sustentando que, para fazer mudanças sociais reais, é preciso usar da violência. Manifestações pacíficas, ao gosto da classe média, não levariam a nada. No mesmo dia, à noite, os autores dessa análise, a meu ver totalmente errada, foram desmentidos pelos fatos. Porque a simpatia da opinião pública tem seguido, em boa medida, a linha de repúdio à violência. Os manifestantes que destruíram ônibus ou vidraças só fizeram sua causa perder apoio. Mas tudo mudou na quinta-feira, quando e sobretudo porque a violência mudou de autor. Dessa vez a polícia agrediu sem provocação, como li nos depoimentos dos jornalistas Ivan Marsiglia, Armando Antenore e Elio Gaspari, ou da escritora Angela Lago.

Na vida social, há fatos importantes que decorrem de uma longa série causal – e outros que surgem de uma causa fortuita, repentina, que

---

* Desde o mês de maio, como acontecia todo ano, havia protestos nas cidades brasileiras contra o reajuste anual das tarifas de transporte coletivo. Em 2013, conduzidos pelo Movimento Passe Livre, os protestos foram mais intensos e, na quinta-feira de 13 de junho, a polícia usou de muita violência contra os manifestantes, em São Paulo e outras cidades. O resultado foi inesperado. A imprensa, que naquela mesma manhã clamara por uma repressão dura e rigorosa para liberar as vias de trânsito, voltou-se contra a violência policial. No dia em que saiu este artigo, aliás, houve grandes manifestações populares em favor da liberdade de manifestação – pacíficas e sem repressão.
Daí em diante, a mídia assumiria a causa dos manifestantes, que, por sua vez, se subdividiria em várias reivindicações, e acabaria por ser apresentada como um protesto contra a corrupção do governo do PT, o que não estava em absoluto na origem dos protestos. Daí começou a organização de grupos de extrema direita que tomaram as ruas e as redes sociais, preparando, a médio prazo, a queda do governo Dilma.

poderia muito bem não ter existido. O Brasil é um país unificado, em vez de ter-se retalhado em várias repúblicas, por quê? Porque a família real veio para cá, num caso único de metrópole que muda para a colônia. Mas, se dom João atrasasse um só dia, os franceses o prenderiam e não teríamos unidade nacional. Ou: o PT governa o Brasil e o PSDB, São Paulo, por quê? Nos dois casos uma série longa de ações e reações lentamente foi construindo a hegemonia política de um partido no país e de outro no estado mais populoso. Mesmo as manifestações, decorrem do quê? De uma lenta e determinada degradação do transporte público, apesar de sua tarifa subir em valores reais (considerados os últimos vinte anos).

Reportagem de *O Estado de S.Paulo* mostra que o número de ônibus não cresce desde 2004, mesmo com um aumento de 80% na quantidade de viagens efetuadas por dia pelos passageiros. Já as viagens de ônibus se reduziram em 3,5%, o que praticamente dobra a lotação por veículo. O desconforto dos usuários só aumentou – e notem que o levantamento cobre um período de prosperidade no país, quando a vida do cidadão "da porta da rua para fora" poderia ter melhorado. Ante essa constante degradação do transporte público, era inevitável que os cidadãos se indignassem, exigindo melhoras na condução. (Eu, pessoalmente, embora defenda uma tarifa de transporte subsidiada, a exemplo do que sucede nas capitais importantes do mundo, inclusive para desestimular o uso do veículo privado no deslocamento para o trabalho, considero que as prioridades absolutas no assunto deveriam ser maior rapidez e conforto nas viagens de ônibus.) O problema vem de longe, a resposta só demorou a surgir, e deve continuar até que o tema se resolva.

Mas a violência... Eis o tema em que a causa pode ser fortuita, imediata, o tipo de coisa que poderia não ter ocorrido. Até quinta-feira, a acusação de violência era dirigida sobretudo contra os manifestantes. Obviamente não eram violentos todos os manifestantes, mas entre eles havia quem usasse da violência – e a sociedade não simpatiza com quem desrespeita a integridade física dos demais. Ouvi afirmações irresponsáveis, como a famosa frase, atribuída a Lênin, sobre a omelete que não se faz sem quebrar ovos (o problema é que, se a omelete não sair, os ovos foram quebrados à toa; a violência, sem bons resultados, é apenas violência – gratuita, inútil).

E tudo mudou quando mudou de lado a violência. O que aconteceu, aparentemente, porque um pelotão da tropa de choque de repente –

após o próprio comandante da PM ter dado parabéns aos manifestantes – atacou um grupo de pessoas nos entornos da rua Maria Antônia. Isso poderia perfeitamente não ter acontecido (como, por outro lado, poderiam não ter acontecido as destruições de ônibus ou de vidraças).

Quem for violento perde o apoio da sociedade

Ou será que isso tinha que acontecer? Se as manifestações não têm liderança clara e distinta, é natural que possam ser transbordadas por criminosos infiltrados nelas. Se a PM não tem um treinamento impecável para manter o sangue-frio e lidar democraticamente com manifestantes, é lógico que possa agredir, atuando muito além do que lhe facultam a lei e a decência. É mais fácil resolver o segundo problema do que o primeiro. Manifestações sem líderes são uma conquista – democrática – dos últimos anos. A Primavera Árabe assim foi. A praça Tahrir, no Cairo, e a praça Taksim, em Istambul, são dois emblemas desses movimentos altamente capilares que, para cada vez mais de nós, são a cara de um espírito democrático que desconfia da manipulação por líderes. Já as polícias militarizadas são organismos hierarquizados. Temos assim duas formas de sociabilidade totalmente opostas. Uma é fluida e livre, outra é organizada e rígida. Uma é a vida da sociedade buscando a liberdade, outra é ação do Estado para manter a ordem. As duas são necessárias, mas a segunda tem de levar em conta a primeira, porque Estado e polícia só existem para a sociedade.

Tudo agora depende do que vai acontecer esta segunda-feira. É bem provável que quem for mais violento perca a luta pela opinião pública. Se a polícia for novamente brutal, a manifestação terá vencido. Se manifestantes, ainda que minoritários, depredarem, e a polícia conseguir controlar a situação sem espancamentos e tiros, será outro o desfecho. Essas coisas podem parecer detalhes, e de fato não afetam o mérito das visões sobre o transporte público que hoje temos. Mas detalhes significam muito na vida política. O regime democrático é a forma mais inteligente até hoje inventada para excluir do enfrentamento político a violência. Quem reintroduz a violência acima do estritamente necessário peca contra a democracia. ■

O movimento que pareceu sair do nada

Segunda-feira, 24 de junho de 2013

Há movimentos que saem do nada? Ninguém esperava que o Passe Livre* mobilizasse assim a nação. Mas isso não significa que tais manifestações sejam um completo enigma. O que não se pode é prever se e quando se darão, nem quais serão seus resultados. Ou seja, não se sabe do seu antes nem do seu depois. Mas vou comentar o que se sabe delas.

Primeiro, este tipo de grande movimento que parece vir do nada começa com o Maio de 68 francês, que é, além disso, o seu paradigma. No dia 15 de março daquele ano, o jornalista Pierre Viansson-Ponté lamentava que "a França [estivesse] entediada", conformista. Uma semana depois, a repressão a protestos contra a Guerra do Vietnã e à entrada de rapazes nos quartos das alunas da Universidade de Nanterre detonava o movimento que rapidamente cresceu.

Esses movimentos vão bem além de suas causas imediatas. Estas se repetem dezenas de vezes, sem nada resultar. E, de repente, a explosão. Que é um acontecimento muito maior que suas possíveis causas. Acontecimento, em inglês, é *happening*; ora, nas línguas latinas, desde os anos 1960 chamamos de *happening* uma grande festa, às vezes promovida por artistas, que tem as características de acontecer só uma vez, não tendo ensaios nem podendo ser repetida. Um acontecimento máximo, um acontecimento em estado puro. Daí que esses eventos únicos sejam festas. Quem participou dos muitos movimentos de 1968 – na França, em Nova York ou na Califórnia, na Alemanha, na então Tchecoslováquia ou

* O movimento que todo ano defendia a gratuidade do transporte público.

no Brasil – viveu esse clima de festa. Quem se manifestou pelas Diretas Já em 1984 ou pelo impeachment de Collor, em 1992, festejou nas ruas. Daí um tom de alegria. As pessoas descobrem que a política pode ser alegre.

A revelação de que a política pode ser alegre

Por isso, ocupam as ruas. A causa imediata das manifestações foi o transporte público de péssima qualidade, que impõe aos pobres o gasto de quatro a oito horas por dia para ir e vir do emprego – uma segunda jornada de trabalho, não paga em dinheiro e que onera a saúde física e mental dos trabalhadores. Mas vejam o simbolismo: estão falando do transporte, isto é, do movimento (e reclamando contra a lentidão, a falta de movimento). "A vida é movimento", dizia em 1651 o filósofo Thomas Hobbes. Estão reclamando da estagnação, que é morte, e clamando pela vida. Uma política que clame por causas ligadas à vida é coisa rara. Não é a política das instituições, não é a da governabilidade, não é a do Parlamento.

E assim a causa imediata funciona como um ímã. Ela atrai tudo o que seja "do bem". Os manifestantes lhe agregam a demanda pela saúde, pela educação e até pelas palavras de ordem que não são da ordem, mas da liberdade, como o célebre "É proibido proibir" do 68 francês, ou o "Seja realista, exija o impossível". Tudo adquire as cores das grandes mudanças, daquelas que não aparecem no dia a dia, mas surgem como uma revelação, uma epifania, um momento em que se descobrem novas potencialidades para o mundo e para a vida com o outro, para o viver-juntos. Por isso mesmo, cintila sempre a perspectiva de que uma outra política, mais vital, é possível.

Nem tudo são flores. O Brasil padece de uma cultura política fragílima. Anos de pregação segundo a qual todos os nossos problemas decorrem da corrupção – convicção esta que é uma marca clara da ignorância política – fazem muitos acreditarem que o outro, aquele que discorda deles, não pode ser uma pessoa honesta. Muitos ignoram o que significam democracia e política, a saber: há divergências sérias na condução dos assuntos públicos, que cabe ao voto resolver, mas dentro do respeito ao outro. Chamar o outro de ladrão ou bandido é destituí-lo dos direitos políticos e considerá-lo criminoso. Isso não deveria acontecer, salvo exceções comprovadas de crimes cometidos, entre petistas e tucanos, entre republicanos e democratas, entre trabalhistas e *tories*. Mas acontece, no Brasil, com alarmante frequência. Daí que, quando as ruas se abrem para o imaginário, uma parte dele seja agressiva e violenta. Cito um ativista do Passe Livre, que esteve dia 21 no debate que coordenei a esse respeito no Instituto de Estudos Avançados da USP: a direita e o crime, disse ele, estão hackeando nossos movimentos.

E o *day after*? A revelação de que você pode ocupar as ruas, de que por algumas horas pode tirá-las dos carros e fazer uma festa ali é tão poderosa que corre o risco de ser apenas uma catarse, uma pausa no meio de uma vida que antes e depois será conformista. Muitos manifestantes de 1968, das Diretas ou do impeachment lembram esses momentos como apenas uma festa, mas que em nada mudou suas vidas. Ganharam liberdade sexual, é tudo. Será uma pena se assim for. Epifanias devem mudar, sim, a vida de quem as tem. Você não pode ter uma revelação e não se converter... Que os políticos procurem conduzir *business as usual* é até compreensível, mas as pessoas que sentiram o gosto do diferente deveriam inseri-lo em suas vidas.

Isso mesmo sabendo, o que é bastante amargo, que a curto prazo quem colhe os frutos não é quem os semeou. A Primavera Árabe, obra de jovens democratas, levou ao poder gente conservadora, como os extremistas da Tunísia e do Egito. Maio de 68 conduziu, em junho daquele ano, à vitória eleitoral da direita. Mas hoje ninguém lembra a direita francesa da época, e todos recordam os estudantes, os jovens, o mês de maio. A sociedade muda. E, assim como 1968 se deu em pelo menos três continentes, de 2011 para cá pode estar surgindo uma segunda onda dessas manifestações tão vitais: com a Espanha, países árabes, Turquia e Brasil, elas parecem estar-se espraiando pelo mundo. O que virá desta nova onda? ■

Marina Silva e as chances perdidas

Segunda-feira, 1º de julho de 2013

Quem melhor que Marina e a Rede poderia dialogar com a moçada nas ruas, propondo-lhe um caminho adequado a seu mal-estar, a seus desejos? O PSDB pouco tem a dizer e só com muita dialética tenta aproveitar a herança do movimento – mas, para disputar isso, precisa enterrá-lo; não o conseguirá enquanto estiver viva a agitação, enquanto estiver viva a vida que apareceu no país e faz que os logradouros públicos sejam o que deveriam ser: lugares públicos. O PT está desacoroçoado, divide-se entre o sentimento de que o povo é injusto com ele e a nostalgia do tempo em que era dono da rua. Quem melhor que Marina?

Quando terminei uma aula aberta na Casa do Saber sobre o que ora acontece nas ruas dizendo que os políticos deveriam, 1º, identificar o que sucede (sem o mutilar para caber em suas velhas concepções), 2º, entrar no registro do utópico, 3º, propor mudar a política, uma senhora exclamou: "Mas isso é a Marina!" Assim deveria ser. O projeto dos ex-verdes, agora sustentáveis*, é o mais próximo dos insatisfeitos que buscam coisa nova. Dos que tomam a estabilidade monetária, herdada dos governos Itamar e FHC, e a inclusão social, façanha dos presidentes Lula e Dilma, como algo adquirido – e querem ir além. E que poderiam ver, na Rede, um projeto de gente perplexa, como eles, insatisfeita como eles com a política da presidenta petista e dos governadores tucanos, à procura de rotas que já não passem pelo bipartidarismo atenuado, com rosto humano, que o Brasil viveu estas duas décadas.

* Marina Silva deixara o Partido Verde para criar a Rede Sustentabilidade.

Maio de 1968 teve na França um único partido já existente com o qual os jovens dialogaram, e cujo papel hoje poderia ser ocupado pela Rede. Era o Partido Socialista Unificado, PSU, respeitadíssimo por suas credenciais democráticas, radicais e honestas. Não tinha o cadáver de Stalin, do qual o PC francês sempre teve dificuldade em se livrar, nem o oportunismo de Mitterrand, o líder socialista, que colaborara com o governo de Vichy e apoiara a repressão aos argelinos. O grande nome do PSU, que elegia um ou dois deputados a cada pleito, era Pierre Mendès France.

A Rede poderia levar o movimento da rua à política

Mendès, só ele, podia disputar com o general De Gaulle o título de mais digno entre os políticos franceses. Somente eles mereceram, em seu longo tempo, o nome elogioso de "estadistas". Em 1954-1955, Mendès foi primeiro-ministro por meros sete meses, mas isso bastou para firmar a paz na Indochina, pondo fim à guerra francesa do Vietnã, e preparar a independência da Tunísia e Marrocos. Continuasse no governo, a Guerra da Argélia teria sido curta, poupando um milhão de vidas. Mas nunca mais voltou ao poder, tornando-se o grande ativo moral da política francesa. Os jovens o admiravam, em 1968; não exercia cargos havia doze anos, não era responsável pelo desastre na Argélia nem pelo regime gaullista que eles contestavam. Era digno na política e na ética.

Marina Silva não chegou a tanto; não chefiou o governo, não associou seu nome a nenhum grande feito como ministra. Mas está na primeira linha de nossos políticos que merecem respeito ético. Também é importante o modo como seu partido está sendo constituído, já porque não se chama "partido" (que evoca divisão – e vem da ideia de uma sociedade partida), mas "rede" – o que clama pela participação de muitas pessoas, sem hierarquia, reforçando os laços entre membros e simpatizantes. Então: por que, com tais trunfos, nem ela nem seu partido ocupam o lugar que tudo lhes oferece?

É a mesma questão que surgiu dois anos e meio atrás, quando Marina teve vinte milhões de votos nas eleições presidenciais para, um mês depois, seu nome sequer ser lembrado quando alguém falava em "oposição". No primeiro turno, um brasileiro em cada cinco votou nela; um em cada três, no candidato tucano. Mas os 20% dela sumiram, enquanto os 33% dados a José Serra bastaram para manter, no PSDB, o monopólio da oposição. Muitos esperavam, na época, que a causa verde ocupasse o lugar designado pelos eleitores. Muitos poderiam esperar, agora, que a proposta sustentável preencha o vazio que tantos sentem na política. Mas nada acontece.

Parece digno Marina dizer à *Folha de S.Paulo* que não quer se aproveitar dos movimentos nas ruas. Mas está errada. O papel do bom político é o de agarrar a oportunidade, que os gregos chamavam de *kairós* – para dar nome ao que está confuso, identidade ao vago, futuro ao novo. Por que ela não fez, não faz isso? Receio que não esteja à altura dos anseios que surgiram. Tem noção deles, mas não sabe o que fazer com eles. Lamento.

"A natureza tem horror ao vácuo", dizia Aristóteles, 2300 anos atrás. A política, mais ainda. Um lugar que fica vazio é prontamente ocupado. O espaço que pareceria pronto para um político alternativo e respeitado caberá ao aventureiro, ou à velha política, que lançar mão dele. As instituições – partidos e mídia – correm para sepultar o mais rápido possível os movimentos.

Querendo ou não, a presidenta Dilma Rousseff contribuiu para isso ao pôr na mesa a reforma política. Já nos vemos, de novo, a falar em partidos, em governabilidade, em voto distrital ou lista fechada. Tudo isso é importante, mas é o plano B da vida social. O plano A deveria ser aprofundar as insatisfações. Pois há meio século, pelo menos, que as instituições políticas andam muito desgarradas do mundo da vida. Não têm sequer ideia do que a vida atual é. Valeria a pena, pelo menos, aproveitarmos mais algumas semanas este magnífico laboratório da vida ao vivo, antes de retornarmos ao *business as usual*. Porque planos A são como certas paixões fortes e fugazes: não duram muito, mas, para darem sentido à vida, merecem ser vividos intensamente. ■

Quem tem medo dos pobres?

Segunda-feira, 8 de julho de 2013

Nada mais século XIX do que ter medo do voto dos pobres. Nada mais século XIX, em pleno século XXI, do que conservar esse medo e pretender privá-los do direito de votar. Numa manifestação recente, uma senhora pediu que os beneficiários do Bolsa Família perdessem o direito de eleger os governantes. Essa ideia teve alguma repercussão. É um puro balão de ensaio, que não prosperará, porque o sufrágio universal é cláusula pétrea da Constituição e uma emenda neste sentido não pode sequer ser examinada pelo Congresso. Mas vejamos o que isso significa.

O século XIX descobre a pobreza. Ela existia antes, claro, e em enorme escala. Mas é depois de 1800 que as grandes cidades, como Londres e Paris, são tomadas por pobres – gente que vem dos campos trabalhar nas fábricas ou nas casas, olhando com espanto, e depois com crescente ódio, para quem regurgita de riqueza enquanto eles passam fome. É o que a historiadora Maria Stella Bresciani chama de espetáculo da pobreza*. Eles formam o que o historiador Louis Chevalier denominou "classes laboriosas, classes perigosas"**: os operários ameaçariam o *statu quo* vigente. Havendo o sufrágio universal, a maioria de pobres poderia decidir confiscar os bens dos ricos e reparti-los entre si. Esse é o grande medo do século XIX.

* *Londres e Paris no Século XIX: O Espetáculo da Pobreza*, São Paulo, Brasiliense, 1982.

** *Classes laborieuses et classes dangereuses à Paris pendant la première moitié du XIXe siècle*, Paris, 1958.

Para fazer-lhe frente, a elite recorre a dois ou três expedientes. Um deles, que ora funciona, ora não, é deixar o Poder Executivo nas mãos de um monarca; mas isso não cabe em regimes democráticos ou semi, como o norte-americano, o britânico, o francês. Outro é ter um senado ou câmara alta de espírito conservador, com membros nomeados (os lordes ingleses, os pares franceses) ou eleitos por um mandato mais longo, a quem caberá refrear os ímpetos da câmara baixa, aquela que é eleita pelo povo inteiro. E, finalmente, o voto censitário, ou seja: o direito de voto dependeria da renda ou propriedade do indivíduo. Pobres simplesmente não votariam. É célebre a resposta de Guizot, primeiro-ministro de Luís Filipe, rei da França, quando a oposição lhe pede que baixe as exigências econômicas para votar: "Enriqueçam-se", diz ele. Ganhem mais, tenham mais, que poderão votar. No Império do Brasil, era a mesma coisa.

Quais as razões dadas para restringir o voto a quem tem posses ou renda elevadas? Entendia-se que essas pessoas seriam mais racionais. Quem vive da mão para a boca nada tem a perder, portanto não é controlável. Essencialmente, é isso: vota quem tem a perder. Se eu sou rico, não quero políticas irresponsáveis, que poriam a perder a economia, o Estado, talvez a independência de meu país. Se sou pobre, que diferença me faz? Já tenho tão pouco que qualquer mudança pode ser para melhor. Exigia-se ter "bens de raiz", sinônimo de propriedade imóvel, termo interessante: somente quem está fixado ("enraizado") na sociedade, com bens ou rendimentos que ofereçam uma espécie de caução ao que diga ou faça, merece votar. Os outros, se votassem, não pagariam pelas consequências de seu voto.

Isso mudou por completo ao longo do século XX. O avanço da causa democrática levou as sociedades a repudiarem o voto censitário. Negar o voto aos pobres se tornou indigno. Além disso, quem deflagrou as guerras mais mortíferas do século não foram os pobres. Se a Alemanha e a Rússia imperiais rumaram para o desastre em 1914, não foi por iniciativa de seus miseráveis, mas de seus príncipes e nobres, em suma, dos mais ricos. E os pobres foram, sim, quem mais arcou com os custos dessas guerras infames. Deles saiu a maior parte dos milhões que morreram em batalha ou de fome. Mais perto de nós, a crise de 2008 não foi causada pelos pobres ou beneficiários da previdência social norte-americana. Não há base empírica para culpar os mais pobres pela adoção de políticas desastrosas.

Hoje, se alguém sugere, ainda que implicitamente, que pobres não votem, está retomando um imaginário antigo, arcaico. Na verdade, o século XX, sobretudo em sua segunda metade, mostrou que não é preciso negar aos pobres o voto para evitar que eles tomem os bens dos ricos; o circo – isto é, o imaginário do entretenimento – cumpre muito bem esse papel. Se for somado ao pão, isto é, à supressão da fome e da miséria, dificilmente os pobres se revoltarão. Isso se eu quiser dar um argumento de esquerda. Um argumento mais moderado é: todo aquele que tem futuro – o que geralmente se chama "família" – se interessa em não o colocar em risco e, por isso, não apoia políticas irresponsáveis. É quando o trabalhador passa a ter, em vez de prole, uma família, quando sua renda se torna suficiente para viver mais tempo e criar filhos, que ele deixa de apoiar revoluções nas ruas. Daí, por sinal, que alguns radicais culpem a família por um certo conservadorismo que as classes trabalhadoras assumem.

Mas, de todo modo, é sinal de deficiência na cultura política a proposta de que perca o direito de votar quem viva de esmolas – um tema ainda mais antigo, porque grassou no século XVII inglês. Afinal, um Estado sempre arbitra transferências de riquezas; ele pode destiná-las aos mais ricos, como fez por milênios, ou começar a transferi-las aos mais pobres, o que é recente, mas, certamente, do ponto de vista moral, não é pior. ■

A diferença de Marina Silva

Segunda-feira, 15 de julho de 2013

Logo depois de meu artigo "Marina Silva e as Chances Perdidas", a líder da Rede Sustentabilidade me convidou para uma conversa, que ocorreu na casa do professor Ricardo Abramovay. O que chama a atenção em Marina – pelo menos para quem nunca tinha conversado com ela – é a informalidade. Chamei-a de "senadora", mas ela afastou a forma de respeito e me convidou a dar-lhe o você. Mas este é apenas um sinal de algo mais significativo.

Se você conversar com um presidenciável petista ou tucano, esperará que fale de projetos para o Brasil e dê números para sustentá-los. Falarão em investimentos, em PIB e, se tiverem noção dos fins para que governam, mencionarão problemas sociais e econômicos e os remédios que lhes propõem. Eis duas características do discurso político habitual: os dados, que fazem crer na seriedade do candidato – e o subentendido de que a ação política é totalmente diferente da ação individual ou pessoal. O candidato não se apresenta como um igual a você. A agenda dele é diferente da que você pode ter. Você não pode influenciar o crescimento do PIB, o aumento do crédito, a reindustrialização.

Nada disso acontece com Marina. Não só porque cita Freud e até Lacan, o que atesta uma curiosidade intensa, mas sobretudo porque, me parece, ela não vê a política como um domínio separado da vida das pessoas. O que vale na psicologia vale na política. Arrisco-me a dizer que talvez esteja aí a raiz de uma crítica que lhe dirigem, sobre a possível interferência de sua fé evangélica em decisões políticas: se o que lhe interessa é a pessoa, nem psicologia nem valores podem se confinar num espaço extrapolítico. Eles devem fecundar a política; aqui, sugiro a tese de que a política, no Brasil, vampiriza. Ela de tempos em tempos requer sangue novo, gente como Mário Juruna, Fernando Gabeira, Regina Gordilho*, dos quais a maior parte (Gabeira é a exceção) acaba triturada por esse misto que nossa política exibe – a necessidade de sangue novo, mas também a ojeriza a tudo o que é novo, tudo o que rompa com o sistema existente, culminando num ultimato: "Rende-te ou te destruo".

Na política, o que importa é a atitude

O projeto de Marina Silva pode ser expresso tanto na linguagem da política quanto na da vida pessoal. É como se para ela não fizesse sentido cindir a política, reino da repartição do PIB, e a vida pessoal, espaço só privado. Por isso ela pode transitar o tempo todo de uma para outra. Por isso seu tema não está na ação convencionalmente política. Por isso seu partido não se chama partido. Por isso ela pode se associar a ex-tucanos sem maiores problemas. Por isso suas ideias podem apelar aos mais jovens, aos rebeldes dos últimos meses. Quem não entender isso não a entenderá; nem entenderá o que tem acontecido, de novo, entre nós.

Uma tal atitude abre caminhos. Permite condenar a corrupção nas esferas de governo, não como a oposição, que se esmera em apontar o cisco no olho do outro mas esconde a trave no seu próprio (quem usa a imagem bíblica sou eu, não Marina), mas de um ponto de vista que sai da política, para ser intensamente ético. Não é fortuito que os susten-

---

* Mário Juruna (1943-2002), líder xavante, ficou célebre porque procurava os ministros da ditadura com um gravador em punho e depois cobrava as promessas (ou declarações) que lhe fizeram. Foi eleito deputado ainda no regime militar, mas não se reelegeu. Regina Gordilho, dona de uma confecção de roupas, revoltou-se com o assassinato de seu filho Marcellus por policiais, em 1987, e, ante a absolvição dos assassinos, entrou na política. Elegeu-se vereadora no Rio de Janeiro pelo MDB – o partido de Leonel Brizola e de Mário Juruna – e foi presidente da Câmara Municipal. Mas não se elegeu mais para nenhum cargo e abandonou a política.
Fernando Gabeira vinha de uma militância mais tradicional de esquerda. Foi exilado depois de participar do sequestro do embaixador dos Estados Unidos e, voltando ao Brasil, tomou para si pautas que não eram convencionais na esquerda, em especial a da ecologia. Penso que conseguiu subsistir na política, seja como detentor de mandatos, seja como jornalista ouvido por muitos, justamente devido a essa formação que tinha, diferentemente de Juruna e Gordilho.

táveis tenham nascido dos verdes. Mesmo não conhecendo Rousseau, eles parecem dever muito de suas convicções a uma ideia do filósofo, que agora exponho.

Rousseau afirma que há males que fazem mal ao próprio autor deles. A propriedade privada é um mal, assim como a vaidade. Mas o rico e o vaidoso também são vítimas de suas próprias ações. Rousseau não divide o mundo em bons (as vítimas) e maus (os algozes). Superar a degradação do mundo fará bem até aos malfeitores. Ora, não é este o eixo da política verde, que lembra que o próprio predador da natureza sofrerá pelo mal que causa? Não opera com uma soma zero, na qual o que as vítimas perdem vai para o algoz, mas com somas negativas (todos perdem) ou positivas (todos ganham). O modelo de um projeto político *win-win* ou ganha-ganha, como alguns o chamam, pode estar na ecologia. Um meio ambiente limpo beneficia a todos. Daí que a política verde seja diferente das políticas de disputa. Ela pretende integrar. Se navegar pela exclusão, como as demais políticas, não será verde.

Um dos grandes êxitos na educação básica, nos últimos anos, é a difusão do "reduzir, reutilizar, reciclar". E não é por acaso que esse princípio, que vem eticizando nossos filhos, é um mote que efetua a passagem do verde ao sustentável. Poderia ser um mote da Rede – mas não do PT ou do PSDB. Para esses partidos, é uma proposta apolítica. Para o projeto da Rede, porém, é exemplar. O que eles pretendem vai além da política.

Volto ao que pude ouvir de Marina Silva e seus colaboradores. Eles estão otimistas. Creem num crescimento até rápido de sua força. Eu, embora simpatize com tudo isso, vejo problemas. A passagem de "verde" a "sustentável", por exemplo: verde é limitado, mas preciso (e positivo); sustentável é amplo – mas vago e requer muita discussão. Já as propostas de reforma política, conquanto bem-intencionadas, lembram medidas que, adotadas na Califórnia, tiveram resultados contrários aos esperados. Também penso que a agenda petista – a da urgência de enfrentar a miséria – está longe de se esgotar. Querem também pôr fim ao ódio e à exclusão em nossa política, mas creio que, infelizmente, a demofobia de nossos abastados é maior do que imaginam.

Mas eles são o grupo que mais pensa o futuro, que está mais perto do que a vida de hoje, nas ruas e nas redes, imagina. ■

P.S. Como se vê, o mais importante para mim não foram os assuntos tratados, que a maior parte conhece, mas a atitude, que procurei descrever e ousei interpretar.

De ética, economia e política

Segunda-feira, 5 de agosto de 2013

Para quem sente vergonha ou frustração diante dos rumos do Brasil, é bom lembrar: nas últimas três décadas, por três vezes a sociedade brasileira interveio decididamente na política, com boas lideranças, mudando o país para melhor. Três vezes: 1984, com o movimento das Diretas Já, que sepultou a ditadura militar; 1994, com o Plano Real, apoiado pelo PSDB, vencendo a inflação; 2002, com a adoção da inclusão social e da luta contra a miséria como políticas de Estado. Uma mudança política, uma econômica, uma social.

Talvez esteja na hora, onze anos depois da última data, de conseguir uma melhora decisiva na qualidade dos serviços públicos. Esta pode – e deve – ser a mudança hoje prioritária. Ela poderá marcar nossa década.

Há características comuns aos três movimentos bem-sucedidos; pelo menos as duas primeiras hoje se repetem:

O Brasil recente teve três grandes conquistas éticas:

1. A situação vigente (ditadura, inflação, miséria) perturbava cada escaninho da vida social e pessoal. Não ter liberdade era um suplício; a inflação corroía a confiança nos outros e a fé no futuro; a miséria fazia troça das qualidades de nossa sociedade como um todo.
2. Chegou-se ao consenso de que tal situação era intolerável. Convivemos vinte anos com a ditadura, o mesmo tempo com a inflação, cinco séculos com a miséria. Mas veio a gota d'água. Isso não podia continuar.
3. Lideranças políticas souberam, à custa de muito trabalho, oferecer saídas para o impasse.

Os resultados foram muito bons. O que era proposta de parte da sociedade e de alguns partidos se tornou compromisso do Brasil como um todo.

O primeiro êxito se vê no Índice de Desenvolvimento Humano dos Municípios. A ditadura militar nos legou 85% dos municípios brasileiros com qualidade de vida "muito baixa"; mas os anos de democracia foram tão positivos que só restou, nesse patamar, menos de 1%. O segundo êxito: a inflação, que em 1994 chegava, anualizada, aos três dígitos, hoje preocupa se passa dos 5% ao ano. O terceiro está na imagem da pirâmide social que virou losango, entre 2005 e 2010: no começo do governo Lula, metade da população brasileira vivia nas classes D e E, as mais pobres. Hoje, essa metade está na classe C, no meio da estratificação social: cinquenta milhões saíram da pior pobreza.

Nos três casos, a percepção de que algo era intolerável veio junto com uma causa ética. Nos últimos trinta anos, o Brasil viveu, na prática, aulas da melhor filosofia política. (Nem sempre nossos pensadores o perceberam.) Primeiro, a questão da liberdade, reprimida pela ditadura. Depois, a da confiança no outro e no futuro, bases para o laço social. Mais tarde, o drama do egoísmo, da opressão social, da miséria. Agora, é a questão do Estado que assegure serviços públicos decentes: talvez o Estado de bem-estar social que nunca tivemos.

Os sucessos anteriores somavam um diagnóstico e uma prescrição. Vejamos.

1. Diagnóstico em 1984: o país está travado pela ditadura, que paralisa tudo, da justiça social e da justiça até a liberdade pessoal; medicamento: democracia.
2. Diagnóstico em 1994: a inflação corrói tudo, economia e valores morais; medicamento: um plano transparente, que permita retomar a fé no outro e em si próprio.
3. Diagnóstico em 2002: a miséria estraga nossas relações sociais, expondo o caráter antiético de uma sociedade que não aboliu de fato a escravatura. Medicamento: programas de inclusão social.

Estes três grandes momentos tiveram atores em comum. A união democrática contra a ditadura foi conduzida por líderes que depois se dividiram, para dirigir os dois momentos seguintes: a luta contra a inflação, assumida pelos tucanos, e a inclusão social, a que os petistas deram prioridade e escala. Mas os dois últimos momentos, sobretudo, foram possíveis pelo encontro de um fim ético e de meios econômicos. O fim ético, em 1994, era a construção da confiança; o meio foi o quarto grande plano anti-inflacionário da democracia, o que deu certo. O fim ético, desde 2002, era o ataque à fome e à miséria; o meio passou pela economia, inclusive a Carta aos Brasileiros e a política de Palocci e Meirelles.

A grande questão é onde estaria isto hoje. Há várias agendas em cena. A empresarial se concentra em aumentar a produtividade. Mas lhe falta o gancho ético: focada demais na economia, que é apenas meio, não constrói um fim maior, com apelo social. Outra agenda, que até agora prevaleceu, é a da gestão. Dilma Rousseff se elegeu como a gestora que continuaria os projetos de Lula; José Serra concorreu como o gestor que prometia preservar e melhorar as conquistas de Lula. Nos dois casos, propôs-se o meio, faltou o fim ético, o apelo à sociedade.

O junho brasileiro indicou qual pode ser a nova meta ética – um Estado que proporcione transporte público, saúde, educação, em suma, alguns dos serviços básicos por que pagamos, mas que são ruins. Isso para não falar da segurança, que não vi aparecer como tema – talvez até porque a polícia estivesse nas ruas do lado errado, tolerando criminosos e reprimindo manifestantes. Tudo isso implica o combate à corrupção, mas este não basta: é preciso ter governos melhores. É este o fim a conquistar. Resta ver quais serão os meios a adotar para chegar aí, quais líderes saberão conduzir esta luta.

Porque precisaremos aqui de política, num sentido que vai além do cotidiano dos políticos. Falo da capacidade de traduzir uma demanda alastrada pela sociedade em meios aptos a converter a exigência em realidade. Em suma, temos um problema claro, uma agenda quase definida, mas não sabemos sequer quem serão os atores a implantá-la. Não está fácil. ■

Transformador ou negociador?

Segunda-feira, 19 de agosto de 2013

Na revista *The Atlantic* do mês de junho, o cientista político Joseph Nye pergunta quais presidentes dos Estados Unidos podem ser chamados de *transformational*, quais de *transactional*. Não é fácil nenhuma das traduções. No uso que faz Nye, a primeira palavra não quer dizer "transformador", mas sim quem pretende transformar – e pode fracassar no intento. A segunda palavra designa quem se dispõe a negociar, a transacionar – e, de novo para Nye, geralmente com êxito. Vale a pena tentar o exercício para nossos governantes.

E, já aí, um problema. Para qualquer estudioso americano, os 44 presidentes da República que eles tiveram, desde George Washington, sem um único golpe de Estado, formam um *corpus* de fácil acesso e exame. Podem compará-los entre si. E nós? Se pensarmos nos governantes do Brasil independente, temos dois imperadores, duas regências trinas, dois regentes individuais, isso na monarquia; no período republicano, duas juntas militares (em 1930 e 1969), mais um número confuso de presidentes. A *Folha de S.Paulo*, na última eleição, sugeriu o total de quarenta, incluindo as juntas; na Wikipédia, temos 36. Pode parecer detalhe, mas mostra que lidamos com nossa história de maneira bem diferente da americana.

Eu acrescentaria uma questão prévia espinhosa: a legitimidade. Nossos primeiros presidentes – até Washington Luís – foram eleitos em meio a tanta fraude eleitoral, geralmente sem concorrentes competitivos, que falar em democracia e mesmo em eleição, a propósito deles, é duvidoso. Seguiram-se os quinze anos contínuos de Getúlio Vargas, terminando em 1945, e mais duas décadas de ditadura, entre 1964 e 1985. A voz do povo foi consultada, para a escolha presidencial, apenas nos quatro pleitos que houve entre 1945 e 1960, e de novo a partir de 1989. Se somarmos nossos dois períodos democráticos, ambos se sucedendo a ditaduras, dá menos de meio século – e oito presidentes eleitos pelo voto direto. Difícil comparar com os Estados Unidos.

Talvez por isso, não fazem parte de nossa memória política os presidentes ou governantes mais antigos. Quem pode discorrer a favor de Artur Bernardes? Ou contra ele? Que balanços fazemos dos nossos imperadores, que possam ir além da audácia quase irresponsável do primeiro e da moderação quase conformista do segundo?

Mas, isso posto, podemos tentar classificar os presidentes de nosso universo mental – que começa em 1930, mas exclui alguns que esquecemos, como os ditadores militares e a junta idem. No caso dos Estados Unidos, Joseph Nye argumenta que os presidentes que quiseram transformar o mundo tiveram menor êxito do que os que negociaram. Entre os primeiros, elenca Woodrow Wilson e o segundo Bush; ilustra os segundos com Eisenhower e o primeiro Bush. Discordo dele. Seria mais correto dizer que Lyndon Johnson fracassou como *transformational* no Vietnã e acertou magistralmente, como transformador e negociador, quando forçou o reconhecimento dos direitos civis dos negros. Não há presidentes de tal ou qual natureza; há comportamentos até conflitantes que podem coexistir na mesma pessoa, com êxito maior ou menor.

E aqui? Dos oito presidentes eleitos na democracia, foram altamente transformadores Getúlio, Juscelino, Fernando Henrique e Lula. Tiveram êxito no que empreenderam: a inclusão social, a industrialização e a interiorização do desenvolvimento, a vitória sobre a inflação e o destravamento da economia e, de novo, a inclusão social. Chama a atenção: metade dos presidentes da democracia transformou com êxito. Muito mais que nos Estados Unidos... Um quinto, Collor, tentou transformar, mas fracassou; mesmo assim, parte do que tentou, FHC implantou. Dos eleitos, só Dutra e Jânio – e, por ora, Dilma – ficam em segundo plano. Em compensação, Sarney merece destaque. Não tivesse cometido a tolice de voltar à presidência do Senado, seus êxitos seriam celebrados. Foi provavelmente nosso maior transacional. Seu mandato, justamente porque pálido, teve o grande mérito de acalmar o país. Mesmo quando a inflação beirava os 100% ao mês, em seu governo, o Brasil só teve nervosismo econômico. Os demais nervosismos (Vem um ato institucional? Vem um golpe?) saíram de cena.

Sarney e Itamar Franco foram os grandes negociadores de nossa história recente. Terá sido por isso que esses dois vices, guindados pelo acaso à presidência, foram tão depreciados? Itamar se viu reabilitado só após sua morte, quando os tucanos reconheceram que o Plano Real foi decisão política dele. Não sabemos o que se dirá de Sarney no futuro.

Formulo aqui duas hipóteses: primeira, queremos transformadores; não gostamos muito de negociadores ou consolidadores, e a palavra "transação" pega mal em nossa política. Segunda, nossa taxa de sucesso para os modificadores, em período democrático, é elevada. Bem mais do que nos Estados Unidos, que têm bem menos de metade de seus presidentes com o perfil de transformadores.

Será, no fim das coisas, porque sempre vivemos acreditando que o Brasil está na UTI? E não está. Não paira ameaça de ditadura, nem de inflação significativa ou de recessão preocupante, e a inclusão social entrou de maneira irreversível na agenda política. Nunca o Brasil esteve tão bem quanto hoje, em decorrência de bons 21 anos de amadurecimento que começaram com o impeachment do presidente Collor e foram conduzidos por nossos dois melhores partidos – talvez os melhores de nossa história. Mas ainda assim acreditamos – inclusive eu – que precisamos de grandes transformações, e nos sentimos decepcionados quando elas não vêm... ■

Aprender a política como festa

Segunda-feira, 23 de setembro de 2013

Um prefeito que tenha imaginação bem poderia entender que junho de 2013 deu uma grande lição aos governantes, e adotar uma medida inteligente: abrir, dois dias por ano, o espaço público para grandes manifestações políticas. Com data marcada, mas organizadas por entidades independentes ou, mesmo, não organizadas, só com algumas regras básicas de civilidade. Seria uma forma de dar vazão, propriamente política, a tudo o que é protesto ou projeto. Seria uma forma de aprendermos a traduzir em linguagem política nossos descontentamentos ou anseios. Seria uma forma de ocupar o espaço público, geralmente utilitário, como festa. Seria uma forma de aprendermos a fazer política como um espaço de prazer, de alegria – repito: de festa.

Porque este foi um dos lados das recentes manifestações. Em meio a dias de violência de manifestantes (numa primeira fase, mas sempre lembrando que a grande maioria deles foi comedida), um ou mais dias de violência policial (o fatídico 13 de junho, em São Paulo) e dias de violência contra prédios e militantes, houve a grande manifestação, absolutamente pacífica, também na capital paulista, do Largo da Batata. E outras, em outras cidades. A sensação de quem esteve é exultante. Os participantes a descrevem em linguagem que me levou a falar em epifania, em revelação. (Curiosamente, os amigos da Rede Sustentabilidade não gostam do termo; mas eu o mantenho.) Porque se manifestava, a seus cinco sentidos, uma apropriação das ruas e avenidas pelo cidadão, melhor ainda, pelo ser humano; lá onde passam carros, ônibus e caminhões, lá onde há regras rígidas de circulação, lá onde a morte ronda constantemente sob a forma de atropelamentos e colisões, triunfou brevemente a lentidão do andar, o prazer do flanar, a alegria do encontrar.

Foram algumas janelas de vida feliz num mês ou dois que conheceram momentos de violência inaceitáveis. Para muitas pessoas, esse tipo de manifestação, que começa com o 1968 francês e irrompe de vez em quando mundo afora, sem causa determinada ou visível, deixa como único legado a festa. Pode ser pouco. Eu, pessoalmente, acho que só isso é pouco: quem bota o mundo de cabeça para baixo não deveria voltar rápido demais à rotina. Um carnaval pode fazer vislumbrar que outra experiência de vida pode existir. Mas é este momento *happening* que propicia a revelação. Se muitos apenas se divertem – se alguns até vivem esse dia como uma balada um pouco diferente –, outros podem perceber, aí, que dá para reivindicar juntos. E isto é uma das coisas de que o Brasil mais precisa.

Tirar a política da melancolia e da resignação

Porque nosso hábito é o da queixa individual, que nem chega a ser reclamação. Uma vez, quando um avião que seguia para São Paulo atrasou a ponto de ficar claro que pousaríamos em Guarulhos e não em Congonhas, vi uma fila de passageiros se queixar no balcão da companhia, mas sem unirem as vozes. Vários insultaram os funcionários – e depois, mansos, embarcaram para o aeroporto indesejado. Poucos anos depois, porém, outra experiência redimiu a primeira: vi uma moça reunir cinco ou seis dos passageiros, reclamar delicada mas firmemente com a companhia – e conseguir de volta a aeronave que estava sendo desviada para outro destino. A diferença está numa única palavra: organização. Incluí o depoimento dela, a médica Claudia Coutinho, no programa *A Liberdade de Organização*, que fiz para a TV Futura*.

Pode a organização nascer de uma festa? Pode. É preciso unir reclamações. Mas é necessário, sobretudo, sabermos que reclamações dão resultado, desde que feitas em conjunto. Quem se reúne tem mais êxito do que quem se divide. Nossa sociedade é individualista demais. Saber se unir é, para nós, prioridade. Nunca venceremos a corrupção enquistada

* Disponível na internet, em vários endereços.

nos castelos políticos se não desenharmos unidades alternativas a eles.

Agora, organizar em tom de festa é bom. É algo que o Brasil sabe fazer. Sempre se comenta que o Carnaval, nossa festa com mais ares de bagunça, é na verdade um prodígio de organização. E no futebol, o esporte mais querido, o esporte que identificamos com a nacionalidade, os jogos começam na hora certa, sem atraso. Dá para misturar alegria e organização. Aliás, se pusermos alegria no convívio, no estar-juntos, teremos maior eficiência, que depende de sermos organizados. E, para completar, lembremos que os norte-americanos dizem "*Let us get organized*", "Vamos nos organizar", quando querem dizer: este problema não pode ser resolvido por pessoas sozinhas, então nos juntaremos para enfrentá-lo.

Volto ao possível, necessário prefeito com imaginação. Uma festa das reivindicações, em que grupos grandes e sobretudo pequenos, até mesmo indivíduos, exponham suas críticas e propostas, ocupando avenidas ou praças da cidade – de qualquer cidade –, pode ser a ocasião de dar voz aos mil pequenos descontentamentos que nos acostumamos a calar. Dia a dia, engolimos frustrações com a baixa qualidade de nossa vida pública, de nossos serviços públicos. Não falar já é ruim. Não ver saída para problemas cruciais só agrava uma sorte de melancolia política que é nossa constante, com raros intervalos de euforia. Nós nos resignamos a muitos problemas, que achamos não terem como sair da vida pessoal e privada – e que são deprimentes. Mas eles podem ser enfrentados e até resolvidos, se soubermos transpô-los para a vida pública e política. É a esperança que o Brasil precisa construir: sair da passividade que nos isola a todos, para uma posição ativa que só existirá na cooperação de muitos. Esta proposta pode parecer ingênua, e talvez o seja. Mas indica que podemos ter alegria numa política decente. ■

Partidos são mesmo necessários?

Segunda-feira, 14 de outubro de 2013

As decisões do TSE, negando registro à Rede e concedendo-o a dois partidos desconhecidos, suscitam uma pergunta radical: partidos são mesmo necessários? Ainda mais porque a Rede, embora seja partido, defende candidaturas avulsas, como há em vários países do mundo. O assunto merece debate.

Uma forma de democracia – a democracia dos partidos – triunfou após a Segunda Guerra Mundial. A democracia é o poder do povo, mas há vários modos de implantá-lo. A democracia dos partidos é típica só de nossa época, tão diferente da Atenas antiga, mas tem o grande mérito de ser o modo pelo qual ela, finalmente, se globalizou. Só que isso traz problemas sérios. Convém apontá-los, até porque um lugar-comum da ciência política brasileira sobre o aprimoramento democrático passa pelo mantra de que a democracia depende de partidos fortes, ponto esse que foi contestado nas ruas em junho.

Essa forma de democracia é criação anglo-saxônica. Consolida-se no Reino Unido, Estados Unidos, Canadá. Espraia-se pela Europa Ocidental. Ganha o mundo ao se difundir pela Ásia (Índia, Japão), América Latina e Europa oriental. Só que exige uma sociedade constituída por indivíduos livres, mas individualistas. Supõe que cada um de nós tome decisões rompendo com seus vínculos de grupo. Essa liberdade do indivíduo em face dos outros e de sua história é sua maior condição. Mas não é óbvio que isso sempre seja bom. E essa não é a única forma boa de democracia.

O Ubuntu e a política sem partidos

Porque esse experimento histórico é problemático. Primeiro, exclui do poder quem não pertence ao partido (ou à coligação) que vença as eleições. Quem perde a eleição não pode cooperar com o poder. Isso é desnecessário e mesquinho. A divisão em facções faz que o vencedor não só assuma a liderança política, mas aparelhe o Estado. Disso é acusado o PT, mas o PSDB não faz por menos – basta ver a preferência da TV Cultura por entrevistados tucanos numa área, o jornalismo, que deveria ser imune a injunções partidárias. Assim é a democracia dos partidos.

Isso decorre de um segundo defeito. A frase do catolicismo triunfante – "Não há salvação fora da Igreja" – cabe aqui: não há política fora dos partidos competitivos. Temos poucas opções de participação política. Há partidos para vários gostos. Mas quem não se encaixar nos poucos com chances de êxito eleitoral só haverá de falar, sem agir: *Verba, non acta.*

Terceiro, cai a pluralidade de opiniões. Quando o MDB se constituiu, fez um debate para tomar posição sobre a condição feminina. O tema é crucial, mas não é óbvio que um partido deva ter posição única a respeito. Recordo uma reunião da revista *Teoria e Debate*, do PT, de cujo conselho eu era membro, na qual um militante defendeu que o periódico discutisse o que seria o modo petista de amar. Ora, petistas amariam de forma diferente de peemedebistas? Entendo a preocupação generosa de democratizar o mundo afetivo. Mas me choca ver até onde vai a partidarização de um mundo complexo.

Partidos evocam o verbo partir: cindir, rachar, dividir. Nascem da ideia de que a sociedade não precisa ver o mundo de uma só forma, de que o conflito é legítimo e até mesmo a norma em nosso mundo – uma tese positiva, aberta, com a qual concordo. Mas o máximo que conseguimos é, em vez do pensamento único, dois ou três pensamentos.

Essa política não serve em sociedades de forte teor grupal. Para nós, ocidentais, soa absurdo que em eleições democráticas tribos votem de forma unida, tribalizando a política, rachando a sociedade segundo linhas étnicas, negando a liberdade individual de cada um escolher livremente o seu caminho. Mas, se para mim o principal for o laço com meus próximos, por que não? Se na Bolívia, hoje um Estado plurinacional, uma aldeia discutir o que lhe convém mais nas políticas públicas e seus moradores votarem coesos nas eleições, por que não? Mas, aí, a liberdade individual não faz sentido. O indivíduo faz pouco sentido.

Uma expressão resume essa visão que contrasta com a democracia vitoriosa de nosso tempo. É a palavra Ubuntu, a grande contribuição da África do Sul ao pensamento mundial. Quer dizer algo como "Somos, logo sou" – uma alternativa ao "Penso, logo existo", que desde Descartes molda a experiência ocidental com base no indivíduo racional. Ubuntu é "Eu existo a partir de minha rede de relações sociais". Nada sou, sozinho. É uma ideia que faz sucesso, mundo afora, na área da educação. Vejam na internet o "Vamos ubuntar", que Lia Diskin escreveu para a Unesco*. Devemos levar essa ideia para a organização política – porque pode criar uma sociedade na qual se dispute, sim, a hegemonia, mas não com base em indivíduos, e sim em redes, e na qual não mais se promova a exclusão do derrotado.

Não estranha que o partido que não conseguiu registro de partido se chame "rede". Uma rede é horizontal, não vertical. Procura juntar o maior mundo de pessoas, em vez de excluir. Sequer deveria estabelecer lideranças – embora seja difícil fazer política sem elas, e Marina seja a líder mais inconteste, em seu partido pelo menos, que o Brasil viu desde Brizola e Lula. Não acredito que uma política funcione sem hegemonias atribuídas pelo voto. Mas dá para fazer política sem impor a todos que, para participar do poder, se encaixem numa das poucas identidades disponíveis (no Brasil, o duelo petistas/tucanos), e sem que o derrotado na disputa perca tudo. Abrir mais as identidades e admitir a participação no poder mesmo dos vencidos já bastaria para um avanço político notável. Mas isso supõe uma redução significativa do poder dos partidos, e que se aposente o mantra de que não há salvação fora deles. ■

---

* Disponível em: <https://unesdoc.unesco.org/ark:/48223/pf0000178540>. Acesso em: 13 jul. 2020.

Os grandes temas a debater

Segunda-feira, 25 de novembro de 2013

Quais serão os grandes temas da disputa eleitoral, nas próximas eleições presidenciais? De tanto se discutir filiação partidária e minutos no horário eleitoral, acaba-se esquecendo o que considero decisivo: a disputa pela hegemonia. Uma eleição não é só apuração de votos. É a luta "pela alma" dos cidadãos, na fórmula de Marco Aurélio Nogueira. Se tivéssemos um consenso forte entre os partidos – como no último pleito afirmava Plínio Sampaio, do PSOL, ao acusar Dilma, Serra e Marina de serem farinha de um único saco –, apenas discutiríamos qual deles é mais apto a cumprir uma agenda comum. Mas nossa política está dividida. Sustentarei que temos três grandes temas para a sociedade debater; a questão é quais candidatos querem tratar de cada um deles.

O primeiro é o da inclusão social. Está no horizonte há décadas; desde Itamar Franco, os governos agiram nesse rumo. Mas só o governo Lula o inscreveu como política de Estado, como prioridade de governo. A inclusão fez os cem milhões de brasileiros que viviam na grande pobreza ou miséria, em 2005, baixarem em apenas cinco anos para metade desse número. Não acredito que em algum lugar do mundo já tenha havido ascensão social de uma proporção tão elevada da população em tão pouco tempo. Mas esse inegável êxito dos governos petistas não está concluído. Restam dezenas de milhões no patamar mais baixo. O tema continua candente.

O segundo tema é o da corrupção. Aqui temos – infelizmente – um carimbo temático. Quem é pelo governo destaca seu sucesso na inclusão social. Quem é contra ressalta a corrupção. A crítica à corrupção do governo (federal, apenas) é o grande tema da oposição. Se a inclusão social gera apoio ao PT, a corrupção reúne o ódio a ele. Mas não importam nossas simpatias políticas: é um assunto importante. Há corrupção no país, embora não tenhamos indicadores objetivos para saber quem é mais corrupto. E a corrupção desmoraliza a política. Não pode ser tolerada. Foi um grave erro dos petistas relegar esse assunto a um segundo plano na discussão pública. Levou muitos a acreditar que só lhe deram importância enquanto estavam na oposição, virando a casaca mal chegaram ao governo. Não há como deixá-lo de lado.

Melhorar serviços públicos é o novo desafio

O terceiro ponto é o que, a meu ver, foi trazido pelas ruas este ano: a exigência de serviços públicos de qualidade. Alguns amigos meus se incomodaram com as manifestações, considerando-as conservadoras. Não concordo, como não concordo com a desqualificação das queixas da classe média. Pagamos impostos para ter educação, saúde, transporte e segurança públicos. Mas estes não têm qualidade. Daí que a classe média pague – uma segunda vez – pelos mesmos serviços: põe os filhos em escolas particulares, paga plano de saúde, compra carro, contrata segurança na rua ou no prédio. Está aí a raiz de seu descontentamento com os impostos e com o governo federal, e não apenas, ou não essencialmente, em ideologias conservadoras. É justo, é necessário, a classe média indignar-se com isso. E sobretudo os pobres, que não podem pagar a mais: nosso maio começou com o clamor por transporte coletivo bom e barato para eles. A questão dos serviços públicos deverá estar na ordem do dia. Sustento que esse é o próximo grande desafio para a democracia brasileira, que foi capaz de conquistar as liberdades (1985), a estabilidade monetária (1994) e avançar significativamente na inclusão social (desde 2003).

Agora, a questão para as eleições: que candidatos, que partidos podem falar de cada um destes assuntos?

O PT continua sendo o melhor para falar em inclusão social, mas Aécio sabe muito bem que precisa disputar nessa área – rompendo com a rejeição de parte de sua base ao Bolsa Família. Seu mote pode ser: completar a inclusão social e ir além das medidas de emergência. Já a corrupção é um tema que o PT hoje subdiscute, enquanto as oposições o hiperdiscutem. Há exageros dos dois lados, mas é improvável que esse tema mude de dono. Quanto à qualidade dos serviços, que deverá logo tornar-se a bola da vez, o PSDB fala mais a respeito. Prometeu inúmeras vezes um "choque de gestão" (assunto do qual o PT pouco fala), mas é certo que os tucanos não mostram sucessos nesse capítulo. Quanto à Rede + PSB, tem estado omissa sobre os três pontos, o que me deixa cético, hoje, quanto a suas chances eleitorais.

Por ora, a oposição prefere falar aos empresários, não se sabendo ainda o que conseguirá propor ao eleitorado. O governo também corteja o capital, mas fala mais aos eleitores.

Porque nosso sistema eleitoral é curioso. Estamos agora no turno zero, em que os candidatos – sobretudo de oposição – fazem o *tour* do capital, para granjear apoio e financiamento. Os dois turnos, porém, são junto ao povo, cujas prioridades não são as dos ricos. O PT é o mais popular – embora sem ter maioria absoluta – nas urnas. Mas depois há um terceiro turno, que dura três anos, até as eleições seguintes, e de novo o dinheiro se faz ouvir. Equilibrar demandas sociais justas e o liberalismo inato dos empresários é um grande desafio. Por ora, prevalece a conversa com o dinheiro. Mas em breve os candidatos terão de falar ao povo, e os principais temas devem ser os que apontei. ■

Temos estadistas no Brasil?

Segunda-feira, 16 de dezembro de 2013

Quem cumprirá nossa nova tarefa histórica?

Quando morreu Nelson Mandela lhe prestei homenagem, como a maioria da humanidade – e defini "estadista" como o governante que vai além do comum, melhorando decisivamente o mundo. Daí uma pergunta inevitável: tivemos ou temos, no Brasil, estadistas?

Para começo de conversa, a definição que propus de estadista é relativamente nova. No Império, e em geral antes que as massas ingressassem na política, estadistas se ocupavam do Estado, de suas instituições, da nação. Não era errado celebrar como estadistas Bismarck e Cavour, autores das unificações alemã e italiana – nem, em nosso país, o barão do Rio Branco, a quem devemos a segurança e a paz das fronteiras. Mas, de meio século para cá, essa definição se tornou insuficiente.

Talvez seja o caso de substituir a palavra "estadista", no que tem de elogiosa, por outra. O cientista político José Murilo de Carvalho, faz tempo, lamentou que no Brasil tenhamos mais "estadania" – neologismo que ele cunhou a contragosto – do que cidadania. O cidadão importa menos do que o Estado repressivo. O que sugiro vai no mesmo espírito dele: deveríamos valorizar quem melhora a vida do povo, não o poder estatal, que, no fim das contas, muitas vezes só beneficia uns poucos.

Essas ressalvas, que submetem a avaliação de nossos homens políticos a uma concorrência internacional, podem, porém, ser severas demais com nossos estadistas, republicanos ou imperiais. Talvez não devamos ser tão exigentes, pelo menos com os tempos mais afastados, quando fortalecer o Estado era tarefa essencial, até mesmo para melhorar a vida dos pobres. Difícil não dar um merecido destaque a Getúlio Vargas e Juscelino Kubitschek. Getúlio efetuou a transição do Brasil rural para o urbano, incluindo na vida social e política massas de trabalhadores e pobres. Fez isso com um regime autoritário, altamente repressivo, em especial contra os comunistas. Mas é certo que promoveu mudanças necessárias, de cuja relevância e necessidade poucos tinham consciência então, e cujo resultado foi mais justo e benéfico do que o contrário.

JK teve em seu ativo a industrialização. A urbanização de Vargas se completa com ele. Também sinalizou, ao transferir a capital para Brasília, que saíamos do litoral, do legado de Tordesilhas, e assumíamos o território nacional como um todo. Tudo isso teve efeitos colaterais – o automóvel nos trouxe a poluição, um trânsito horrível e cidades em frangalhos, mas isso era difícil de prever e, com sucessores mais capazes, a sequência teria sido diferente. Acrescento, como um grande feito de JK, seu espírito pacífico e democrático, coisa rara no Brasil e de que andamos ultimamente necessitados.

O problema surge mesmo na avaliação dos presidentes recentes, FHC e Lula. Foram estadistas? Em favor de FHC, seus apoiadores mencionam a vitória sobre a inflação e a definição dos rumos da economia, entre privada e estatal. Mas se pode contra-argumentar que, se foi difícil vencer a inflação, quase o mundo todo o conseguiu, na década de 1990: isso não justifica o título de estadista. O que realço em seu governo foi a paciência política, a capacidade de articular, a transmissão calma e tranquila da presidência a um sucessor que vários temiam. Não é coisa trivial.

Lula também tem pontos a promovê-lo. Comecemos pela grande inclusão social. Seguiu iniciativas de Itamar e FHC, mas ampliou sua escala e, sobretudo, tornou esse tema central em nossa agenda política. Ninguém mais no Brasil disputa o Executivo se opondo a programas, emergenciais ou estruturais, de eliminação da miséria e redução da pobreza – assim como nenhum candidato será viável se opondo à democracia instaurada em 1985 ou defendendo a volta da inflação. Pelo alcance social, este feito foi notável, alçando Lula a uma posição de respeito. Além disso, ele alcançou um notável destaque internacional. Seus projetos de combate à miséria são saudados como exemplares. É elogiado fora das fronteiras como raro brasileiro o foi. Basta isso? Não sei.

O verdadeiro problema, aqui, é que dar o apodo de estadista a um ou outro destes grandes presidentes virou tema de rixa partidária. Uns acusam FHC de ter deixado uma "herança maldita", termo injusto, que causou ressentimentos talvez insuperáveis entre os tucanos. Outros atacam Lula com ódio (FHC despertou bem menos raiva). Qualquer elogio a um é visto por alguns partidários do outro como detestável. Isso dificulta um juízo. Mas não nos impede de discutir o tema. Sugiro que, pelo menos, os consideremos como grandes presidentes, bem superiores à média de seus antecessores.

Porque o relevante não é a resposta (foram ou não estadistas?), mas a discussão. Desta maneira nos perguntamos o que é um grande presidente – ou melhor, o que queremos nós de um presidente. ■

O Natal e a política

Segunda-feira, 23 de dezembro de 2013

O Natal é uma ocasião de pensar nos limites do Estado democrático, isto é, leigo. Quando meditamos sobre os "valores natalinos", que não têm a ver com o comércio ou com encontros forçados na firma ou na família, as questões saem da esfera do poder político. Entram valores pessoais, éticos, religiosos. O Estado não pode obrigar você a amar os outros, a se despojar, nem mesmo a ser ético.

A Igreja teve três papas notáveis em sequência: João XXIII, que rompeu com a ideia de papa príncipe para atualizar o ensinamento religioso e revigorar a ideia de Bem; Paulo VI, político, que consolidou num mundo hostil muito do que o antecessor, mais profeta, anunciara; e João Paulo I, que morreu em circunstâncias suspeitas. Depois deles, o longevo papa polonês reativou o conteúdo do passado, enfeitando-o com a mídia mais moderna.

Tudo muda com o papa argentino. Bergoglio é, era jesuíta. Ora, o termo "jesuíta" é tão pejorativo para muitos quanto "maquiavélico". Para manter o poder neste mundo, esmagando protestantes, muçulmanos ou comunistas, jesuítas aceitavam que o fim justificasse os meios. Mas Bergoglio, ao que consta depois que nosso cardeal paulista o exortou a "não esquecer os pobres"*, adotou um nome oposto à sua ordem, o de São Francisco: o santo menos empenhado no êxito mundano. A pureza da criança, o irmão Sol e a irmã Lua, tudo isso descarta a preocupação com pompas e potestades deste mundo. Ratzinger vestia Prada. Francisco mora num lugar modesto. A diferença é gritante.

---

* Dom Cláudio Hummes, arcebispo de São Paulo, ao abraçar o recém-eleito papa, lhe disse isso.

Ratzinger vestia Prada; Bergoglio, nem pensar

Dilma Rousseff tentou o apoio do papa aos projetos de inclusão social do governo brasileiro. Cinquenta anos depois do Concílio Vaticano II, é claro que um papa de coração bom quer o fim da miséria e da exclusão social. Vacinas, saúde, educação, tudo isso pode ter seu apoio. Mas acaba aí a convergência da Igreja com os poderes. Ninguém imagine o papa entusiasmado com carnês das Casas Bahia! O problema, para Francisco, é a miséria espiritual. Ora, como mostram vários analistas, como José Roberto de Toledo e Alberto Carlos Almeida, eleições hoje se decidem no bolso. Aqui, o crédito ao consumidor determina o crédito – ou confiança – que ele dá ao governo. Nossa política se tornou, em parte, função do consumismo. Por isso, precisamos tanto dos *made in China*. Onde entra a religião? Na constatação de um vazio profundo no cerne da modernidade. OK, no passado esse vazio era preenchido à força, com conteúdos empurrados goela abaixo de uma população não educada e supersticiosa. Mas o consumismo e a ganância atuais acentuam o vazio. Esse é um círculo vicioso. Quanto mais vazio você sente, mais consome – dinheiro, sexo, games. Para usar o termo do filósofo Pascal, você se aturde. Veste o vazio com um stress consumista que se autoalimenta. Os partidos até querem acabar com a fome; mas o que têm a dizer sobre a carência de sentido?

Vejamos os diálogos dos últimos papas com quem não é católico. Bento XVI cometeu a gafe de citar um teólogo medieval que demonizava os muçulmanos. João Paulo II acusou o budismo de ser uma "religião ateia", o que aliás é verdade, pois Buda não foi Deus: sua meta é um aprimoramento ao alcance de todos. Já Francisco falou bem dos ateus, talvez o primeiro papa a respeitá-los como sujeitos éticos. Uma religião ateia como o budismo, esse paradoxo aos olhos cristãos, tem aumentado de fiéis estes anos, promovendo o que Colin Campbell chamou "a orientalização do Ocidente"*: no fundo, uma busca de sentido.

Tudo isso abre orientes novos. Daí, o que pensar estes dias de Natal? Que há valores que não são os do Estado ou da política, mas que podem ser harmônicos com os da democracia e dos direitos humanos; mais até:

* *Easternization of the West: A Thematic Account of Cultural Change in the Modern Era*, Nova York, Routledge, 2016.

que podem ir além deles, se derem conteúdo ético ao que, para o Estado, é apenas lei. É bom que o Estado se limite a ver se eu cumpro a lei, não perguntando por quê; pois, se ele inquirir meus motivos, se transformará em inquisição. Mas é bom que a religião exija mais.

É bom que para pessoas de fé a expressão "Minha casa, minha vida" seja não errada, mas insuficiente. Meus bens não são minha vida! Até porque, pela primeira vez na história do mundo, é viável economicamente extinguir a miséria e, depois, a pobreza; as gerações que hoje dividem o planeta são as primeiras a viver para além da carência e da necessidade. Podem desenhar o novo, e fazê-lo com base em valores éticos. Estas questões ultrapassam a política e apontam não só para a ética como para a felicidade. Você é dono dos seus bens ou escravo deles? Eis um tema bom para meditar na passagem de ano.

* * *

Vou contar uma história real. Em 1980 um jovem americano ganhou o prêmio Chopin e foi estudar piano na Polônia. Quando ensaiou, no apartamento alugado, o *Quarteto para o Fim dos Tempos*, de Olivier Messiaen, o senhorio entrou transtornado no seu quarto: O que o senhor está tocando? Essa música não existe! Eu a ouvi uma única vez, faz quarenta anos, no campo de concentração nazista, e o autor, a composição devem ter desaparecido, tragados pela guerra*. Era verdade. Esse quarterto é provavelmente a única grande peça musical que estreou num campo de concentração. Agora, imaginem o sentimento de um homem que ouviu isso aos vinte anos, e nunca mais; e na velhice reescuta uma música da qual já não tinha memória. Imagine o leitor algo precioso que viveu muito tempo atrás e um dia volta, não como a namorada ou o álbum marcados pelo tempo, mas intacto. Não é casual que Messiaen fosse católico: pois esse episódio real diz a experiência da ressurreição, quando tudo ressurge perfeito, sem falha. Por isso, Messiaen dava mais importância ao espírito do que à guerra. ■

* Confiando na minha memória, atribuí a composição a Pierre Boulez; recebi várias cartas de leitores me corrigindo, gentilmente. Publiquei uma errata na coluna seguinte que, nesta edição em livro, suprimi por se tornar desnecessária. Apenas copio o final da errata: "[...] me deu prazer receber várias mensagens de leitores apontando o erro. O Brasil conhece melhor a música erudita do que este amador imaginava".

O Brasil pode dar certo?

Segunda-feira, 30 de dezembro de 2013

Nenhum inglês rico completava a educação nos séculos XVII e XVIII sem o Grand Tour, uma longa viagem ao continente europeu para conhecer cidades e artes. (O mais ilustre dos preceptores desses moços foi o filósofo Thomas Hobbes, que assim conheceu René Descartes.) Seria bom, hoje que a Europa está ao alcance da classe média, que nossos jovens a visitassem para aprender o que é uma realidade socialmente justa. Ao menos no núcleo duro da Europa Ocidental – França, Alemanha, Benelux, Escandinávia –, uma cultura basicamente social-democrata se implantou após a Segunda Guerra e ainda resiste, formando um modelo de sociedade até hoje insuperado, superior ao nosso e ao norte-americano.

Levantei no Facebook a questão que considero a mais relevante para o Brasil: por que países devastados, como a Alemanha de 1945, ou atrasados, como a Espanha de 1975, conseguiram "dar certo" – e nós não? As respostas racharam. Em geral, quem se situa à "esquerda" protestou contra a ideia de "dar certo", sustentando que nem os europeus vão bem nem nós, tão mal. Já quem se diz liberal receitou reformas econômicas, como a desregulamentação da atividade empresarial (o exemplo mais comum). Entendo que essas são duas formas de não responder à pergunta mais importante sobre a sociedade brasileira.

Começo discutindo as reações mais à esquerda.

Primeiro, o que é uma sociedade "dar certo"? Entendo:

1. Um sistema de saúde eficiente e justo. Eficiente: que todos sejam atendidos bem, em prazo razoável, pelo menos para a maioria esmagadora das moléstias. Justo: ninguém receie que uma doença

possa destruir sua renda ou patrimônio; a sociedade, pelo imposto (em especial, o de renda da pessoa física), cobrirá os gastos de saúde. Imaginem como esse ganho em termos de saúde melhorará as aposentadorias. Ninguém precisará passar a vida acumulando para o dia em que pagará dois mil reais por mês de plano de saúde, mil de remédios e ainda consultas e cirurgias.

2. Uma educação de qualidade, gratuita ou quase. A importância inédita que a sociedade contemporânea atribui à educação tem duas grandes metas. Primeira: proporcionar, a todos, condições de concorrer em certa igualdade, neutralizando o bônus que a riqueza confere a alguns (e o bônus negativo que a pobreza inflige à maioria). Segunda: deixar que aflorem as mais variadas competências. Nunca houve sociedade rica e complexa como a atual. Ela precisa de competências mais variadas do que sociedades que só repetiam o passado. Hoje há mais espaço para cada um seguir sua vocação. Uma educação boa realiza vocacionalmente o indivíduo e capacita-o, se mostrar dedicação e empenho, a se projetar economicamente.
3. Um transporte público bom, em grande parte – pelo menos nas maiores cidades – sobre trilhos. Na Grande Paris, mesmo no horário de pico dificilmente se gasta mais de uma hora e quinze para ir de uma ponta dos subúrbios a outra – com ou sem acidentes na rota. O transporte coletivo deve ser subsidiado, porque traz vantagens para a cidade, preservando-a da destruição operada por carros e avenidas. O Brasil é perverso: subsidia o carro privado, com isenção de impostos e construção de vias; por que não o transporte coletivo, que é mais saudável?
4. Uma segurança pública decente, com policiais que respeitem o cidadão em vez de ameaçá-lo, e sejam dispostos e capacitados a apurar crimes.

Ética e gestão, os dois pilares da boa política

Todos estes pontos associam ética e eficiência, valores e gestão. Todos tratam do que é mais justo socialmente, e do que é mais eficaz, virtude esta que geralmente associamos à economia e à administração.

A fusão da ética com a eficiência é o segredo – que aguardamos – da boa governança.

Poderia falar da cultura, que aprimora qualidades humanas e capacidades profissionais, e das cadeias, que em vez de educar para o crime deveriam recuperar os detentos (como nas prisões rurais autogeridas de Minas Gerais, as APAC, tema de recente reportagem do *Valor*), mas fico no *minimum minimorum*. No Brasil, já seria uma revolução.

Esta satisfação das necessidades dá à Europa uma tranquilidade no convívio cotidiano. Se no Brasil as pessoas furam fila e passam pelo acostamento, em parte é pela crença de que "não vai haver o suficiente para todos": precisamos garantir o nosso, antes que a oferta se esgote. Mas, quando há bastante para todos, isso não é necessário. A vida fica melhor. O valor disso não tem preço.

Por isso, estranhei tanta gente que se diz de esquerda fechar os olhos ao desastre social que é nosso atraso nestes pontos. Os avanços petistas na inclusão social apenas tornam prioritária a construção de uma sociedade social-democrática (pouco a ver com o que propõe nosso partido de nome social-democrata). As faixas exclusivas de ônibus recentemente abertas em São Paulo fazem parte dessa mudança, mas que precisa ir além do emergencial – como as cotas, o elogiado Bolsa Família – e se tornar estrutural.

Estes anos, aumentou o dinheiro para os pobres consumirem, mas não houve um salto real nas funções distintivas do poder público. É paradoxal. O partido mais acusado de estatista promoveu um crescimento que beneficiou os pobres, sem tirar dos ricos. Talvez esteja se esgotando essa conciliação de classes. Talvez por isso os conflitos sociais se tornem ásperos.

Discutirei, na semana que vem, o que a centro-direita propõe para o país dar certo. ■

O Brasil pode dar certo? (2)

Segunda-feira, 6 de janeiro de 2014

A Europa desenvolvida tornou realidade, na metade do século XX, direitos sociais relevantes. Ninguém precisa perder o patrimônio para ser tratado de uma doença séria, ou gastar boa parte de sua renda para se locomover. É isso o que chamo um país "dar certo". Os efeitos não são só materiais. Também explicam por que as pessoas não furam fila nem invadem o acostamento: sabem que há lugar para todos, que a oferta satisfaz a demanda. Não temos isso no Brasil.

Uma discussão do tema, no Facebook, sugeriu que a centro-direita (ou os liberais, como preferem ser chamados) parece mais consciente do que a centro-esquerda da premência deste nosso desastre social. Reconhecer um problema é um passo para resolvê-lo. Só que a centro-direita propõe soluções que não levam em conta, ou só levam em conta enquanto obstáculo, não como oportunidade, a complexidade política de implantá-las.

Ela parte da crença de que a economia brasileira está em séria crise. As políticas distributivistas do PT teriam estancado o espírito de iniciativa empresarial. Seria preciso devolver – ou criar – condições para uma forte expansão econômica. As medidas sugeridas reduzem o papel do Estado, aumentam a concorrência, favorecem a contratação de empregados (isto é, favorecem sua demissão: o diagnóstico é que não se contrata por receio da burocracia que cerca o desligamento do funcionário).

Essas análises estão certas, estão erradas? Não discutirei aqui. Mentes brilhantes as endossam. Mas trazem problemas políticos.

Os que falam mais da economia que da sociedade

O primeiro está no próprio enunciado da questão que coloquei – do que o Brasil precisa para "dar certo". Os liberais acreditam saber o que falta para o país atender à demanda da rua por transporte, educação, saúde e segurança decentes – mas suas propostas não vão além de fórmulas teóricas. Na política, a teoria é necessária, mas insuficiente: o fundamental é construir, politicamente, as medidas que levem numa determinada direção. Explico.

Em 1994, o país estava travado, tanto pela inflação quanto pela indefinição de quem investiria, o Estado ou a iniciativa privada. Tendo domado a inflação graças ao Plano Real, FHC também venceu as resistências à privatização. Poderia ela não ser a melhor solução, certamente não era a única, mas foi a que ganhou apoio político. Já em 2002, o descontentamento com a desigualdade social permitiu que Lula mudasse o rumo de nossa política. Nos dois casos, houve demanda e liderança políticas. Mas hoje, quando nossos liberais propõem reformas econômicas para resolver sérios problemas sociais, não as traduzem em linguagem política. Ficam na teoria. Daí que lhes seja fácil responder a uma pergunta como a minha, às vezes até ironizando sua suposta ingenuidade, mas que não consigam fazer a teoria deles passar à prática. O problema é que, na política, a melhor teoria vale pouco, se não trouxer resultados.

O segundo problema é que a pasta dental não volta para dentro do tubo. Desregulamentar o mercado de trabalho para fazê-lo crescer causa desconfiança. Como convencer as pessoas de que terão mais e melhores empregos, se não tiverem garantia nenhuma deles? A inclusão social dos últimos anos, embora tenha se dado mais pelo consumo do que pela educação ou cultura, trouxe exigências irreversíveis. Pelo menos enquanto estiver no horizonte o consumo dos bens de consumo necessários (o iogurte de FHC, a geladeira de Lula etc.), não há condições políticas de sustá-lo. Haja China para nos exportar tudo isso, a um preço que os ex-miseráveis possam pagar... Mas dificilmente alguém ganhará uma eleição sem aumentar o consumo, o que significa ampliar o crédito ao consumidor, o que implica ir na contramão do que os liberais pregam. Não interessa aqui se eles têm razão ou não; o ponto é que seu discurso não terá apoio político.

Política não é ter razão. Aliás, hoje a centro-direita acredita estar certa e se irrita porque os eleitores não votam nela; só que, vinte anos atrás, era o PT que se sentia assim. Recordar é viver.

Mais um problema. As demandas que hoje prevalecem são sociais, mas as propostas das oposições são essencialmente econômicas. O que é lógico, se elas consideram que a economia está em frangalhos e não sustentará nem o que existe, quanto mais uma expansão do gasto (ou investimento) social. Mas a economia é, quando muito, um meio, enquanto construir uma sociedade justa é um fim, o mais importante dos fins que nos podemos propor. Em especial, não se percebe que, como o cobrador do conto homônimo de Rubem Fonseca, estamos cansados de esperar, e os mais pobres mais que todos nós. Se alguém disser que, para se chegar à elementar justiça social, será preciso dar uma longa volta – seja pelo estatismo, seja pelo neoliberalismo –, dificilmente ganhará a confiança do eleitorado. Estamos fartos de desvios que acabaram se eternizando.

Talvez por isso as pesquisas, que mostram a maior parte da população sequiosa de grandes mudanças, não beneficiem a oposição. (O governo é o favorito, não só pelo balanço de uma inclusão social que se realizou sem custos para as classes abonadas como por ter oposições menos atentas do que deveriam à realidade social.) Mas pode ser que em 2014 algum candidato a governador inove, propondo em termos concretos e confiáveis uma agenda que contemple transporte, saúde, educação e segurança públicos. Ou, em 2016, alguns candidatos a prefeito despertem para as reivindicações populares. Penso que serão excepcionais: isto é, poucos em quantidade e altos em qualidade. Mas poderão renovar o panorama político brasileiro. ■

Para além da inveja do tênis

Segunda-feira, 20 de janeiro de 2014

Terminou a brincadeira de injustiça social

Na década de 1990, um sintoma aterrorizou o país: cresciam relatos de meninos que agrediam ou até matavam outros, um pouco mais ricos, para roubar um par de tênis de grife, no que parecia ser o paradigma do crime por motivo fútil. Cunhei a expressão "inveja do tênis"*, para explicar por que algo tão supérfluo, vaidoso ou vão quanto um item de conforto pode mobilizar paixões que a luta por grandes necessidades da vida nem sempre desperta. Sustentei que as "causas nobres", como a educação, a saúde, a segurança, o transporte, o emprego, não conseguiam gerar o investimento psicológico que um artigo de grife suscita. O caso dos rolezinhos traz de novo à tona esse tema, mas numa chave bem diferente**.

Lembremos as manifestações de 2013. Em julho de 2011, Juan Arias, que há anos cobre com competência para o jornal espanhol *El País* o que acontece no Brasil, lamentava: por que investimos tanta energia na Parada Gay – que hoje, em São Paulo, rivaliza com o Carnaval carioca em mobilização de libido – e não depositamos sequer uma parcela disso na

---

* Ver artigo sobre esse tema em meu *A Boa Política*, São Paulo, Companhia das Letras, 2017.

** No começo de 2014, ao que parece espontaneamente, multidões de jovens pobres entraram em shopping centers – em grupo – sem promover violência, furto, nada de ruim, mas assustando os donos e frequentadores habituais desses estabelecimentos, alguns dos quais até fecharam, de medo do afluxo dos pobres, que podiam ou não comprar produtos, mas tomavam posse de espaços que até então lhes eram, tácita ou explicitamente, vedados.

luta por questões prementes, como poderiam ser as que mencionei acima? Pois as manifestações de maio e junho de 2013 devem ter realizado alguns sonhos do correspondente espanhol. Elas marcaram uma grande novidade em nosso país, com multidões indo às ruas para traduzir suas carências, suas necessidades, em direitos, em exigências, em política. Ponto para o Brasil.

Já os rolezinhos parecem voltar à lógica do tênis. O que os jovens pobres vão fazer nos shoppings é clamar por sua integração na sociedade de consumo. Querem, como todos os de sua idade, desfrutar do prazer. Há um charme nisso, que inclui o uso do verbo "pegar" (que na sua polissemia herda o lugar de outra palavra ambígua, que os mais velhos não entendiam, o "ficar" de dez anos atrás) nas convocações que circulam no Face. Mas algumas grandes mudanças precisam ser apontadas – e celebradas.

Primeira: os rolês não são ações individuais, mas coletivas. A ação coletiva tem mais chances de construir o futuro, de mudar o mundo. Segunda: as convocações claramente repudiam o crime. Os rolês são chamados para serem atos não violentos.

Recomendo o fascinante filme *O Mordomo da Casa Branca* (2013)*, que mostra décadas de preconceito racial vistos por um mordomo que serve a sucessivos presidentes dos Estados Unidos. Destaco uma cena. Em 1960, vários jovens negros entram numa lanchonete do Sul, sentam-se do lado proibido para os "de cor" e pedem para serem atendidos. Não o são. Acabam espancados por brancos da elite local. O pedido – educadíssimo, sem violência alguma – para "ser atendido" num lugar em que eles não são bem-vindos aproxima o caso norte-americano do brasileiro. Uma diferença é que no Brasil a segregação não é legal – mas mesmo assim existe. Outra é que nossos jovens pobres estão indo aos shoppings para rir, brincar, ocupar o espaço com sua alegria.

Daí, terceira característica: os rolezinhos são atos políticos. Com ou sem consciência disso, os participantes se reúnem – em vez de atuar sozinhos – para exigir direitos. É incrível o poder da união. Longe do que o pensamento mais conservador teme, unir forças não leva ao crime, mas afasta dele. Soluções individuais para problemas coletivos são as piores. São elas que levam alguns a roubar, sonegar, fraudar para resolver um

* Dirigido por Lee Daniels.

problema que não é apenas deles. Já quando a solução se torna coletiva, pode até haver a opção da quadrilha; mas esta é sempre limitada: a união de bandidos não resolve problemas sociais, apenas melhora a vida de parte deles. Quando se ganha escala numa mobilização, a tendência é reivindicar soluções para todos. Não há dúvida de que a escala, como o elefante da cantiga, incomoda muita gente. Mas é esse incômodo que coloca as questões na agenda política.

Tenho plena compreensão do medo que muitos sentem quando veem entrar uma multidão de desconhecidos no shopping. Posso me colocar no lugar deles. Mas o ser humano é dotado de razão. Não pode pensar com base só no medo. A questão não é mais, apenas, a desigualdade social clamorosa, a intensa exclusão dos mais pobres, aquilo que Cristovam Buarque chama há décadas de "apartheid social"*. Até aí, trata-se de fatos da realidade. A questão é que, desde a democratização de 1985, essa desigualdade foi-se tornando injustificável e intolerável.

Amélia, que "achava bonito não ter o que comer" (1942), é hoje apenas um verso do passado. O playboy brasileiro da opereta *La Vie parisienne* (1866), de Offenbach, ladrão e corrupto no país, homem fino na Europa, não faz mais rir. Pobres, negros, mulheres, indígenas e gays querem a plenitude de direitos, já. Passou o tempo de qualquer discurso que lhes peça paciência. Eles não acreditam mais em promessas para o futuro. Por isso é tão significativo que a bola da vez sejam os rolês. Se há algo que caracteriza o prazer, é sua imediatez. Quer-se prazer já, não daqui a dez anos. A diversão que não rolar hoje não é a mesma que poderá rolar sábado que vem – menos ainda quando estiverem casados, empregados, com filhos.

Um mundo acabou. Durante décadas, nos protegemos dele atrás de grades – no prédio ou no shopping, ou as grades simbólicas da escola, do hospital e do carro melhores. Isso não tem mais como durar. A boa-nova é que a exigência de que isso mude, seja em junho de 2013, seja em janeiro de 2014, tem-se feito dentro da lei e com nenhuma ou pouquíssima violência. Mas o tempo urge. A brincadeira de injustiça social terminou. Quem quiser continuar jogando esse jogo só vai gerar problemas – para si e para os outros. ■

---

* Cristovam cunhou a tradução *apartagem*.

A inclusão social pelo consumo

Segunda-feira, 27 de janeiro de 2014

A sociedade brasileira projetou a realização social no conforto, no luxo, em bens de consumo prestigiosos. Há melhor símbolo disso do que a profusão de iPhones? Eles não se limitam a dar prazer. Eles nos realizam. Melhor dizendo: é o prazer que nos realiza. Mas esta visão do mundo, tão frequente no Brasil, não é nada óbvia. Um francês imbuído do valor da educação, um alemão formado na convicção do dever, um inglês convencido do valor ético do trabalho dificilmente enxergariam as coisas assim. Mas, aqui, é muito forte a ideia de que pelo prazer se vence. Basta ligar a Rede Globo, qualquer dia deste mês, em torno das 23 horas, para ver isso, parte ao vivo, tudo em cores*.

Volto a comentar os rolezinhos. Eles foram uma surpresa pelo *timing* e pela dimensão, mas prolongam algumas tendências de nossa sociedade que não deveriam nos surpreender. As manifestações de 2013 foram uma exceção, como as Diretas Já em 1984 e o impeachment de Collor, em 1992, espaçados momentos em que a cidadania toma o espaço público para defender a coisa pública. O rolezinho é político, mas porque tem um significado político, não porque se expresse em termos políticos. Ele responde a uma nossa tendência, para o mal – e para o bem –, que é carnavalizar.

Na sua melhor versão, é Oswald de Andrade, no *Manifesto Antropófago*, de 1929: "A alegria é a prova dos nove". Naquela época, dizia-se que o

* Alusão ao reality show *Big Brother Brasil*, que desde o começo do século passa neste horário, nos primeiros meses do ano.

Brasil era fruto de "três raças tristes", o português, o negro e o indígena. Oswald rompia com esse mito de uma tristeza originária. Contestava a herança jesuítica e religiosa da colônia. Abria lugar para o Carnaval, a festa, as paixões alegres.

Mas o fato é que carnavalizamos. Não é só o *Big Brother Brasil* que propõe o sucesso pela exibição do corpo. É quase toda a mídia popular, que, sempre que vai contrastar esforço e lazer, estudo e diversão, mente e corpo, opta decididamente pelo segundo termo. Nossa cultura é sobrecarregada de hedonismo.

Já observei aqui que prazer não é felicidade, ao contrário do que se ouve todos os dias. O prazer é breve, instantâneo, intenso; a felicidade é um estado simples e permanente, modesto. Só é feliz quem reduz sua demanda de prazeres. Mas nossa sociedade construiu um sistema em que o prazer é requerido o tempo todo, com sua consequência, apontada pelos filósofos desde a Antiguidade: os prazeres não levam à satisfação. Eles formam uma adição. Uma sociedade que valoriza a este ponto o consumo, seja na Miami de classe média, seja no rolezinho de periferia, tem dificuldades de ir além do prazer. Porque ser feliz é viver ao máximo o que se tem, não é buscar o máximo fora de si. Ser feliz não é depender do consumo. Mais que isso: ser feliz é não depender do consumo.

Rolês mostram que a ideologia do shopping venceu

Mas é o consumo que tem marcado a inclusão social no Brasil. A inclusão dos últimos anos foi em boa medida um aumento do poder de compra a crédito. Os pobres compram mais – o que é ótimo, porque eles tinham e ainda têm acesso limitado a vários dentre os bens que asseguram o conforto. Mas esse foi o eixo mais marcante da inclusão. Embora a educação esteja melhorando, a dupla do bem – que seriam o *mix* de educação e cultura, e o de saúde e atividade física – não desperta igual atenção nem gera resultados rápidos. Aliás, se fosse outra a prioridade dos governos petistas, eles se teriam defrontado com uma oposição ainda maior. Aumentar o poder aquisitivo injeta dinheiro na veia da economia. Já melhorar o que chamei dupla do bem exigiria mais investimentos públicos, isto é, mais impostos. Não seria fácil nem, talvez, politicamente possível.

Estamos no limite do que pode ser a inclusão social pelo consumo. Beira o ridículo negar a inclusão social promovida pelo PT. Foi substancial. Mas se deu pelo que nossa sociedade consumista mais valoriza. Melhorar radicalmente as escolas teria exigido mais verbas e protagonismo do poder público. O mesmo vale para a saúde, o transporte e a segurança públicos. O choque com as classes mais ricas teria sido forte, porque a exigência tributária teria aumentado. Basta ver como é difícil a prefeitura de São Paulo arrecadar o necessário a fim de melhorar um pouco os ônibus, para se ter o tamanho do problema*.

Com o consumo, o PT escolheu a via do possível. Dificilmente seus adversários teriam feito melhor. Mas a trilha do consumo significa: a ideologia que ganhou foi a do shopping center. Dizia-se há alguns anos que a ideologia dominante numa sociedade é a ideologia de sua classe dominante. Se for verdade, os rolês mostram que a ideologia da classe média, seu *way of life*, seduziu os mais pobres. O que muitos deles querem é estar no mundo da classe média. Não querem romper com ela nem eliminá-la. Querem fazer parte dela, claro que com os ajustes necessários.

Se a classe média não gosta disso, é outra coisa (essa batalha, a "velha classe média" vai perder, e as chances do PSDB estão – como bem entendeu Aécio Neves, mas não os jornalistas favoráveis ao partido – em conseguir ser o partido de todas as classes médias, não só da antiga). Mas a classe média, ou sua maioria consumista, poderia ficar contente. Porque isso significa que os movimentos dos jovens chamados rolezinhos não acreditam que um outro mundo seja possível. O problema é que a inclusão pelo consumo tem um alcance limitado, chega uma hora em que você tem de produzir e não só consumir, e a produção requer hoje competências cada vez maiores, que se chamam educação, cultura, ciência. O engraçado é que também elas podem dar (algum) prazer, mas nossa sociedade, independentemente da classe social, não sabe disso. Prefere o shopping. ■

* Dois prefeitos petistas de São Paulo tiveram essa dificuldade. Luiza Erundina, em 1989, tentou introduzir um caráter progressivo no imposto predial e territorial urbano, para financiar uma tarifa zero no transporte coletivo, mas perdeu. Em 2013, Fernando Haddad tentou aumentar o mesmo IPTU para realizar seus projetos de governo, incluindo a melhora do transporte coletivo, mas a Federação das Indústrias do Estado de São Paulo (Fiesp) conseguiu que o Tribunal de Justiça impedisse essa medida.

A inclusão social pela educação

Segunda-feira, 3 de fevereiro de 2014

Preparar um jovem para as surpresas da vida

Comentei na semana passada o pacto implícito que resultou na maciça inclusão social pelo consumo, promovida pelo PT, para satisfação geral da nação – das dezenas de milhões que subiram para a classe C, podendo agora comprar todo bem de consumo durável doméstico; dos empresários que lucraram com isso; da sociedade que respirou, porque imaginem só o tamanho da violência num cenário de alto desemprego e de falta de perspectivas de ascensão social para os mais pobres. Mas alertei para os problemas do consumismo, facilitados pela forte marca do prazer em nossa sociedade. E se a inclusão – que precisa passar pela renda e pelo consumo – realmente sustentável se der pela educação?

Qualquer discussão sobre a ascensão social dos pobres terá como uma das principais respostas a educação. Ela é muito elogiada. Mas nem sempre a sério. Às vezes é um meio de desviar a atenção de reformas econômicas e sociais que aumentem realmente a renda dos pobres. Como tudo na educação demora tempo, invocá-la pode ser um modo de jogar para escanteio as transferências de renda necessárias para extinguir não só a miséria, mas também a pobreza. E uma boa educação custa dinheiro.

Mas hoje discutirei o valor da educação, não seu preço ou custo – tema que fica para outra vez. A educação dá poder às pessoas. Vivemos na sociedade mais complexa da história. Vejam: há vinte anos, a USP oferecia menos de cem habilitações (ou “diplomas”) diferentes na graduação. Hoje são uns 250. Essa riqueza de cursos é um modo de formar profissionais capazes de entender a diversidade do mundo e de atuar nele. Mas, se é um modo, não é o único. As universidades federais da Bahia e do ABC fizeram experiências audazes na graduação. Apostaram no bacharelado interdisciplinar, que, em vez de direcionar para uma profissão específica, busca formar alguém que, no futuro, seja capaz de reposicionar-se, de mudar seus rumos. A ideia – que já defendi em livro* – é que o aluno aprenda as várias linguagens do mundo, mais que o conteúdo de cada uma delas. Por exemplo, antropologia e economia veem a sociedade de maneiras distintas. Se os futuros profissionais souberem quando precisam mudar de ferramenta mental, estarão mais aptos a lidar com o imprevisto, a diferença, a surpresa, as mudanças na vida.

Isso, também, porque cada vez menos formados trabalham na profissão que escolheram na faculdade. Engenheiros se tornam gerentes de banco, porque seu principal trunfo nem sempre é saber construir casas ou pontes, e sim dominar o raciocínio mais prático que existe. Formados em filosofia se espalham pelas profissões, porque sabem mudar de forma de pensamento – de "paradigma", se quiserem – velozmente. Em 2007, o presidente do Conselho Nacional de Educação, professor Edson Nunes, dizia que um terço dos formados em medicina, um dos cursos mais caros que há, não atuava como médico. Dos diplomados em direito e administração, a grande maioria trabalha em outra área. A meu ver, isso deveria reduzir o stress na escolha do curso universitário: é bem possível que meu filho ou o seu mude de rumo, na faculdade ou depois dela, e isso pode ser um êxito, não uma falha.

Mas há também a educação básica. As avaliações, em especial o Ideb, permitem medir de maneira acurada as escolas do Brasil inteiro. Uma pessoa responsável deve levá-las em conta na hora de escolher a escola do filho. Quem paga a escola diretamente deve cobrar-lhe resultados. Quem a paga pelo imposto, colocando o filho na escola pública, deve exigir dos governantes que tenha qualidade.

Aqui há um alerta a fazer. As avaliações de desempenho das escolas focam o êxito – ou fracasso – delas na transmissão de conhecimentos. Verificam, por exemplo, se nos três primeiros anos do ensino fundamental a criança aprendeu as operações básicas da aritmética, a ler e a escrever.

---

* *A Universidade e a Vida Atual: Fellini Não Via Filmes*, Rio de Janeiro, Campus, 2003. Reedição: São Paulo, Edusp, 2015.

Não medem a qualidade da formação do ser humano. Tenho uma recomendação aos pais. Quando escolhi a escola do meu filho, vi as três melhores do bairro – com base nas avaliações do Ministério da Educação – e depois as visitei. Procurei entender o projeto, a filosofia de cada uma, depois de ver as notas das avaliações federais. Porque, afinal, numa cidade grande, a diferença entre as cem melhores escolas pode ser pequena. E dificilmente uma avaliação medirá se a escola forma uma pessoa ética e com iniciativa.

São esses os dois pontos principais na formação de uma criança ou adolescente: deve se tornar um ser humano íntegro, e ao mesmo tempo o mais criativo possível. Mas não é tão fácil unir estas duas qualidades. Muita ênfase na iniciativa pode levar a uma formação competitiva demais – com o risco de não respeitar o outro, de atropelá-lo. E não podemos confundir o respeito aos outros com o respeito à autoridade. Nas minhas visitas encontrei um colégio que apresentava, como virtude a valorizar naquele mês, a obediência. Ora, respeito não é obediência. Respeito se dirige a todos e institui um mundo de iguais. Já a obediência geralmente é vertical, é do subordinado em relação ao superior. Uma pessoa criativa e com iniciativa deve ser respeitosa, mas será obediente? Não muito.

Temos assim rumos diferentes para a educação aprimorar as pessoas, dando-lhes instrumentos para crescer na vida – e não apenas pela ascensão social. Na verdade, o mais importante da educação é o que fica dentro da pessoa: sua formação. E esta é uma das vantagens que a educação tem sobre o consumo na inclusão social: o que você consome se esvai imediatamente e precisa ser substituído; já a pessoa que você se tornou não se perde. É sua para sempre. O trabalho da educação é consistente. ■

A inclusão social pela cultura

Segunda-feira, 10 de fevereiro de 2014

Comentei nas últimas colunas a inserção social realmente realizada, convertida pelo PT em política de Estado, e que integrou dezenas de milhões de ex-miseráveis no mercado; e a inclusão social que é necessária e se dará pela educação. Alertei para os problemas que o consumismo traz, numa sociedade fortemente hedonista. Agora, pode a inclusão social necessária – que, repito, deve passar pela renda e consumo e ampliar-se graças à educação – ser reforçada, *upgraded*, pela cultura?

Há muitas definições de cultura. Proponho uma: ela é a educação fora de ordem. A educação normalmente se dá numa sequência ordenada. Aprende-se a ler, a fazer as operações matemáticas, depois vai-se conhecendo cada vez mais, até o curso superior, o doutorado... Mudar essa ordem pelo avesso – ou simplesmente fazer as coisas fora de ordem – não é impossível, mas é difícil. Contudo, em tudo o que já escrevi sobre educação, sempre defendi maior desordem na educação. Ela, em ordem unida, corre dois riscos: pode tornar-se muito chata, pode inibir a criatividade. Mesmo assim, uma certa ordem é necessária na educação. Já na cultura, não.

Comparemos uma aula sobre a escravidão e um filme sobre o mesmo tema. A aula precisa ter ordem: as navegações portuguesas, a colonização das Américas, o apresamento dos africanos, sua mortalidade maciça nas plantações, quilombos, a abolição, o racismo que persiste. O filme não precisa. Ele pode começar com um episódio, digamos, o apresamento do navio negreiro Amistad, na costa dos Estados Unidos, em 1839 (estou falando do filme de mesmo nome, de Spielberg, mas poderia falar de seu *Resgate do Soldado Ryan* ou de *Lincoln**: os três tratam de acontecimentos históricos significativos).

Daí, vamos aprendendo uma quantidade de coisas sobre a escravidão, que não incluirão seus começos, suas causas históricas, o número de mortos, mas mostrarão o racismo, a perseguição, a luta pela liberdade. Não aprendemos a mesma coisa, mas aprendemos. Vivenciamos. Um único filme não substitui uma aula de história. Mas se, ao longo de um tempo, virmos vários filmes sobre a escravatura – um deles, o *Lincoln* que mencionei – havemos de adquirir um conhecimento de boa qualidade. Dados mais objetivos, posso complementar até mesmo pela internet. Que, por sinal, é incrível para conhecer fora de ordem, tanto assim que, quando apareceu no Brasil, o que hoje chamamos de "navegar" se dizia "surfar", como se fosse algo físico, divertido, radical.

Isso que descrevi é educação ou é cultura? Quanto mais fora de ordem e descompromissado, mais será cultura. Posso ir a todas as exposições de arte e com elas aprender muito sobre pintura. Ficarão brechas, essa é a diferença no confronto com a educação, que procura evitar vazios e completar a formação da pessoa. Mas, no tempo de hoje, dá para "completar" uma formação? Em nossa sociedade, a mais complexa da história, necessariamente seremos incompletos. Dizer que, ao terminar um curso, completamos a formação é um erro. Um estabelecimento de ensino bom, seja do nível que for, infantil ou doutorado, não deve acenar com a promessa de completude. A educação tem muito uso a fazer da cultura.

A cultura é a educação fora de ordem

Em outras palavras: para a educação, há matrícula e às vezes até vestibular, termo que vem de "vestíbulo", o local certo de entrada. Já na cultura se entra por onde se quiser, quando se quiser, sem inscrição, sem nada. Essa liberdade de entrar – e sair – aumenta seu prazer, justamente porque não é da ordem da obrigação. E por isso mesmo eu poderia dizer que a cultura é a educação vitaminada pelo prazer. Educação e cultura expressam o que o ser humano é capaz de criar. São o que mais dá poder

* Respectivamente, de 1997, 1998 e 2012. O primeiro e o último tratam da escravidão.

ao indivíduo, ao ser humano, à pessoa. A cultura emancipa. Por isso é tão importante não ficarmos na posição passiva do consumidor. Consumir se opõe a produzir. Ambos são necessários, é claro, mas a produção é mais ativa, o consumo, mais passivo. Agora, se a perspectiva da produção é essencial, não é devido às coisas – ou mercadorias – que fabricamos. É porque, produzindo, criamos a nós mesmos. A principal obra do ser humano é o próprio ser humano. Educação e cultura são duas ferramentas essenciais para chegar lá.

A questão que se coloca é: estamos formando nossos jovens para serem inquietos culturais? Porque a cultura tem ainda um traço importante, ela modifica. Ela abre perspectivas. Uma pessoa sem acesso a ela só conhece o que está em seu imediato entorno. Uma criança que nasce num fim de mundo pode, descobrindo a música, a arte, a ciência, encontrar uma vocação que vá muito além de seu bairro. A cultura é mais preciosa quando é descoberta, revelação. Lembro um filme polonês que fez sucesso, *Madre Joana dos Anjos* (1961), sobre um padre que é chamado para exorcizar um convento em que as freiras estão possuídas pelo diabo. O próprio padre acaba cometendo um crime horrível – diz – "para que eu chame a mim os demônios e Madre Joana possa ser santa". O diretor, Jerzy Kawalerowicz, explicava: os dois se apaixonaram, mas, como não tinham linguagem para chamar seu sentimento de "amor", achavam que era possessão demoníaca. A incultura pode levar à infelicidade.

Poderemos ampliar a liberdade das pessoas pelo acesso à cultura? Certamente. Mas não podemos esquecer essa sua natureza fora de ordem. Para lembrar uma série de sucesso, pode haver "1001" filmes, livros ou lugares a conhecer "antes de morrer", mas esse número – como em *As Mil e Uma Noites* – é apenas um sinal de que a aventura do conhecimento é inesgotável. ■

Protestos violentos

Segunda-feira, 17 de fevereiro de 2014

A discussão da violência na política não é trivial. Ela se justifica e pode até ser um imperativo moral quando se vive numa ditadura desumana. Revoltar-se contra o nazismo era o que deveria fazer qualquer ser humano decente. Mas a violência deixa de ter cabimento quando há estado de direito e, além do mais, democrático, com o governo eleito pelo povo – como hoje acontece no Brasil.

Mesmo assim, há setores da opinião que defendem ou desculpam o uso da violência. Sua principal justificativa é a violência da polícia. Creio que todos temos visto as listas de pessoas mortas ou desaparecidas em função da violência policial. Mesmo as UPP do Rio de Janeiro, que têm sido apresentadas como um sucesso em matéria de segurança pública, portam em seu passivo o desaparecimento do pedreiro Amarildo*. E é exemplar o recente vídeo de Fábio Porchat, em que o humorista – vestido à paisana, com um amigo idem – aborda uma viatura da polícia com a truculência que muitos policiais empregam contra os moradores da periferia**. Ele nos deixa com um riso amargo, porque por trás da graça sabemos que há uma dura verdade. E pior, sabemos que Fábio Porchat foi ameaçado de morte justamente por esse vídeo, razão pela qual lhe

* Unidade de Polícia Pacificadora foi uma iniciativa da polícia fluminense, instalando em favelas unidades que permitiriam, unindo a repressão e os serviços públicos, emancipar seus moradores da tutela do crime organizado. Contudo, defrontaram inúmeros problemas, o mais simbólico dos quais foi o "desaparecimento" do pedreiro Amarildo, assassinado pela própria polícia, segundo sentença judicial.

** Vídeo *Dura*, de fevereiro de 2014, disponível em: <https://www.youtube.com/watch?v=DyPb15CHdew>. Acesso em: 13 jul. 2020.

presto aqui minha solidariedade, embora não o conheça pessoalmente.

Mas quer isso dizer que a violência contra a polícia, contra "o Sistema", seja legítima?

Penso que vale a pena lembrar aqui o padre Helder, como foi conhecido ao longo da vida aquele que passou seus últimos anos como arcebispo de Olinda e Recife, homem franzino que foi uma das lideranças morais do país em tempos da ditadura militar. Pois bem, ele sempre condenou o recurso à violência, que na década de 1970, quando vinha da oposição à ditadura, se chamava luta armada.

Sua explicação era simples. Dizia dom Helder Câmara que há uma violência número 1, que se constitui no uso constante da força bruta – e de instrumentos legais mais discretos – contra os mais pobres. O Brasil, como muitos países, tem esse pecado de origem. Ele não aparece só no desaparecimento de Amarildo. Está presente até quando dois professores, no alto da hierarquia universitária, trocam mensagens pelo Facebook ridicularizando um suposto pobre que está na sala de espera do aeroporto. "Aeroporto virou rodoviária", diz uma; "Acabou o glamour do avião", responde o outro. O irônico é que o alvo da zombaria na verdade é advogado e procurador de uma cidade mineira – não é um pobre*.

Mas os posts insensatos mostram que a maioria da população não é bem-vinda em lugares como aeroportos e shopping centers, que pertenceriam às classes média e alta. Isso é violência, embora ela somente se torne física se e quando chegam os seguranças para enxotar o malvindo.

Dos que recorreram à luta armada, contra a violência número 1, no começo da década de 1970, dizia dom Helder que praticavam a violência número 2 – que ele também condenava. Esses atacavam os sustentáculos do poder: militares, policiais, torturadores. Eram chamados de terroristas, o que está errado – terroristas difundem o terror, indiscriminadamente, no meio de populações civis. Mas o arcebispo era contrário também a essa violência. Lembro de ouvi-lo, na TV francesa, dizendo que bom no uso das armas é quem já pratica a violência, a número 1. Vai um estudante de ciências sociais vencer no tiro um atirador do Exército?

* Episódio de fevereiro de 2014. Advogado voltando de viagem em cruzeiro, vestindo bermudas, é ridicularizado por professora universitária – que perdeu o cargo de direção que tinha numa universidade, ante a repercussão do acontecido. Disponível em: <http://g1.globo.com/rio-de-janeiro/noticia/2014/02/advogado-ironizado-por-professora-no-rio-pensou-que-fosse-gozacao.html>. Acesso em: 13 jul. 2020.

Sem chance! Ele apenas se oferece, tolamente, para lutar no terreno em que certamente perderá para o inimigo. Pois é na palavra que funciona melhor a oposição à ditadura, o movimento que luta contra "a desordem estabelecida", para usar o termo do existencialista cristão Emmanuel Mounier. Em suma, os autoritários são melhores na violência, especialmente armada, e os democratas na palavra. Então, usemos a palavra!

Nem a violência do poder justifica protesto violento

Para mim, este argumento é decisivo. Se somos bons de discurso, esta é nossa arma. Faria exceção para o nazismo, que só caiu devido a uma guerra – mas vejam que o comunismo caiu não em campos de batalha, mas devido ao descontentamento dos cidadãos, expresso em falas clandestinas que finalmente se tornaram públicas. A palavra é poderosa.

Helder Câmara passava então à violência número 3. Esta era a resposta do *establishment* armado à violência número 2, à violência que se dizia "do oprimido" (e que, no caso do Brasil, foi obra de uma minoria, sem conseguir o apoio – justamente – dos oprimidos). As ditaduras, alegando lutar contra um terrorismo que, por sua vez, reagia à suspensão da democracia, faziam a escalada da agressão. Operação Bandeirantes, esquadrão da morte, tortura foram exemplos dessa violência terceira. Felizmente, isso acabou ou, na verdade, reduziu-se muito. E baixou graças a muita luta, quase toda ela civil e desarmada.

O Brasil hoje é uma democracia. Tem falhas. Perdura uma grande exclusão social, apesar dos avanços dos últimos anos. Além disso, os serviços que o Estado deve à sociedade são prestados com pouca qualidade, o que tem a ver com ineficiência, más prioridades, corrupção e, sobretudo, pouco peso político da cidadania. Mas a cultura e as instituições democráticas que construímos permitem que a luta se dê pela palavra. Já a violência física põe fim a toda conversa, toda negociação, toda comunicação. Ela vai, portanto, na direção oposta do que alega quem a defende nas ruas. Impede a discussão. Impede a própria esquerda de promover campanhas políticas em prol de uma mudança política e social. É justamente na Colômbia, o único país sul-americano que tem uma guerrilha ativa, que é maior a rejeição popular à esquerda. Será coincidência? O uso da violência física deve sempre ser exceção, nunca a regra. ■

O econômico e o social

Segunda-feira, 24 de fevereiro de 2014

Acompanhando o descontentamento de grandes empresários com o governo Dilma, veio-me a hipótese de que nossa política segue hoje duas lógicas totalmente diferentes, quase opostas, a da economia e a das políticas sociais. As últimas vão bem. Os dois governos petistas fizeram um bom trabalho no setor social. Mas reside na economia o descontentamento empresarial, com uma vasta lista de queixas, bem conhecidas dos leitores do *Valor*. Como quem apoia o governo destaca as conquistas sociais, e seus críticos realçam as falhas na economia, fica um diálogo de surdos, melhor dizendo, um não diálogo. Para ter o quadro completo, é preciso ver os dois lados.

Leio jornais, blogs, rede social. Quem defende Dilma fala dos avanços sociais obtidos desde o governo Lula. Afinal, o Bolsa Família é referência mundial. O Prouni nunca despertou queixas na oposição, até porque sua concepção é liberal: as vagas são em instituições de ensino privadas. O Mais Médicos é a bola da vez, mas os ataques a ele são basicamente ideológicos. No fundo, fora a questão política dos que se opõem a médicos cubanos devido ao regime castrista, não há muito a criticar num programa que dá atendimento a milhões de brasileiros que antes não o tinham, nem teriam, dada a recusa dos nossos médicos a irem para suas regiões, mesmo bem pagos. Para quem quiser se aprofundar, recomendo o artigo de Malu Delgado na revista *Piauí* de fevereiro.

Já quem ataca Dilma menciona o frágil desempenho da economia e o atribui a um preconceito contra a economia de mercado, a um amadorismo e, ainda, a um preenchimento de cargos por indicações políticas.

São dois discursos não só diferentes, mas opostos. É claro que eles precisam conversar entre si! Sem um bom desempenho na economia, não haverá distribuição de renda que aguente. Programas sociais não existirão sem aumentos de produtividade, ambiente favorável aos negócios e uma formação de mão de obra que a torne competitiva. Pior ainda: sem esse crescimento econômico em bases sólidas, a única forma de fazer política social será pelo que se tem chamado "populismo", que talvez se possa resumir como a arte de matar a galinha dos ovos de ouro*. Em vez de distribuir os ovos, você come a galinha. Em vez de distribuir os ganhos, você gasta o principal. É claro que uma estratégia – na verdade, uma tática – dessas não é sustentável. Não tem futuro.

Esse me parece ser um receio presente dos que desconfiam de Dilma, o que não quer dizer que sejam antipetistas. Podem não ter amor pelo PT, mas, visivelmente, os empresários parecem preferir Lula a qualquer nome de qualquer partido. É uma escolha pragmática, sendo o "pragmatismo" um grande elogio na voz dos empresários. ("Ideologia", ao contrário, causa-lhes desconfiança, mas é curioso que a maior parte deles pareça acreditar que só haja ideologia à esquerda – não atentando para a presença cada vez maior da ideologia de direita em nossa sociedade, do preconceito antigay até a maior parte das críticas ao programa dos médicos.)

Está errado dizer que só há ideologia à esquerda

O outro lado da questão é que, se não mantiver e mesmo expandir a inclusão social, o país entrará em crise política séria. Quando se abrem as comportas da mobilidade social, não há como fechá-las. O governo do PT foi inteligente em alçar a inclusão social, que obviamente tinha começado antes, com outros presidentes, a uma política de Estado, que se tornou irreversível.

---

* O leitor terá notado que esta é a única vez que empreguei, neste livro e nas minhas colunas, a palavra "populismo", que se tornou um palavrão amplamente utilizado para designar políticos de extrema direita ao mesmo tempo que se insinua um parentesco deles com os de esquerda. Faço questão de observar que não se utiliza um termo comparavelmente crítico ou mesmo pejorativo para designar os políticos conservadores ou que adotam políticas que beneficiam os mais ricos: a palavra "elitista" mal aparece nas análises políticas, embora estas sejam pródigas em condenar os "populistas".

Outro partido poderia ter feito o mesmo, mas não tão bem, por não ter o apoio popular que o PT construiu. Seria mais uma dádiva do que uma conquista. Mas, em que pesem alguns titubeios, de ensaio em erro o governo construiu programas que funcionam.

Tradicionalmente, onde o Estado brasileiro funcionava pior era nas áreas sociais, terreno fértil para o paternalismo, o clientelismo, a corrupção. Hoje, com um sistema informatizado de acesso aos benefícios, as coisas andam melhor do que no tempo das cestas básicas atribuídas por indicação de prefeito ou deputado. Daí melhores efeitos. Mas a relevância desses dois aspectos – o caráter irreversível das demandas de inclusão social e os ganhos de eficiência nos programas desta área – não me parece ser devidamente percebida pelos que criticam o desempenho do governo na economia. Só que fazem parte essencial da realidade.

Isso significa que qualquer política para a economia – que deverá incluir uma aposta firme na competitividade e em ganhos de produtividade – precisará respeitar as conquistas sociais e mesmo ampliá-las. O que torna difícil, por exemplo, a flexibilização das leis trabalhistas. Mas a educação, como tenho insistido, pode ser o ponto de encontro dos dois discursos.

O diálogo de surdos prevalece quando um lado ignora o outro. Felizmente, o Brasil não segue a trilha da Venezuela, a começar pela disposição de nossos líderes políticos a negociar, em vez de confrontar. Um país não funciona direito se está rachado e a oposição não considera legítimo o governo. Mas a inclusão social pode parar, sim. Pode parar se a produção não aumentar, se o Brasil não seguir – em parte – a agenda empresarial. E pode parar se, para adotar a agenda empresarial *in totum*, direitos sociais forem revogados ou recuar o processo de ascensão social dos mais pobres.

Em suma, politicamente não há como reverter ou sequer deter a inclusão. Mas para isso a economia precisará ir melhor. Não é impossível, mas é complexo. Dilma, favorita nas eleições, dará conta disso este ano ou num eventual segundo mandato? Se não der, encerrará o período do PT na presidência, assim como em 2002 parou o projeto de hegemonia tucana. Se conseguir, beneficiará a todos. ■

Não temos alternância no Planalto

Segunda-feira, 10 de março de 2014

Temos sucessão, não alternância, na presidência

Uma tese fundamental da democracia é a da alternância no poder. Isso significa que duas forças políticas, ou às vezes mais que duas, disputam a hegemonia política, e a vitoriosa numa eleição pode muito bem perder a seguinte, ou uma seguinte. Pode, não. Deve. Os partidos assim se alternam, de modo que mais se "está no poder" do que se "tem" (ou "conquista") o poder. Ninguém é dono, na democracia, do poder.

Mas temos tido alternância no poder federal, nosso poder mais forte, porque é o que define a economia? Não. Temos tido sucessão, não alternância. Explico. Três principais partidos presidiram a República desde o fim da ditadura. O PMDB, após José Sarney, cessou de ser competitivo em termos presidenciais*. O PSDB perdeu três eleições sucessivas, deixando o Planalto, e a maior parte dos analistas não prevê sucesso para ele este ano. Pior até, ele corre o risco de perder para Eduardo Campos a posição de líder da leal oposição ao PT, o que sangraria a agremiação tucana, com quadros e votos migrando para uma nova estrela da política – que, por sua vez, se posicionaria bem para a copa eleitoral de 2018.

Mas mesmo o PT, que, depois do susto de meados do ano passado, quando a candidatura de Dilma perdeu quase metade das intenções de

---

* Aliás, o próprio Sarney não foi eleito presidente, mas vice, num pleito indireto. Mais tarde, Itamar Franco e Michel Temer, ambos do PMDB, também seriam presidentes, mas sempre sucedendo a presidentes que sofreram impeachment. Seu partido não elegeu presidentes pelo voto direto.

voto em questão de semanas, se recuperou e agora até tem a chance de ganhar as eleições já no primeiro turno – mesmo ele corre o risco de se esvaziar até 2018 e de não ter um nome competitivo para o que seria um quinto mandato petista. Não discuto aqui se isso é melhor ou não para o país. O que quero dizer é que temos, hoje, uma situação circunstancial: um esvaziamento de nomes que sejam bons candidatos, nos dois partidos de clara vocação presidencial; e uma condição estrutural: nossos partidos, quando deixam a presidência, param de ser competitivos. Uma derrota na eleição presidencial pode significar, se não o beijo da morte, pelo menos uma anemia séria, que preserva parte dos seus ganhos políticos, mas não permite que volte aos momentos de glória.

Tudo isso são hipóteses, mas que convém explorar. Começando pelos candidatos prováveis, os dois partidos que há vinte anos dividem a cena política exibem certo desgaste. A alternância de dois governadores paulistas como candidatos do PSDB se esgotou. Alckmin até teve, em 2006, menos votos no segundo turno do que no primeiro. Serra expôs sua incapacidade de crescer. Ficou como candidato Aécio Neves, que, porém, segundo os analistas, não decola. Já do lado petista, o próprio nome de Dilma Rousseff surgiu depois de liquidadas as candidaturas da primeira geração partidária, Dirceu, Genoino e Palocci por escândalos, Tarso por não ter apoio no partido. Na geração deles, talvez reste Jaques Wagner, mas que não tem tido exposição nacional. O nome cada vez mais citado para 2018 é o de Fernando Haddad, mas é delicado um partido apostar num nome único (o mesmo problema do PSDB, quando conta apenas com Aécio), ainda mais porque a cidade de São Paulo é uma caixa-preta, que pode muito bem levar um prefeito seu ao fracasso.

Curiosamente, é a terceira força que tem o maior estoque de nomes. A aliança entre Eduardo Campos e Marina Silva pode tanto reforçá-los quanto se estressar. Mas a soma de PSB e Rede tem um traço promissor, na medida em que propõe tirar-nos de uma cansativa polarização entre PT e PSDB. Ambos foram ministros de governos petistas, ambos hoje garimpam votos entre os tucanos. O PT adotou como estratégia desconstruí-los, apresentando-os como traidores; o PSDB prefere lisonjeá-los, vendo neles possíveis aliados para o segundo turno. Mas também o partido de Aécio tem, neles, uma ameaça. Se levarmos em conta o desgaste tucano e o apelo da aliança Eduardo-Marina, é possível que o amálgama, por enquanto malfeito, entre socialistas que não defendem o fim do capitalismo e sustentáveis que foram da ecologia para a economia acabe dando certo.

O que temos, então? Se o PSDB ganhar, começa uma história nova. Se perder, mas ficar em segundo lugar, terá que se reconstruir, para deixar de ser o perdedor constante da nossa política federal. Mas, se cair a terceiro, pode baixar para dimensões equivalentes às do atual DEM, pálido fantasma do que já foi. Para o PT, a vitória é o melhor cenário, como por sinal para os tucanos, mas coloca a questão do candidato em 2018, tema que não é trivial. Já a derrota pode ser calamitosa. O PT aprendeu a ser governo e esqueceu como é ser oposição. Não terá candidato nato para 2018, nem poderia ungi-lo a partir de uma posição de poder. Pelo menos, é improvável que o PT fique em terceiro lugar. Finalmente, o PSB+Rede é o contendor que ganha em qualquer cenário. Vencendo a eleição, isso é óbvio. Mas, se tiver o segundo lugar, desbanca o PSDB e sangra esse partido. Eduardo e Marina assim se posicionam bem para 2018. Para eles, mesmo o terceiro lugar, se for conquistado com uma votação honrosa, é positivo, porque os mantém no páreo.

Mas cabe a questão que iniciava o artigo. Parece que no Brasil os partidos são razoavelmente bons para disputar o poder, mas, depois de passar por ele, perdem a garra competitiva que os fez chegar lá. O PT vive um desgaste, até natural, de ser governo por doze anos. Mas o PSDB vive o desgaste, esquisito, de ter sido governo no passado, doze anos atrás. Dá vontade de brincar, dizendo que nossos partidos, depois de passarem pela presidência, não conseguem se desestatizar, voltar à livre concorrência... Parece que nossa política federal opera por uma série de sucessões, não pela ida e vinda característica da alternância. Por quê, é uma boa pergunta. ■

Entre a festa e a violência

Segunda-feira, 24 de março de 2014

Será por acaso que o ano começou com os rolezinhos de janeiro e prosseguiu com os *black blocs* em fevereiro? Antes do Carnaval, reza uma frase mais espirituosa do que verdadeira, nada acontece no Brasil. Pois aconteceu, sim. Primeiro, a festa dos pobres entrando, em multidões, nos shopping centers, não envergonhados, mas orgulhosos de ocuparem esses templos do consumo, dos quais eram barrados por seguranças que pertencem à mesma classe social que eles. E depois as manifestações violentas de minorias, provavelmente de classe média, contra "tudo o que está aí". Essa expressão nem foi usada, mas não precisava.

Minha tese é que o Brasil está reclamando, ainda que de maneira confusa, porque as exigências inéditas levadas às ruas de maio a julho de 2013 não foram atendidas, ou não deram os frutos esperados. Sim, não se melhora do dia para a noite o ônibus, o metrô, o trem de subúrbio, o hospital, a escola, a polícia. Mas as pessoas sequer sentem as mudanças começando. Tudo isso dá uma sensação de *déjà vu*, de repetição. Um ano atrás, era o pedreiro Amarildo que sumia, hoje é Cláudia da Silva Ferreira, assassinada de maneira cruel*. Leiam notícias sobre esses temas: não saberemos dizer quais são do ano passado, quais deste ano. Entre os políticos, o mesmo presidente do Senado que, em pleno período de protestos, usava a FAB para ir a um compromisso de prazer agora utiliza um jatinho para implantar cabelos.

---

* Mãe de quatro filhos, foi morta pela polícia do Rio de Janeiro em 16 de março de 2014. Seu corpo foi colocado pelos policiais na mala da viatura e, por descuido, arrastado por centenas de metros. As imagens foram filmadas por um cinegrafista amador e causaram grande repercussão, mas em 2020 os policiais ainda não tinham sido julgados.

Seria injusto culpar um único ator político – tão injusto quanto culpar, indiscriminadamente, a todos – pelas promessas não cumpridas de 2013. Em São Paulo, o prefeito Fernando Haddad tentou aumentar o IPTU dos mais ricos, o mesmo que fez o democrata ACM Neto em Salvador, só que o paulistano foi barrado no seu intento pela Fiesp. Por isso, para melhorar o transporte público, a única medida importante que ele pôde adotar foram as faixas exclusivas para ônibus, que de fato reduzem o tempo de viagem de quem usa os coletivos. Mas seria preciso muito mais.

E aí está o problema. Em junho de 2013, a sociedade brasileira passou por um minicurso intensivo de politização dos problemas do cotidiano, que eu e vários analistas comparamos ao Maio de 1968 francês. O Brasil tem uma sociedade despolitizada, o que se expressa sobretudo pela constante redução dos problemas políticos a questões morais – como se ser ético fosse "a" qualidade de um homem público, quando não é mais do que sua obrigação. Ser ético é necessário, não é suficiente. Mas nosso debate público foi e é pobre – facilmente descamba para o insulto, a gritaria. E, no entanto, vivemos um inverno de descontentamento, sim, mas de muita esperança. Foi bonito.

Políticos ignoram protestos de rua do ano passado

Só que, quando os frutos não vêm, o Brasil retorna a seu funcionamento padrão, ao modo de segurança, como um computador que falha na inicialização e fica na operação básica. Estou cada vez mais convencido de que nosso país oscila entre dois polos do consumo – a festa e a violência. Os rolezinhos são a festa, os *black blocs*, a violência.

No consumo, literalmente consumimos o objeto, e isso vale tanto para o prazer quanto para o ódio. Consumimos comida, bebida, sexo. Uns consomem pessoas – são os violentos, predadores ou criminosos. O consumo exige sempre mais. Lembro o professor Antonio Candido, anos atrás, comparando os grandes computadores que então apareciam àqueles dragões de história em quadrinhos, vorazes, que precisam comer toneladas de pão de ló... Pois o consumo é assim: nada o satisfaz, nada dura muito tempo. Por mais que a gente coma, daí a umas horas deseja ou precisa de mais. Idem com o predador. Ele necessita sempre de novas presas. O problema é que o consumo não basta para construir. Ele é fundamental na economia, mas precisa de seu irmão inimigo, a poupança, e também da produção. Na vida social, se não houver educação, o consumo se torna cada vez mais predatório, destrói a natureza, até as relações humanas.

Mas é claro que uma coisa é a festa, a alegria, outra a violência. O que me faz aproximá-las é que ambas, no Brasil, passam ao largo da política. E, além disso, este ano, parece que elas vão convergir na Copa do Mundo. Esta era para ser a grande festa nacional. O Brasil é o país do mundo que mais se identifica com o futebol. Seleções europeias podem derrotar a nossa, mas sentimos um misto de obrigação e direito, a cada quatro anos, de disputar não uma classificação honrosa, mas a vitória. Somos o único país que esteve em todas as Copas, o primeiro a levar a Taça Jules Rimet para sua posse definitiva e, mesmo assim, até hoje sediamos apenas um evento, menos do que o México. Um ano atrás, passaria por louco quem dissesse que a Copa não seria uma enorme festa. Hoje, pode vir a ser o palco de muita violência – neste vaivém constante entre ela e a alegria.

Jorge Amado, jovem, escreveu o romance *O País do Carnaval*. O título era depreciativo. Os protestos atuais contra a Copa podem ser entendidos assim: cansamos de ser o país do futebol. O circo não vai mais preencher a falta de pão. A exigência de padrão Fifa para escolas e hospitais é corretíssima. Mas não endosso a violência nem a sabotagem de um compromisso assumido pelo Brasil. Em outras palavras, me recuso a apoiar a violência contra a festa. Posso, porém, ver a violência nas manifestações deste ano como um sintoma importante: a paciência está acabando. É um risco bastante elevado ignorar essa advertência e continuar o *business* político *as usual*. O que me choca mais é a relativa indiferença de tantos políticos a esse esgotamento das expectativas. Enxergam a advertência escrita na parede e nada veem. ■

Liberdade para defender a ditadura?

Segunda-feira, 7 de abril de 2014

Dois ou três episódios recentes tematizam a pergunta: liberdade para quem diverge de nós? Liberdade para quem defende a ditadura? Amigos discutem. Vou analisar esta questão sem me perder nos fatos, porque estes só respondem se os casos se enquadram ou não na regra geral, e é esta que precisamos definir.

A liberdade de expressão é suprema na democracia. Tanto o é que está se emancipando da liberdade de imprensa. Esta última é exercida por organizações de mídia. A de expressão começava com o maluco inglês falando num caixote do Hyde Park e hoje está nas redes sociais.

A liberdade, dizia a líder marxista Rosa Luxemburg, é sempre a liberdade de quem pensa diferente de nós. Não pode haver liberdade só para o "nosso" lado. A liberdade incomoda. A democracia não é um regime da unanimidade. É o regime no qual os leitores convencidos de que o PT é um partido de ladrões veem gente votar nele, e os que acusam o PSDB de indiferença aos dramas sociais sentem igual frustração... Dependendo de nosso grupo social, uma dessas convicções pode predominar, a ponto de só convivermos com gente que pensa como nós. Mas a divergência existe e é essencial.

Todavia, a liberdade de expressão inclui o direito de incitar ao crime? Não. Incitar a cometer um crime é crime. Não há liberdade de expressão para pregar "Mate policiais". Então, por que seria livre pedir a repressão aos negros, a desigualdade entre homens e mulheres, a cassação de direitos de quem não é criminoso, a tortura, prisão e assassinato de quem não concorda conosco? Defender a ditadura é pregar que se cometam crimes contra muitas pessoas; mais que isso: é defender que se cometa, contra a sociedade inteira, o megacrime que é privá-la do direito de escolher. É pregar crimes de altas proporções. Tanto assim que no Brasil é ilegal o racismo, nos Estados Unidos se punem crimes de ódio (como a homofobia) e na Alemanha, a pregação do nazismo.

Essa linha divisória deve ser nítida. Devem ficar claros os temas cuja prédica a democracia tipifica como crimes. Deve-se evitar o julgamento por inferência ("Se disse isso, significa que também disse aquilo..."). Mas não esqueçamos, aqui, os dois princípios em choque. Um é a liberdade de expressão. O outro é o direito de cada um a não ser vítima de crime. A liberdade de falar e agir cessa onde fere o direito do outro à integridade física e pessoal. Por isso defender a tortura e mesmo a desigualdade dos gêneros pode constituir crime.

Não entro no detalhe dos casos recentes, como o do professor de direito da USP*. Entrar neles é checar se os fatos precisos se ajustam ou não aos princípios éticos que validamos. O que quero é esclarecer estes últimos. Por exemplo, se alguém acredita que a democracia deve admitir até os discursos contra a democracia (posição oposta à minha), ele avaliará de outra forma o caso do professor. Mas a diferença dirá respeito aos princípios, não aos fatos. E cada país legislará do seu modo sobre os crimes de pregação de ódio. Com nosso histórico de racismo e ditadura, esses dois temas exigem, de nossa parte, uma ação mais firme do que em países que não viveram tais experiências de desumanidade.

Exponho agora a posição contrária à minha. Vários entendem que até mesmo os discursos do ódio devem ser permitidos, porque a discussão pública dará conta deles. Eles creem profundamente nas virtudes do debate. É uma posição respeitável, iluminista, de crença na razão. Mas, a meu ver, a pregação do mal não é vencida tão facilmente; ela persuade muitos. Ela inclui apelos emocionais baixos, como a invocação do sobrenatural, que inibem o uso da razão. Geram danos irreversíveis em vulneráveis. Nos Estados Unidos, em nome dela, seitas africanas têm pregado que crianças que nascem com certas deficiências não têm alma. Imaginem o que os pais fazem com elas.

* Professor que, em sua aula, elogiou fervorosamente o golpe de 1964.

Ensino superior deve educar, não pregar

Acrescento. Primeiro, não é certo um professor realizar prédica político-partidária, ou religiosa, em aula. Pode opinar fora da sala. Dentro dela pode argumentar politicamente sobre assuntos de seu conhecimento, mas jamais saindo da esfera racional. Opinião e preferência são direito dele, como de qualquer cidadão; sua diferença, como professor, é que contribua para a formação de seus alunos, o que não passa por crenças, mas por conhecimento. Esta muralha da China entre a pessoa privada, que tem crenças ou preferências, e a do professor, que tem um compromisso com o conhecimento, está determinada em lei no caso das instituições públicas de ensino, mas é um imperativo moral para todo professor, inclusive nos estabelecimentos privados. Sem essa separação, não se educa: se adestra.

Segundo, devemos rever se deve ou não haver discursos ou debates políticos nos *campi* universitários. No fim da ditadura, eram frequentes. Eram vitais. Veio depois uma lei proibindo o uso de prédios públicos para campanha eleitoral, entre os quais se incluem os das melhores universidades do Brasil, quase todas estatais. Essa proibição deve ser mantida, ou devemos excetuar as universidades, por serem ambientes em que se formam pessoas que farão o país de amanhã? Se for permitido, isso deve estar em lei, e precisa se garantir a pluralidade de posições. Outra pergunta: deve valer também para as instituições privadas? Ora, se o fim de umas e outras é a educação, o debate deve existir, se tiver teor educativo, e não, se não o tiver. Nas privadas, acontece de ser convidado só um lado, o do dono. Nem essa nem qualquer outra discriminação irracional deve existir. Ou proíbe para todos, ou libera; e neste caso com equilíbrio, pelo menos, das principais posições. ■

A crise do circo

Segunda-feira, 14 de abril de 2014

Pão e circo, diziam os romanos. Talvez esteja aí a essência da política, em todos os tempos. Por um lado, proporcionar ganhos materiais – pelo menos, a sobrevivência. Por outro, inventar fantasias, desejos, essa esfera da vida que não é objetiva, que não se mede, mas compete em importância com o interesse econômico. As pessoas não são loucas, não votarão sistematicamente contra suas vantagens. Por isso, quem quer arrochá-las sempre busca um pretexto, um tema nacionalista, religioso ou moralista. Aqui entra o circo, geralmente alegre, até exultante, mas às vezes sinistro. Quase tudo o que apela à imaginação humana pode dar em circo.

Lula pensou coroar três mandatos sucessivos do PT, marcados pela inclusão social em larga escala, inicialmente denominada "Fome Zero", com duas enormes festas, a Copa do Mundo e os Jogos Olímpicos. Sem maldade nenhuma: depois do pão, o circo. Depois da fome saciada, a festa.

Deu errado. Deu? Ninguém poderia imaginar, um ano atrás, que a *hashtag* #naovaitercopa pegasse fogo no país do futebol. OK, até penso que a maioria dos brasileiros prefere os jogos da Copa às manifestações. Pode ser que estas últimas estejam sendo superdimensionadas. Mas mesmo assim é triste a esquerda (ou centro-esquerda, como considero mais exato) reagir aos gritos nas ruas evocando os que falam mais em jogos do que em política – os que ficam em casa, os que não soltam a voz, os que veem TV, em vez dos que protestam. "Maioria silenciosa" sempre foi um termo de direita, convém mal à esquerda.

A expressão "pão e circo" costuma ter sentido pejorativo. Entende-se: numa certa altura da história de Roma, quando a grande cidade já dominava praticamente todo o Mediterrâneo, a cidade – ou melhor, seus ricos, os patrícios, os que mandavam – dispôs de recursos para aplacar uma plebe que, no passado, várias vezes ameaçara sua dominação. Isso se obtinha distribuindo-se comida (o "pão") e promovendo-se espetáculos, entre os quais lutas de gladiadores. Aqui está a essência do populismo, que seus atuais críticos conservadores esquecem: ele é uma forma de privar o povo, os pobres, do poder que desejaria ter. O populismo é conservador. Chávez, Lula ou mesmo Vargas não são populistas no sentido de dar pão e circo no lugar de uma coisa maior – porque eles efetivamente melhoraram a condição dos pobres. Já em Roma, distribuir pão e circo foi um meio de não fazer a reforma agrária e de preservar o poder em mãos das velhas classes dominantes.

A rigor, não há sociedade política sem pão e sem circo, sem a satisfação material e a midiática – que substituiu, faz tempo, a espiritual, a tal ponto que várias religiões hoje são tributárias da mídia. Em princípio, é positivo que se preste maior atenção ao pão, porque ele diz respeito ao real interesse das pessoas. Cinquenta ou cem anos atrás, teríamos pregadores dizendo que não, que deveríamos priorizar a alma; hoje, esse tipo de discurso, nas democracias, só tem sucesso nas regiões culturalmente atrasadas dos Estados Unidos. Bill Clinton falava de pão quando adotou o mote "É a economia, estúpido!" Já seu sucessor, o segundo Bush, fez das guerras com os muçulmanos o seu circo, rapidamente perdendo o capital de simpatia obtido com o Onze de Setembro.

#naovaitercopa pegou fogo no país do futebol

Não é fácil dizer onde está o interesse real das pessoas, onde estará o seu pão, com os *upgrades* que pode ter numa sociedade desenvolvida. Políticas sociais, que a esquerda aplaude, a direita contesta. O circo também nem sempre é fácil. Até porque em nossa sociedade ambos, pão e circo, foram privatizados. A renda da maioria hoje vem da economia privada – ainda que os governos, com suas políticas, cumpram o papel crucial de estimular ou travar a economia. Já o circo pertence à mídia. O *Big Brother Brasil*, que recém terminou sua 14ª edição anual, é o exemplo mais escarrado. Mas ele embota o sentido crítico das pessoas? Atende a interesses políticos? Favorece a dominação?

As pessoas cultas dirão sim à primeira pergunta, independentemente de sua preferência partidária, mas se dividirão nas outras. Para a esquerda, reduzir o senso crítico da maioria favorece o controle da sociedade pelas classes proprietárias. Já os liberais não verão assim. Mas provavelmente enxergarão a Copa do Mundo como o grande circo do PT e, por isso, só por isso, não porque torçam contra a seleção canarinho, não verterão lágrimas se o circo não for um sucesso de audiência.

Melhor não mentir a si próprio. Qualquer partido que dispute a hegemonia no país adoraria sediar aqui a Copa. Mas quem fez isso foi o PT. Só que esse episódio coincide com a crise dos circos, pelo menos os mais óbvios, em nossa política. Essa queda do circo talvez seja sinal de um certo amadurecimento dos costumes. Lamento que o declínio do papel político positivo da festa prejudique um partido que promoveu a inclusão social em escala inédita, um trabalho inconcluso, não por demérito do PT, mas pela dificuldade de uma tarefa que é demandada no Brasil pelo menos desde 1580 (eu dato a luta pela justiça social dos inícios do quilombo dos Palmares). Mas isso aconteceria, cedo ou tarde. Cobrar padrão Fifa para a saúde, a educação, a segurança e o transporte públicos hoje é um *slogan* contra o PT – pondo-se de lado a culpa dos estados e municípios em temas que, na maior parte, são de sua responsabilidade constitucional –, mas é também uma mudança cultural de monta, que veio para ficar. Isso só podemos saudar – mesmo aqueles que irão aos estádios e torcerão pelo Brasil e pela festa. O povo quer mais pão, com manteiga ou mesmo convertido em brioche, e menos circo. ■

O dilema sobre Dilma

Segunda-feira, 28 de abril de 2014

Seu primeiro ano foi uma lua de mel. Ouvia as denúncias contra seus ministros e os demitia, se fosse o caso. Depois de vários mandatos presidenciais em que a opinião pública sentira uma certa leniência em casos tais, Dilma Rousseff adquiriu a fama de gestora rigorosa e honesta. Nos anos seguintes, porém, essa imagem cedeu lugar à de intransigente, mal-humorada e até ríspida.

Mas essas imagens opostas se referem a uma mesma personalidade, ou postura. Dizem respeito ao mesmo referente: uma presidenta séria, pouco disposta a brincadeiras, exigente com o Tesouro, isto é, com "o seu dinheiro, o meu, o nosso", avessa a concessões em matéria de princípios – como o Código Florestal –, acreditando na coisa pública e inimiga dos malfeitos, nome que dá à corrupção. Nem a mídia mais hostil a seu governo e partido questiona sua honestidade. Num país em que a discussão política é pobre a ponto de se concentrar numa nota só, que é acusar o adversário de desonesto, ela é criticada por suas políticas e por sua eficiência, não por sua moral.

O problema é que os elogios e críticas incidem sobre o mesmo traço de personalidade – ou postura. Distingo. Traço de caráter pertence à pessoa. Incorporou-se à sua psique, por educação ou decisão. Postura é consciente, é mais racional. No seu caso, parece que psicologia e ética correm na mesma direção. No começo do mandato, esse rigor, que também se exprime num apreço à liturgia do cargo sem precedentes faz algum tempo, dado que inclui uma seriedade quase puritana, era louvado. Tínhamos uma dirigente que não fazia negócios. Com o tempo, tornou-se tema de preocupação e mesmo de crítica. Ela não cede. Para votar uma lei, faz o mínimo de acordos. Isso estressa as relações com os parlamentares e os partidos. Mas aparentemente tem dado certo, isto é, as derrotas em alguns projetos de lei não trouxeram resultado pior do que teria sido aceitar desfigurá-los.

Isso tem um custo político, que ela paga. Não é pragmática, queixam-se os empresários. Não gosta de política, reclamam políticos e colunistas. Nos dois casos, isso significaria que não escuta o outro, não quer ter notícias más, não faz concessões. Mas é tênue a linha separando essa descrição, que delineia um governante no limite do autoritário, e a do político sem princípios. Fazer uma negociação, que é coisa boa, está a apenas duas ou três letras de fazer uma negociata. Onde ficam as fronteiras da negociação, legítima, necessária na política, e da negociata, sua caricatura, sua negação?

Muitas críticas a Dilma, penso eu, exprimem um problema nosso, de nossa sociedade, não exatamente dela. Queremos ética na política, mas sabemos que na prática não é bem assim. Desconfiamos que a ética, na política, não entrega os bens desejados. Por isso, prestamos homenagem, da boca para fora, à moral, mas – pragmaticamente – aceitamos infrações a ela. Isso não é raro. Já vi pessoas que se indignavam com a desonestidade vigente, mas superfaturavam a conta que emitiam. Essa divisão na personalidade, essa contradição ética entre a fala honesta e a prática desonesta, percorre a sociedade brasileira de cima para baixo. Lembrem o senador Demóstenes Torres, do DEM de Goiás, que era um dos críticos mais veementes da corrupção petista, mas que depois foi acusado de estar ligado a negócios que lhe custaram o mandato.

Mas, na política, a contradição entre ética e prática apenas se torna mais evidente às críticas. Nem sei se é maior, ou mais visível, do que os malfeitos de nosso cotidiano. Muitos dos que criticam políticos agem, na vida pessoal, da mesma forma que os criticados. Com frequência maior do que seria aceitável, o político se torna bode expiatório dos microcorruptos do cotidiano.

Queremos ou não uma política com ética?

Não seria bom aproveitarmos esta ambivalência em relação ao caso Dilma para refletir sobre a ambivalência da própria sociedade brasileira quanto à ética na sociedade e na política? O movimento com esse nome tomou as ruas do Brasil há bons 22 anos, por ocasião do impeachment de Fernando Collor. Pareceu produzir bons resultados, como a queda do presidente e a cassação de deputados. Mas parou aí. Continuamos acreditando que seria bom alcançarmos a ética, mas que é mais seguro termos uma prática que tolera infrações, pequenas e enormes, em nome do resultado. A ética é o ideal, mas a prática desonesta é a realidade. Pregamos a ética para os outros. Queremos que eles se demonstrem éticos, mas nos reservamos o privilégio de ser pragmáticos em benefício próprio. Não que nossa sociedade seja sistematicamente desonesta. A desonestidade é exceção. Mas é uma exceção que se manifesta em momentos estratégicos da vida política – e social. Não aparece em questões poucas, porque menores – aparece em questões poucas, porque cruciais.

Mudar isso é possível. Campanhas, como a do Ministério da Justiça contra as minicorrupções de cada dia, educam. Mostram o nexo entre o ilícito meu ou seu, e o ilícito de nossos representantes. Porque quem nos representa, porque foi eleito por nós, nos representa também como somos. O limiar da honestidade precisa ser levantado, na vida de todos. E, além disso, é viável, ainda que difícil, um pacto entre políticos. Seria possível políticos honestos, de vários partidos, acordarem que não aceitam o apoio da banda podre. Isso poderá gerar um ou dois anos de turbulência, mas dará efeito. E então saberemos distinguir se um governante merece ser criticado porque se fecha a negociações – ou elogiado porque se recusa a negociatas, que são coisas diferentes, sendo uma a essência da política, a outra, a essência da corrupção. ■

A agenda da vida

Segunda-feira, 12 de maio de 2014

O debate que não teremos este ano

Não teremos, nesta campanha eleitoral, um debate sério sobre o tipo de desenvolvimento de que precisamos. É provável que reeditemos o confronto de 2010 entre candidatos que, apesar de todas as suas diferenças políticas, compartilhavam a ideia de desenvolvimento econômico, mesmo às custas da natureza e da qualidade de vida.

Bom exemplo disso é a convergência generalizada deles na questão do transporte individual. Ele continua sendo uma chave importante do nosso crescimento econômico. A cada crise na economia, incentivos são dados para a aquisição desse veículo, cuja proliferação em escala norte-americana – ou brasileira – é irracional e gera novos problemas. Aumenta a poluição, congestiona um trânsito cada vez pior, causa uma perda de tempo gigantesca. Mas não conheço nenhum governador de estado brasileiro, a não ser Jaime Lerner, do Paraná, que tenha proposto parar com essa aposta insana. Mesmo a sua invenção de maior impacto para melhorar o transporte coletivo acabou sendo usada em larga medida mais no exterior, em Bogotá, do que no Brasil: o "ligeirinho" de Curitiba inspirou o Transmilênio da capital colombiana.

O que seria um debate sobre o desenvolvimento? A questão já foi levantada em anos passados por Marina Silva e Fernando Gabeira, mas não parece que vá pautar o debate deste ano. Basicamente são dois os pontos que requerem uma mudança de paradigma. O primeiro é a preservação da natureza. Nossa sociedade é a primeira na história a poder medir cientificamente os riscos de uma séria deterioração, ou até destruição, das condições de vida neste planeta. Por isso, é preciso cuidado com os recursos naturais: queimar no tanque do carro fósseis que demoraram milhões de anos a se formar é um absurdo sob todos os pontos de vista, inclusive econômico. Ou seja, não é coisa de maluco querer substituir os combustíveis fósseis: loucura é usá-los na velocidade atual, com efeitos predatórios. O que será do mundo em um século?

O segundo é a qualidade da vida, sobretudo, mas não só, urbana. Nossas cidades se degradam a olhos vistos. Em poucos anos, as cidades brasileiras poderão estar paralisadas. A medida mais forte tomada em duas décadas para melhorá-lo, em São Paulo, foi um tiro no pé: o rodízio de automóveis particulares. Ele deu a ilusão de que seria viável conviver com a constante ampliação da frota. Hoje, com rodízio, a situação está pior do que na Pauliceia antes de sua implantação, na década de 1990.

Ora, nada disso está no cabeçalho dos programas de governo, nem deverá aparecer na televisão durante a campanha. Discute-se, por exemplo, o pré-sal, mas sempre se parte da premissa, insustentável, de que usar petróleo de alta qualidade para uma pessoa ficar parada no carro horas a fio, sozinha, não é uma enorme insensatez. Os partidos discutem como explorá-lo, se pelo Estado ou pela empresa privada, onde gastar o dinheiro que ele há de gerar, mas mal questionam se devemos torrar mais este recurso caríssimo e que será queimado uma vez por todas. Namoramos nossa própria destruição. Mas desse suicídio anunciado não se fala.

Vejamos as inundações de tantos rios que atravessam nossas cidades. As marginais do Tietê, como as de tantos outros rios, na verdade pertencem a eles. São as terras para as quais, normalmente, em caso de temporais, transbordariam. Contudo, foram ocupadas pelos automóveis e, em menor proporção, por prédios. O preço de devolvê-las ao rio é seguramente alto. Mas Seul bancou a revitalização de um rio que a atravessa, ainda que seja bem menor do que o Tietê ou o Pinheiros. Já o custo de sufocar o rio com avenidas marginais é cobrado de nós todo ano, para não dizer o ano todo.

Ou o transporte público. Sem o aumento do IPTU, só restou ao prefeito paulistano Fernando Haddad, para melhorar a circulação dos ônibus, o recurso a faixas exclusivas. Elas melhoraram o transporte coletivo, enquanto deixavam clara a lei da física segundo a qual dois corpos não ocupam o mesmo lugar ao mesmo tempo. Ou o coletivo, ou o particular.

Essa oposição deveria ficar clara para todos nós. Mas iniciativas emergenciais não bastam. O que tem de ser feito sairá caro, mas custará mais dinheiro – e qualidade de vida – continuar investindo na produção de carros. Só que o carro gera empregos e impostos em larga escala: por isso, de novo, o curto prazo sacrifica o longo prazo.

O que acontece hoje é que a agenda de temas a debater – e a resolver – no plano político cresce ininterruptamente. Temos ainda, como legado de meio milênio de desigualdades gritantes, uma exclusão social significativa, que é necessário vencer: essa é a pauta da pobreza e da miséria. Também contamos com uma qualidade notavelmente ruim dos serviços públicos básicos, como saúde, educação, segurança e transporte, que foram os alvos mais visíveis dos protestos de 2013: essa é a pauta das ruas, que veio para ficar. Há ainda a pauta – sobretudo empresarial – da baixa produtividade do trabalhador brasileiro, que requer esforços intensos de educação, só para iniciar.

E temos a agenda da vida, que expus nesta coluna. Cada uma destas pautas exige muito. É compreensível que vencer a pobreza e aumentar a competitividade sejam priorizados, enquanto a melhoria dos serviços públicos e uma ampla reversão do modelo de desenvolvimento demandam tanto empenho, tanto dinheiro e tanta conversão dos valores dominantes que parece mais fácil manter as coisas como estão. Mas esse estado de coisas é insustentável, nem digo a longo, já a médio prazo. É preciso mudar, em especial a que talvez seja mais importante, a agenda da vida. ■

As eleições menos importantes do país

Segunda-feira, 19 de maio de 2014

Que poderes têm os deputados estaduais?

Nas eleições deste ano, um cargo chama, se posso assim dizer, nossa desatenção – porque é o menos importante em jogo: o de deputado estadual. São mais de mil, incluindo os distritais de Brasília. Mas têm menos poder do que deputados federais, senadores ou mesmo vereadores. Todos os governadores, ou quase, controlam as assembleias legislativas sem dificuldades. A oposição, nessas casas, é fraca; em alguns casos, nem existe. Fala-se que o Legislativo federal é controlado pelo Poder Executivo; mas o controle é mais forte no nível estadual.

Uma razão para isso pode estar na menor competência dos estados para legislar. Nossa Constituição confere à União competência legislativa sobre praticamente qualquer assunto, enquanto cabe aos municípios decidir assuntos de interesse local, como o zoneamento, que afetam diretamente a vida dos moradores. Já os estados têm sobretudo uma competência concorrente à da União e dos municípios. Como aos legislativos cabe, é óbvio, votar leis, resulta disso que os estaduais produzam pouco. E como os governadores são personagens de destaque em nossa política, efetuando um poderoso meio de campo entre prefeitos e presidência, bem como influenciando bancadas no Congresso, cresce o fosso entre um Executivo estadual forte e um Legislativo fraco.

Só para comparar estados e União: a presidência da República tem muito poder, mas a cada votação relevante tem de renegociar sua maioria em duas casas legislativas distintas, nas quais há mais partidos relevantes do que nos estados. Porque, se em cada estado há poucos partidos que contam, na escala nacional eles se tornam numerosos. O Legislativo federal é mais complexo que os estaduais.

Pode haver razões históricas para o menor peso das assembleias. No Brasil colonial, o que importava, em termos sociais e políticos, eram os municípios. (Ulysses Guimarães, na época da Constituinte, certamente lembrava esta tradição, ao dizer que "as pessoas vivem nos municípios, não na União".) As capitanias, antecessoras das províncias do tempo imperial e dos estados da era republicana, na prática contavam pouco. Nas cidades, estava o que tínhamos mais perto de uma política representativa. Não tivemos assembleias provinciais, como as colônias inglesas da América, mas câmaras municipais, atuantes, ainda que esses órgãos em que pobres e escravos não tinham vez não fossem propriamente democráticos.

Mas a autonomia local, numa época de comunicações difíceis e lentas, foi um traço importante de nossos primeiros séculos. Prova disso é que, quando Pedro I outorgou a Constituição de 1824, depois de dissolver a Constituinte, ordenou que fosse submetida à apreciação das câmaras municipais – que, sensata ainda que não democraticamente, a aprovaram. As assembleias provinciais só nasceram com o Ato Adicional de 1834, durante o que Paulo Pereira de Castro chamou nossa "experiência republicana", a Regência.

A República rompeu o modelo centralizador que vigia desde os tempos portugueses, conferindo autonomia aos estados. Na República Velha, houve verdadeiras guerras civis no plano estadual, sem que a União interviesse. Erico Verissimo relata, no "Lenço Encarnado", a revolução gaúcha de 1923, em que chimangos e maragatos se matavam ante a neutralidade das tropas federais. A Força Pública paulista dispôs até mesmo de uma aviação militar. Desde 1930, porém, essa autonomia recuou. Nunca nossos estados, ao contrário dos norte-americanos ou mexicanos, puderam legislar sobre o crime. Mas tiveram, nos primeiros quarenta anos do regime republicano, códigos próprios de processo judicial. A partir da Revolução de 30, reforçada pela ditadura militar, a centralização caminhou a largos passos. Reduziu, nesse processo, a competência de legislar dos estados.

Isso é bom, é ruim? Não sei. Hoje o poder político reside, em larga medida, na orientação da atividade econômica. Essa é uma tarefa, em qualquer lugar do mundo, do poder soberano. Unidades subnacionais podem gastar o que arrecadam em impostos, mas não têm meios fortes para definir como se produz a riqueza – da qual vêm os tributos. Na própria Europa, a unificação em curso reduz o poder dos Estados nacionais, o que fica evidente na atual, longa e talvez insolúvel crise do euro. Era inevitável diminuir a competência legislativa de nossos estados – até porque a enorme autonomia deles, vigente na República Velha, não resultava de demandas populares, porém de um acordo entre oligarquias.

Mas fica o problema. A competência de legislar dos estados é limitada; suas assembleias não causam muito impacto; um vereador de capital pode ser mais influente do que um deputado estadual; salvo desconhecimento meu, a única assembleia do país a ser forte no imaginário dos cidadãos é a fluminense, onde o povo vai protestar contra tudo o que é assunto. Não por acaso, dentre as assembleias só a Alerj é popularmente reconhecida por sua sigla. Governadores são personagens políticos relevantes, deputados estaduais não. Queremos isso?

Essa situação é boa para nossa política, nossa sociedade? Há meios de mudá-la? O quadro me faz pensar na Assembleia de Representantes criada, em 1891, por Júlio de Castilhos, no Rio Grande do Sul. Ele fez adotar uma Constituição positivista, que deixava aos deputados gaúchos só o papel de votar o orçamento. Todas as outras leis eram baixadas pelo Executivo. É claro que tudo mudou de lá para cá. Mas deveríamos discutir o que queremos de um órgão legislativo que, em que pesem as intenções dos seus membros e os votos que legitimam seus mandatos, é o menos significativo de nosso sistema político. ■

O presidencialismo de coalizão

Segunda-feira, 2 de junho de 2014

Tornou-se praxe, no Brasil, acusar o presidencialismo de coalizão de todos os males da vida política e até social. Ele é responsabilizado pelas negociações que dão sobrevida a políticos fisiológicos, em troca de seu apoio no Congresso. O último a criticar esse modelo político foi Eduardo Campos, no *Roda Viva* da semana passada. Só que mudá-lo pode trazer novos problemas, em vez de vantagens.

O que é presidencialismo de coalizão? É a soma um presidente eleito com a maioria absoluta dos votos válidos – no primeiro ou segundo turno, e que por isso mesmo é fortemente representativo – e de um Congresso escolhido junto com o primeiro turno presidencial, no qual nenhum partido tem a maioria: no Brasil, nem sequer 20% dos assentos na Câmara. Negociar é inevitável. O partido ou coligação presidencial nem sempre obtém a maioria parlamentar. Assim, se um candidato com pretensões a se eleger faz, em sua campanha, alianças já duvidosas em busca de tempo no horário eleitoral, uma vez eleito fará alianças ainda mais complacentes, para ter a base legal e orçamentária de seu governo.

Mas como mudar essa situação? O único meio seria assegurar que o partido ou coligação do presidente eleito atinja maioria absoluta nas duas casas do Congresso sozinho, sem precisar de negociações posteriores a sua eleição. Isso é viável? Se sim, a que preço?

Primeira dificuldade: o Senado se renova parcialmente – um terço este ano, dois terços daqui a quatro. Mesmo que o presidente se eleja com uma avalanche de sufrágios, não basta para mudar a maioria no Senado. E essa casa existe justamente para isso: para evitar que maiorias, digamos, "circunstanciais" façam barba, cabelo e bigode. É uma casa conservadora, que deveria retardar a aprovação de medidas muito radicais – o que, aliás, nem sempre faz, tanto que, em 1997, votou a reeleição sem dificuldades. (Lembro esse episódio porque foi uma de nossas maiores mudanças institucionais da era republicana, rompendo uma tradição que parecia cláusula pétrea no presidencialismo latino-americano – por sinal, o único presidencialismo consistente fora dos Estados Unidos.)

Segunda e mais imediata: para ter maioria em qualquer das casas, será preciso reduzir brutalmente nosso sistema partidário. O pluripartidarismo, outra tradição brasileira importante, teria que ceder a vez ao bipartidarismo. A ditadura militar tentou isso, de 1965 em diante, até com golpes baixos como cassações e sublegendas, mas sem êxito. Finalmente, em 1982, cedeu à realidade. Se a vontade brasileira de não se encarcerar num modelo de apenas duas opções resistiu à censura, à tortura, à ditadura, será ela vencida por uma lei eleitoral? Essa lei eleitoral passará no Congresso, expressará a vontade popular? Duvido.

É certo que a arte da governabilidade passa, mais vezes sim do que não, pelo recurso de converter uma minoria de votos na sociedade em maioria absoluta no Parlamento – com sorte, converter uma maioria relativa (mas não absoluta) em metade mais um. Na França, isso se obtém, desde a redução do mandato presidencial aos mesmos cinco anos do parlamentar, por um truque curioso: o presidente da República se elege e, em seguida, dissolve a Câmara, que, eleita um mês depois dele, lhe dá uma maioria quase esmagadora. Isso liquida a oposição. Queremos isso? É quase o mesmo que governar sem Parlamento.

Na Itália, é pior. Desde 2005, uma lei conhecida como Porcellum (literalmente, "porcaria") deu 54% das cadeiras na Câmara ao partido ou coligação mais votado. O codinome dado pelo cientista político Giovanni Sartori à lei, e que pegou junto ao povo, já diz tudo. A invenção é da direita. Mas em 2013, com 32% dos votos, a centro-esquerda levou 54% da Câmara, enquanto a direita de Berlusconi, com 1% a menos, obteve 20% das cadeiras.

Mesmo a eventual adoção do voto distrital entre nós – outro sistema do qual não temos experiência no Brasil em regime democrático, tendo vigido apenas no Império e na República Velha – não criará uma maioria absoluta, se continuarmos tendo mais que dois polos políticos. Ou seja, para acabar com o presidencialismo de coalizão, precisaríamos reduzir à margem de erro tudo o que for terceira via, terceiro partido, onde só ficarão os que não receiam ser minoria, os que abrem mão do projeto de governar o país porque preferem usar a tribuna para pregar uma causa – por sinal, muitas vezes digna: verde ou socialista.

Melhor resolver problemas atuais do que criar novos

Veja-se o problema. Os dois partidos que há vinte anos disputam a hegemonia no país, e que talvez continuem essa disputa, nasceram em ruptura com o quadro político vigente. O PT era "diferente de tudo o que estava aí". Conseguiria crescer num sistema bipartidário? O PSDB era uma dissidência do PMDB. Teria lugar num sistema tal? Improvável. Renovações seriam difíceis. Já a Rede ou o PSB: sem chances.

Penso que a soma de um Poder Executivo disputado em termos mais ou menos bipartidários, mas flexíveis (no qual podem despontar Marina ou Eduardo), e de um Legislativo pluripartidário expressa melhor a complexidade de nossa vida social e política.

Agora, se o problema é a corrupção, podemos enfrentá-la com outras armas, sem destruir este delicado arcabouço político: podemos abolir o financiamento de campanhas por empresas (que, ao contrário de pessoas físicas, não são eleitores nem podem ser presas por crime eleitoral), aumentar a fiscalização, agilizar os julgamentos na Justiça Eleitoral, reduzir o número de candidatos que cada partido pode lançar ao Legislativo, entre outras medidas. Melhor identificar e resolver os problemas que existem do que criar novos. ■

Presidente por quatro ou cinco anos?

Segunda-feira, 9 de junho de 2014

Em diferentes ocasiões, dois aspirantes pela oposição à presidência defenderam o fim da reeleição, somado à ampliação do mandato presidencial para cinco anos. Mas me permito dizer que esse mandato maior é uma ideia ruim, que certamente foi proposta sem que os dois candidatos medissem bem suas consequências. (Da reeleição, já falei em outra coluna, mas resumirei o que penso no final desta.)

Se o mandato do mais alto cargo executivo da República subir para cinco anos, a primeira pergunta é: acabará a coincidência da eleição do presidente e das legislativas? Essa coincidência surgiu há apenas vinte anos e foi, ao lado da criação do segundo turno, uma das melhores mudanças institucionais das últimas décadas. Se aumentar o mandato presidencial ou acaba a coincidência ou os mandatos legislativos sobem: para cinco anos o de deputado federal, para dez anos o de senador. Ora, deputados eleitos por cinco anos nunca houve no Brasil e não são frequentes, mundialmente falando; senadores por dez seria um excesso, um absurdo.

Então, que tal acabar com a coincidência de mandatos executivo e legislativo? Ela foi introduzida somente em junho de 1994, por uma emenda à Constituição de 1988. Dizem as más línguas que teria sido com a intenção de encurtar um eventual mandato de Lula, favorito, antes de iniciar o Plano Real, para as eleições que seriam daí a quatro meses. Não importa. O fato é que nossa última eleição solteira (ou "escoteira", como preferem alguns – o significado é o mesmo) para a chefia do Executivo federal se deu em 1989. Fernando Collor, talvez o mais demagógico dos nossos presidentes, venceu, em boa medida porque não havia nenhuma outra eleição junto com a sua.

Todo o messianismo, o sebastianismo que se concentrou no primeiro presidente eleito da Nova República foi, não digo criado, mas facilitado porque o pleito estava separado de qualquer outro – sem a necessidade de construir uma estrutura partidária inteira. Some-se a isso o momento: quase três décadas sem eleições livres; a enorme expectativa colocada no regime democrático; a frustração com o primeiro governo civil, sobretudo devido à inflação; o receio dos meios conservadores e da mídia ante a possível vitória de Lula ou Brizola, tidos por dois incendiários.

Collor deu no que deu – até hoje o único presidente nosso afastado do poder mediante um processo regular de impeachment, o que abriu um período difícil, mas ao fim das contas áureo, de nossa História: a tranquilidade da transição para seu sucessor, o Plano Real, o primeiro e único plano de estabilização monetária introduzido sem susto, sem surpresa, sem mistérios. E nessa ocasião, aproveitando-se o fato de que, quando se elege o presidente por cinco anos e o Legislativo por quatro, seus mandatos só coincidem a cada vinte anos, mas isso aconteceria já naquele ano de 1994, mudou-se a Constituição para tornar permanente a coincidência. Desde então, um candidato faz campanha pelos outros. Aumenta a fidelidade partidária, pelo menos nos partidos finalistas para a eleição presidencial. Cresce a responsabilidade recíproca, entre os que disputam o Executivo e o Legislativo pelo mesmo polo político.

Coincidência dos mandatos federais foi uma conquista

Vale a pena pôr em risco essa corresponsabilidade de Legislativo e Executivo? No único período democrático que tivemos anterior ao atual, entre 1946, o presidente era eleito por cinco anos, os deputados por quatro e os senadores por oito. A não coincidência significa que os dois poderes eleitos se defrontam representando vontades expressas em tempos distintos. Esse fato acirra, em vez de acalmar, os conflitos. Põe em confronto duas legitimidades diferentes, sendo que a mais recente sempre poderá dizer-se mais forte.

É claro que há uma possibilidade, que não mencionei ainda, de funcionar o mandato de cinco anos: é generalizá-lo para todos os eleitos federais. O presidente e os deputados subiriam de quatro para cinco, os senadores baixariam de oito para cinco. Resta ver se o Senado aprovaria uma proposta que corta substancialmente a duração do mandato de seus membros. Eu reduziria minha oposição a essa proposta, neste caso, mas considero difícil sua aprovação na Casa Alta.

E por que sou favorável a manter a reeleição? Porque concordo com uma ideia de Thomas Jefferson, para quem, na prática, o presidente dos Estados Unidos era eleito por oito anos, com uma possibilidade de *recall* (ou reexame) na metade desse prazo. Porque quatro anos são pouco para governar o Brasil: no primeiro ano se segue um orçamento votado pelo governo anterior e se forma a equipe, que é truncada no segundo ano de governo, porque muitos saem para as eleições municipais, e no último ano o mandato já está acabando e há novas eleições para ele. Ou seja, o ano tranquilo é o terceiro ano de mandato, aquele em que se pode trabalhar mais.

O país é muito complexo. Somente a formação da equipe presidencial demora pelo menos um ano. Mas, no caso da reeleição, tudo está já montado, em andamento, e praticamente todos os anos do segundo mandato podem ser de gestão. Ou seja, minha preocupação é: como maximizar a administração, a gestão, que precisa estar legitimada pelo voto popular, sim, mas não a ponto de perturbar a continuidade das ações de governo. Se o governo estiver bem avaliado, seu titular é reeleito, se não, não. E, nisso, um quinto ano de mandato acrescenta pouco: apenas faria, pelo cálculo acima, que o terceiro e o quarto ano fossem mais produtivos, enquanto um governante reeleito pode, em tese, ter todo o segundo mandato em razoável tranquilidade – sempre falando em termos de gestão. ■

Tolerância a ofensa prejudica candidatos

Segunda-feira, 16 de junho de 2014

Aécio Neves e Eduardo Campos quiseram explorar politicamente os xingamentos a Dilma Rousseff na abertura da Copa. Podem ter começado aí a perder a eleição. Algum imprevisto pode ainda beneficiá-los. Mas eles foram tolerantes com os insultos, e nisso expuseram uma dificuldade cognitiva de ambos. Mostraram-se em descompasso com os avanços nos costumes ocorridos nas últimas décadas, e que incluem o repúdio ao machismo, aos preconceitos e mesmo à falta de educação.

A primeira exigência para quem quer governar o Brasil é identificar os sinais do novo. O maior deles, no período recente, esteve nas manifestações de 2013, rompendo com a política tradicional. Dentre os presidenciáveis, Marina Silva é a mais apta a decifrá-los, mas está limitada por seu conservadorismo em matéria sexual – aborto, casamento gay. Já Aécio e Eduardo ignoraram as ruas, a não ser para tirar proveito delas com os prejuízos que causaram a Dilma e ao PT. Nenhum deles abriu diálogo com os manifestantes. Eles querem ganhar com o descontentamento, mas têm pouco a lhe propor. Dilma continua sendo, dos três candidatos, o mais capaz de conversar com o novo, ainda que ela própria não faça parte dele.

O episódio revela a pouca sensibilidade dos candidatos homens à renovação dos costumes. Essa nova sensibilidade não se confunde com a direita ou esquerda tradicionais. Aparece no *El País*, no *New York Times*, no *Guardian*, na revista *Trip*. Repudia o preconceito contra negros, mulheres e homossexuais. Detesta a opressão e a corrupção. Ora, quando os dois candidatos se comprazem com a má educação de um público com dinheiro, eles se opõem a essa nova sensibilidade. Essa dissonância com o novo poderá aparecer em outras questões, fragilizará os dois e fará a festa do PT, que não podia ganhar presente melhor.

Assim, quando Eduardo Campos diz que os xingamentos "talvez" não fossem a "melhor" forma de expressar o mau humor e a discordância com o governo, ele está indicando que "talvez" fossem, pelo menos, uma forma aceitável; perde a chance de ouro de repudiar a forma, ainda que para elogiar o conteúdo. Aécio não se saiu tão mal, mas na manhã do dia 13 aprovou implicitamente os insultos, somente se distanciando deles à tarde, quando se corrigiu de sua gafe, mas sem pedir desculpas.

Temos duas agendas distintas na dimensão política da vida social. Uma é centralmente política, enfeixando metas sociais e em meios econômicos. Sobre esta, nossos três candidatos têm muito a dizer. Outra é dos costumes, agenda essa forte especialmente no Brasil: combate preconceitos, opressão e corrupção. É a agenda que dá o tom do novo, dos jovens – embora não agrade a nenhum dos três candidatos, afeiçoados a uma visão tradicional da política. Mas aqui Dilma se sai melhor, mesmo que só porque não disse, e dificilmente dirá, algo análogo aos dois rivais. Dilma não é a candidata da agenda da vida, como a chamei há algumas semanas, mas não entra em conflito com ela. Será por razões de gênero? Será porque, mulher, não cai na tentação do machismo, que ronda muitos homens, mesmo bem-intencionados? Não sei.

Outro erro, esse propriamente político: o Brasil está rachado entre duas interpretações da sociedade. Uma, majoritária na mídia e nas classes endinheiradas, detesta o governo petista. Outra, que venceu as três últimas eleições presidenciais, o apoia. Entre as duas, não há diálogo, nem mesmo sobre fatos básicos. Ora, qualquer político com pretensão de governar sabe que chefiará um país dividido. O vitorioso será legítimo, mas precisará ser respeitado pelos derrotados.

Como a macheza perdeu prestígio e virou machismo

Só que o respeito é uma via de mão dupla. A falta dele está desgraçando a Venezuela. E, quando se passa ao palavrão, o desrespeito ao candidato insultado ofende seus eleitores. Uma coisa é criticar, outra é desrespeitar. Alckmin exemplificou isso quando foi grosseiro com Lula, no debate de 2006: o presidente o chamava de "senhor", ele respondia com "Lula, você mente". Ofendeu os simpatizantes de Lula. Deu-lhe votos. Assim Alckmin perdeu sufrágios entre o primeiro e o segundo turno. Não se ganha eleição, aqui, com a falta de educação. Ela deixou de ser sinônimo de macheza. Tornou-se igual a machismo.

Pior, os dois candidatos fazem a festa do PT! Vestem o figurino conservador em que o PT tenta prendê-los. Pois o que quer o PT, senão mostrar que Aécio e Eduardo não entendem o que a maioria da sociedade deseja? Quando avalizam a falta de educação da "elite branca" (lembro Cláudio Lembo e Juca Kfouri, ambos a condenando), ajudam o PT a ter os votos não só do seu "terço gordo" de eleitores seguros, mas também entre o terço de eleitores que, por estarem indecisos, decidirão a eleição. Muitos deles não admiram o PT, mas repudiam ainda mais o conservadorismo dos sem educação. O grave, agora, não são tanto os insultos: é que dois candidatos presidenciais não percebam que a minoria de ofensores representa o atraso. Deste, nada sairá. É grave que, nas muitas horas entre o episódio e suas declarações, nem Aécio e Eduardo nem ninguém de seu círculo próximo tenham percebido o lado negativo das ofensas.

Para terminar, esta não é uma questão que possa ser "brifada" por um assessor. Um candidato pode ter gurus sobre a economia, a energia, transportes, saúde, até mesmo educação – mas precisa entender de política, de sociedade, do movimento do mundo. Gurus são para matérias técnicas, os valores são com o líder. Se ele não capta o espírito do tempo, dará problema. Por isso, se os dois erraram na postura sobre esse lamentável episódio, é provável que errem, de novo, quando estiverem em jogo valores. ■

NOTA DE 2021 Conta-se que certa vez o avô de Aécio, Tancredo Neves, corrigiu um colaborador mais jovem que, depois de se referir a algumas pessoas, para falar das outras, mencionou "o resto". Tancredo, prontamente: "Nunca diga *o resto*, diga *os demais*". São cuidados da educação e que mostram respeito ao outro.

Precisamos vencer de goleada

Segunda-feira, 23 de junho de 2014

Um ignorante em futebol, como eu, não pode discutir táticas de jogo. Mas posso dizer qual imagem me vem, como espectador e torcedor de Copas do Mundo: a de uma tendência de nossas seleções e times a buscarem o placar estritamente necessário para vencer. Frequentemente, quando pedimos uma dose de bebida, ganhamos um "choro", um adicional; mas não no futebol. Se o Brasil precisar de 1 a 0 para vencer a Croácia, não dará o sangue por um segundo gol; se um empate com o México não nos desqualificar, derrotá-lo não será questão de vida ou morte. Com isso, perdem-se a arte, a festa. Lembremos quanto se depreciou o futebol-arte, que dava beleza, mas não vitória; no seu lugar, veio um pragmatismo imediato. Imediato, mas arriscado, porque se perde, também, a garantia da vitória. A vantagem obtida não é sustentável. Pode ir para o ralo se, no final do segundo tempo, o adversário empatar e depois virar o jogo.

Não é assim nossa política, nossa sociedade? Muitos procuram compreender o Brasil tendo o futebol como metáfora de nossa ação, ou inação. Aqui me concentro num ponto só: a satisfação apressada com um trabalho ainda não garantido. Uma certa preguiça de ir além, e de arrematar com fecho de ouro, definitivo, o esforço. Um contentamento com o mínimo. Uma desistência de dar o sangue. Uma indisposição a ir além do exigido. O que traz um risco sério e claríssimo, mas ao qual não prestamos a atenção devida: o de perdermos tudo o que fizemos. Como não completamos o necessário, como minimizamos as tarefas que devemos empreender, acabamos deixando tudo mal amarrado. Talvez o nojento comentário sobre aqueles que, se não sujam na entrada, sujam na saída seja uma forma de atribuir aos mais vulneráveis dentre os brasileiros – aos mais nobres de nós, aos que, com seu trabalho forçado, construíram este país e foram mal pagos com séculos de preconceito – uma falha de caráter grave que, na verdade, é de quem poderia ir além, e não vai.

Dou um exemplo da mídia. Dois meses atrás, o jogador Daniel Alves inverteu o gesto racista de torcedores europeus que lançaram uma banana em sua direção e simplesmente a comeu*. Desarmou o que era uma metáfora dirigida contra ele – como negro, seria macaco e deveria comer bananas. O genial de seu ato foi reduzir a banana metafórica ao que ela é na realidade, apenas um alimento. Transformou um símbolo hostil em coisa benéfica. O ato, como se diz, bombou. Foi até mesmo aproveitado por uma grife de roupas.

Pois bem, uma revista afirmou que esse ato acabou com o racismo. Ora, é óbvio que não. O racismo continua presente em toda parte e, embora tenha sofrido um golpe com a banana de Daniel Alves, permanece forte e nocivo. Mas o comentário do órgão de imprensa exprime bem essa preguiça brasileira: se temos um problema sério, tentemos dizer que ele já está resolvido. Não nos empenhemos em medir os danos que ele causa, que são altos, em avaliar as medidas requeridas para resolvê-lo, que são custosas, ou as compensações a pagar pelo histórico de prejuízos causados, que são elevadas. Uma solução apenas simbólica se torna muito adequada, porque nos desresponsabiliza a todos. Diremos então que não há mais problema, que um único homem, por sua presença de espírito, nos dispensou a todos do trabalho de lutar contra essa praga que nossos antepassados criaram e que continua presente numa hierarquia social em que a maior parte dos negros tem pouco acesso aos escalões superiores da sociedade – uma das exceções sendo, justamente, os jogadores de futebol.

* Em 27 de abril de 2014, jogando pelo Barcelona. Daniel Alves era lateral desse time e da seleção brasileira. O torcedor do Villarreal que jogou a banana, David Campayo Leo, foi banido para sempre do estádio dessa equipe. Ver: <https://www.uol.com.br/esporte/futebol/ultimas-noticias/2014/05/02/espanhois-vao-as-ruas-para-apoiar-jovem-que-jogou-banana-em-daniel-alves.htm>. Acesso em: 14 jul. 2020.

Brasil tem de mirar mais alto seus problemas

E não é isso o que acontece com a infraestrutura econômica? A Região Metropolitana de São Paulo está a um passo do colapso, por falta d'água. O Sistema Cantareira mal aguenta um ano sem chuvas – mas perde 30% da água em vazamentos nas tubulações da Sabesp. Faltou planejamento? Faltou ação do poder público, que nos fez reféns de São Pedro. A culpa não é do acaso pluvial, não é da natureza, mas do trabalho humano insuficiente, que nos deixou à mercê do calendário das chuvas. Ou vejamos o mais de que os empresários se queixam: falta de estrutura nas estradas, energia, educação da mão de obra; de que reclamam os movimentos sociais: falta de transporte público, educação pública, saúde pública decentes; e ainda muitos leitores deste jornal: falta de uma segurança pública suficiente.

Gosto de *Macunaíma*, de Mário de Andrade. No *Manifesto Antropófago*, de Oswald de Andrade, vejo um país rico culturalmente, com grandes potencialidades devidas, justamente, a comer, digerir, alterar os insumos que recebe do resto do mundo. Temos uma civilização original, que não por acaso impressiona tantos estrangeiros. Mas uma de nossas falhas graves está nesta preguiça, neste contentamento com o pouco.

Devemos ir além da gambiarra, consertando ou mesmo refazendo tudo o que é preciso. E devemos fazer isso com técnica e arte. Ao contrário de duzentos milhões de compatriotas, não sou técnico de futebol, mas – como a maior parte deles – aprecio o empenho, o esforço, a garra, a satisfação do trabalho bem-feito. Goleadas são isso. Abastecimento de água e eletricidade suficientes, sistema viário que funcione também são isso. E no trabalho bem-feito há arte. Culpa-se muito o impedimento – que, a meu ver, tem mais o espírito do *cricket*, esse incompreensível esporte inglês, do que o do futebol... – por não haver mais goleadas. Mas temos de criar goleadas na vida social, conseguindo que nossas políticas sociais e econômicas sejam tão garantidas, tão consolidadas – e tão belas – quanto uma vitória destas que nos enchem o coração. ■

Pode diminuir a corrupção?

Segunda-feira, 30 de junho de 2014

Levanto aqui uma questão controversa: com o avanço das tecnologias de gravação e o enfraquecimento dos laços conjugais, será que ficou mais fácil desmascarar a corrupção? Essas duas mudanças, uma técnica, outra social, diminuirão o desvio de recursos públicos?

Primeiro ponto. Hoje, não há praticamente mais conversa secreta, salvo entre duas pessoas nuas na água. Fora deste caso, um dos participantes – ou uma terceira pessoa – sempre pode gravar a conversa. Esse registro poderá servir para negociar um acordo de delação premiada ou, antes mesmo, pressionar e chantagear a outra parte. Um caso exemplar é o do mensalão do DEM, quando se descobriu uma rede de corrupção no Distrito Federal. Pudemos até ver dois políticos agradecendo a Deus pelo dinheiro roubado que recebiam. Sem câmeras portáteis de vídeo, não haveria o escândalo nem o castigo.

Tivemos, no começo da Nova República, uma novela emblemática da exaustão de nossa paciência com a corrupção: *Vale Tudo* (1988). Faz já mais de um quarto de século! Nela, a vilã Odete Roitman forçava o genro Ivan* a corromper um funcionário público – mas ela mandava gravar a cena, de modo que Ivan acabava preso. Na vida real, funcionários paulistanos chantagearam o empresário Ricardo Semler – que os filmou e denunciou. A corrupção se tornou mais arriscada. Mas a tecnologia complexa que foi usada nesses casos hoje é banal. Está ao alcance de qualquer um. Qualquer *smartphone* registra qualquer malfeito.

* Representados respectivamente por Beatriz Segall e Antonio Fagundes.

Quer dizer que todo ato de corrupção hoje é denunciado? Não. Mas a facilitação de seus registros cria um risco maior para o corrupto. Ele sabe que tudo pode ser revelado. A única forma de evitar isso é as pessoas estarem sem roupa e num lugar – como uma piscina ou o mar – em que aparelhos eletrônicos não possam ser utilizados. Por enquanto...

A corrupção, no Brasil, foi tolerada porque parecia não prejudicar ninguém. Furtava-se dinheiro da Viúva; ora, por que dar esse nome ao Tesouro público? Porque, se um galã leva uma viúva a festas e jantares para pegar o dinheiro dela, não estaria prejudicando ninguém, a não ser sobrinhos ou netos que só querem que ela morra logo para herdarem um dinheiro que não foram eles que ganharam. Mas essa é a mesma justificativa do fiscal que, para não emitir uma multa, aceita ou cobra um agrado: todos saem ganhando, pensa ele. Ele não entende que sai perdendo o Tesouro, o dinheiro de todos, o bem comum. Esse descaso criminoso pela coisa pública só é igualado pela sua aparente inocência – um crime que seus autores não percebem como crime, que prejudica milhões de pessoas, sobretudo as mais vulneráveis, sem eles o notarem.

O corrupto não rouba supérfluos, mas o essencial

O dinheiro da viúva é estéril. Se eu não o pegar, ele não será usado. Mas a analogia não cabe com a Viúva, isto é, o Tesouro público. O dinheiro de todos é, ou deve ser, tudo, produtivo. Quando se rouba a Viúva, perdem-se obras, perdem-se serviços. O corrupto não furta indolentes, mas contribuintes. Não rouba o supérfluo, mas o essencial. Não tira de ninguém o que este não merece, mas, sim, o que poupou, pagou, constituiu. Por isso seu crime é horrível. Por isso a China os executa.

Mas essa consciência parece estar longe do "nosso" corrupto. Daí que tantos deles flutuem vagamente entre a corrupção deslavada e o simples descaso no trato dos dinheiros. Daí que alguns sejam simpáticos e até generosos. Daí que seu crime não seja "hediondo". O hediondo é quem afirma, na sua cara, que não preza a sua vida, ou mesmo sente prazer em matar, em torturar. Lembra a "Anedota Búlgara", de Carlos Drummond de Andrade:

Era uma vez um czar naturalista
que caçava homens:
Quando lhe disseram que também se caçam borboletas e andorinhas,
ficou muito espantado
e achou uma barbaridade.

Pois é, o corrupto pratica dois pesos e duas medidas. Ele, como o sonegador, não se reconhece como criminoso.

Por isso, no patrimonialismo brasileiro, e em sua derivada, a corrupção, o uso da crueldade parece raro, ao contrário da Máfia. A doutrina que sustenta patrimonialismo, nepotismo e corrupção é a da bondade de quem os pratica: se rouba o que é de todos, é porque é de nenhum. Daí que seja importante enfrentá-lo num de seus pontos mais fracos, a rede de confiança entre cúmplices que permite funcionar a corrupção. Ele precisa desconfiar do sócio e da mulher.

Assim, o segundo elo fraco que um bom investigador pode atacar é o enfraquecimento dos laços antes pouco dissolúveis do amor, como o casamento. O corrupto confiava na esposa, porque ela pertence a sua vida doméstica, privada, íntima, não ao mundo público. Se na política alianças se fazem e desfazem, a aliança na vida pessoal era permanente. Isso valia não só para o casamento, mas até mesmo para o estatuto duradouro de certas amantes. Ora, acabou esse asilo íntimo contra as agruras do mundo. As mulheres deixaram de assegurar o repouso do guerreiro. A insegurança pública invadiu a alcova. Relações se desfazem com uma raiva que não poupa segredos. A crise que derrubou o senador Renan Calheiros da presidência do Senado foi exemplar*. Acabou o papel secundário da mulher, que sustentava acordos num meio em que a palavra era constantemente quebrada; por que arcaria ela, sozinha, com tudo?

Microgravadores e amores líquidos expõem mais a corrupção a uma investigação bem conduzida. Mas a investigação tem que ser de primeira. Tem de jogar um contra o outro. Tem que dissolver as alianças, premiando a denúncia do parceiro ou mesmo do amor. É o que a legítima defesa da sociedade exige. Mas qual o impacto destas mudanças que vulneram o segredo sobre a corrupção? Espera-se que consigam reduzi-la. ■

* O senador teve uma filha com uma amante, sendo que a pensão alimentícia seria paga não por ele, mas por uma empresa – o que, vindo a público, gerou um escândalo político, em 2007.

Partidos para mudar ou para governar

Segunda-feira, 7 de julho de 2014

As eleições deste ano estão montadas numa contradição. Uma pesquisa, meses atrás, mostrou que dois terços do eleitorado querem "mudanças", mas metade dos votantes queria sufragar a presidenta Dilma Rousseff, que representaria a continuidade – e não é óbvio que Aécio Neves ou Eduardo Campos seriam a "mudança". É preciso começar a discutir a fundo o que significa esta contradição entre desejo e voto, e o que ela anuncia para a nossa política.

Há partidos que nascem para governar. Foi o caso do PSDB, fundado em 1988 como uma dissidência do PMDB. Reunia políticos tarimbados e intelectuais competentes, cujo acesso ao poder tinha sido bloqueado por duas décadas de ditadura e que se sentiram sem muito lugar nos primeiros anos da democracia, quando o PMDB fisiológico prevaleceu sobre o ideológico*. "Muito cacique e pouco índio", dizia-se dos tucanos, que realmente tinham mais líderes que militantes. Em apenas seis anos, chegavam à presidência da República: não por acaso, FHC era um intelectual convertido em político, não um político de origem. Os tucanos eram os mais *insiders* dentre os *outsiders*, os mais qualificados para governar.

Partidos que nascem para governar sabem exatamente o que fazer. São ou se consideram *the best and the brightest*, para usar o termo que celebrizou os colaboradores imediatos de John Kennedy, os melhores e mais brilhantes. Têm o diagnóstico exato dos problemas e das soluções.

---

* Adjetivos usados no período da ditadura sobre o MDB. Ele teria uma ala fisiológica, disposta a fazer acordos com o governo, e outra ideológica, pautada em ideais. Ideológico era um elogio.

Constituem-se como uma força de intervenção rápida; se o Brasil estava na UTI, que partido poderíamos ter de melhor? Olhando retroativamente, Collor foi a caricatura, prévia, do futuro governo PSDB: o golpe certeiro de judô que abateria a inflação, o voluntarismo do presidente jovem, tudo isso virou piada perto da sofisticação do Plano Real. Collor revelou seu plano na surpresa; já o Real foi sendo exposto, votado, digerido ao longo de mais de seis meses. Collor marqueteou a juventude, FHC, o saber e sabedoria.

Mas o PSDB não foi muito além disso; passados vinte anos, ainda se apresenta como o partido do Plano Real e das privatizações – isso num país que não mais teme a hiperinflação e no qual seria anátema privatizar Petrobras, Correios, Caixa e Banco do Brasil. Os tucanos mudaram o país porque queriam governar. Hoje, não está claro que mudança propõem, além da economia, que para a maioria é uma ciência incompreendida.

O PT foi nosso grande partido para mudar. A prova dos nove para os que querem mesmo mudar é: entre chegar ao poder abrindo mão de princípios essenciais e preferir a derrota, o que você faz? A segunda opção é árdua, mas o PT a tomou várias vezes. Reunia grupos os mais variados, descontentes com o *statu quo*, que tinham em comum uma preocupação ética e política com a injustiça social. (O PSDB também lutou contra as injustiças, mas tinha soluções prontas para elas; o PT explorava alternativas, não fechava rápido as decisões.) Para chegar ao poder, fez mil ensaios e erros de suas propostas, em campanhas e eleições. (O PSDB, querendo o eficaz, querendo-o logo, não ia tão longe na discussão do que é justo.) Daí, claro, o maior radicalismo, a maior ambição do PT.

A política precisa de quem acene com o novo

Quem, hoje, é partido para governar, quem para mudar? Para mudar, hoje temos meio partido, que poderá tornar-se inteiro nos próximos anos: a Rede Sustentabilidade. Repete características do PT. Tem forte ingrediente ético. Parece ter militantes ou ativistas não pagos, o que foi um distintivo petista. E, claro, tem diferenças internas. Contudo, se a preocupação social não está fora de seu horizonte, ela não é sua prioridade. A Rede nasce da defesa do meio ambiente. Seus líderes não têm, ou não têm mais, o foco na injustiça social. Sua plataforma não é de classe, mas da vida – enquanto *zoe*, a palavra grega para vida animal, mais do que *bios*, a vida humana.

Da defesa da natureza, a Rede foi caminhando para um foco mais largo, e também mais vago: o sustentável. Esse adjetivo tem vários sentidos, inclusive o da sustentabilidade dos negócios. (É este salto da vida natural para o econômico que a faz perder um tanto de vista o social.) Mas, em que pese esse salto, hoje é o partido mais disposto a abrir agendas de discussão novas e a introduzir algum idealismo na política. Digo "algum" porque nunca fica claro o bastante qual o seu vínculo com o mundo empresarial. De todo modo, é o elemento inovador em nosso quadro político.

Mas resulta difícil, tantos meses depois de sua ligação ao PSB*, entender como a união dos dois faz sentido, para além da eleição de outubro. Nenhum dos traços que acima expus se aplica aos pessebistas. Aliás, nem mesmo dá para chamar de "socialistas" os membros do PSB, exceto Roberto Amaral e poucos outros. Em resumo, a Rede parece um PT ainda fraco, como era nos anos 1980, mas com uma pressa tucana de chegar ao poder e implantar o que possa de sua agenda. Há algo surpreendente na Rede: Marina teve uma votação enorme em 2010, como Lula em 1989, o partido é idealista, como era o PT – mas ela e o partido se aliaram a um candidato e um partido bem menos inovadores. A Rede é o braço que quer mudar, o PSB, o braço que quer a presidência (mas sem ter a enorme aptidão dos quadros tucanos de 1994). Será frutífera esta união? Dará para somar, assim, o idealismo da Rede e o utilitarismo do PSB? Se funcionar, muito bem.

Pessoalmente, penso que, para mudar, é melhor aguentar uma longa travessia do deserto. Ela aprofunda e amadurece. Mas nosso propósito é apenas analisar, não é ditar soluções. O Brasil precisa de partidos para governá-lo, mas também para mudá-lo – e este segundo lugar está mais ou menos vago, desde que o PT, no governo, teve de fazer, também ele, *Realpolitik*. ■

* Não conseguindo registrar no Tribunal Superior Eleitoral a Rede Sustentabilidade, sua líder, Marina Silva, aliou-se a Eduardo Campos, candidato pelo Partido Socialista Brasileiro. A morte dele, num acidente de avião em agosto de 2015 – depois deste artigo –, acabaria por impelir Marina a sua segunda candidatura presidencial.

A reeleição, bens e males

Segunda-feira, 4 de agosto de 2014

Duas grandes emendas constitucionais da década de 1990 mudaram nossa política: a coincidência da eleição do presidente com a do Congresso, e a reeleição para os cargos executivos. Falei da coincidência de mandatos na última coluna; hoje trato da reeleição, que, por sinal, os candidatos de oposição querem abolir. Opus-me a ela quando foi proposta, em 1997. A primeira razão é que ela ia contra uma forte tradição latino-americana, que a proibia a fim de limitar o personalismo e o caudilhismo. A segunda era que uma mudança tão grande em nossa cultura política, a meu ver, deveria exigir que o povo fosse ouvido, por exemplo, em plebiscito. E, em terceiro lugar, considerei incorreto beneficiar quem já estava no cargo de presidente ou governador. Mas hoje ela já foi testada em quatro eleições consecutivas e está indo para a quinta. Dá para discutir se é boa ou má.

Começo pelo que me parece ser seu principal defeito (adiante, direi de suas qualidades). Não, não é que quem está no poder o manipule para se perpetuar. Quando ainda não havia reeleição, tivemos exemplos, em São Paulo-estado, de Quércia fazendo de tudo para eleger como sucessor um desconhecido, e em São Paulo-cidade, de Maluf fazendo o mesmo com outra pessoa que poucos sabiam quem era. Então, não me parece haver maiores diferenças entre usar a máquina para se reeleger – ou para eleger uma criatura desconhecida. O problema é usar a máquina, não é para quem ela é usada.

O maior defeito da reeleição é: ela cria um abismo dentro do partido. Quem se reelege deixa de ser um primeiro entre iguais. Torna-se um primeiro, muito acima dos outros. Imaginemos que a reeleição não tivesse sido aprovada em 1997. No ano seguinte, o PSDB teria eleito o sucessor de Fernando Henrique Cardoso, o qual teria sido ou José Serra ou Tasso Jereissati. FHC seria hoje o primeiro dos presidentes tucanos, isto é, um entre dois, talvez três, não a figura mítica do único presidente que seu partido deu até hoje ao Brasil. E em 2006, na sucessão de Lula, o PT disporia de poucos candidatos, depois da razia do mensalão – mas digamos que Tarso Genro ou outro nome se elegesse. Em quatro anos, Lula não teria construído a mística em torno de si que o fez deixar o cargo não só como o presidente mais bem avaliado da história do Brasil democrático, mas como um líder insuperável, pelo menos no seu partido. Também no PT, a distância entre um líder e outro seria menor do que hoje é.

Nos estados, a coisa varia. Em São Paulo, há vários anos que se alternam no governo Serra e Alckmin; mas é quase certo que, sem reeleição, o PSDB teria guindado mais um outro nome tucano ao Palácio dos Bandeirantes. Em Minas Gerais, Aécio Neves não teria cumprido dois mandatos sucessivos, nem Eduardo Campos em Pernambuco, nem Sergio Cabral no Rio. Em suma, teríamos maior diversidade de líderes. Ora, esses dirigentes políticos que se destacam muito acabam controlando a máquina partidária – nacional, estadual ou local – e dificultando mudanças de linha dentro do próprio partido; e, além disso, passam a ter um apelo popular bem maior que seus colegas. (Dos nomes mencionados, parece-me que FHC foi o único a não controlar a máquina partidária depois de deixar o cargo, talvez apenas por não o desejar.)

Reeleição atrasa surgimento de novos líderes

Renova-se menos a liderança. Ocorre uma escassez de líderes. Isso é preocupante. Voltando a São Paulo, hoje é difícil imaginar quem sucederá a Alckmin no estado – falo de 2018, supondo sua reeleição este ano. Alguém precisaria crescer e se destacar, mas quem? Como? Terá que se tornar conhecido em dois ou três anos. A rigor, são muitas as opções, o que quer dizer: nenhuma até agora despontou. Talvez o futuro líder seja mais manufaturado do que resultado de méritos autênticos, de uma efetiva preferência das bases partidárias ou de uma mensagem que tenha para a sociedade. Da mesma forma, para 2018 – o ano que hoje me parece ser o da próxima eleição realmente importante para a presidência

– não se antevê nenhum nome além dos quatro hoje em cena (incluo Marina Silva, além de Dilma Rousseff, Aécio e Eduardo).

Mas a reeleição tem seus aspectos positivos. Antes de mais nada, tira-nos da hipocrisia que é acreditar que a máquina não esteja sendo usada quando se cria um candidato a partir do nada. Claro que é utilizada, sim. E a razão principal: a reeleição dá continuidade a uma ação de governo, se estiver sendo bem-sucedida, mas a interrompe, se tiver perdido o apoio popular, que é o grande metro numa democracia. Num primeiro mandato se consome muito tempo acertando-se os ponteiros, preenchendo-se cargos, definindo-se políticas. Se o governante continua mais quatro anos, o segundo mandato é – ou deve ser – mais tranquilo. Em outras palavras, o segundo mandato pode até cansar todo mundo, governante eleito, cargos de confiança e povo, mas corre mais solto.

O segundo mandato também é a hora de saber se a proposta se completou e/ou se esgotou, ou continua valendo. No Brasil, o segundo mandato de FHC foi mais turbulento e provavelmente menos bom do que o primeiro, enquanto com Lula foi o contrário. Certamente isso contribuiu para FHC não fazer seu sucessor, ao passo que Lula o fez. Mas isso não quer dizer que os últimos quatro anos do presidente tucano tenham sido maus. Significa provavelmente que ele completou o que tinha a fazer. Teria sido tão bom sem ele? Penso que não. Do ponto de vista do interessado – nós, o povo –, ter dois presidentes sucessivos dessa qualidade foi um luxo. Sem a reeleição, esses dezesseis anos teriam sido menos bons.

O que, afinal de contas, vale mais, as vantagens ou os problemas da reeleição? ■

Uma política decente de direita

Segunda-feira, 11 de agosto de 2014

Defendo o diálogo entre as forças democráticas, isto é, a esquerda e a direita não autoritárias. Mas, justamente porque minhas simpatias estão com a esquerda moderada, quero expor o que poderia ser um programa audacioso e avançado de direita ou, se preferirem, liberal. Parto da grande tese do liberalismo: cada indivíduo tem capacidades únicas, notáveis, que para florescerem só precisam que sejam removidas as ervas daninhas. O Estado ou qualquer externalidade, inclusive as Igrejas, mais prejudicam do que ajudam. Claro que essas instituições devem remover obstáculos – e o grande exemplo é a repressão policial ao crime –, mas não devem impor direção às riquezas singulares de cada pessoa.

Liberal nada tem a ver com *libertarian*, expressão frequente só nos Estados Unidos e que não se confunde com libertário, que no resto do mundo é sinônimo de anarquista. O verdadeiro anarquista é contra o poder – do Estado, da Igreja, do capital ou do partido. Já o *libertarian* é só contra o poder estatal, mesmo democrático; mas aceita a desigualdade social, mesmo aguda, ou o poder econômico, mesmo abusivo. Muito ao contrário disso, todo liberal autêntico tem uma teoria do homem, literalmente uma *antropologia*, que afirma a riqueza inesgotável de cada indivíduo. Ora, o resultado lógico dessa convicção é que ele defenda uma radical igualdade de oportunidades, para que todas as flores, na sua diferença, floresçam.

Para o liberal, a igualdade deve estar na partida – mas não na chegada. Assim, justifica a desigualdade social a partir do empenho e desempenho de cada um, de seu talento e mérito. Um mote liberal seria:

igualdade absoluta de oportunidades, incentivo à diferença e à criatividade, recompensa do esforço e do empenho. A riqueza interna de cada um deve se expressar. Portanto, a desigualdade prévia à estreia de cada qual no trabalho deve ser a menor possível. No limite, como propunha um dos liberais mais avançados da história francesa, o jornalista Jean-Jacques Servan-Schreiber, autor do *best-seller O Desafio Americano*, a herança deveria ser abolida, porque desnivela os pontos de partida. Tal medida, difícil que é de implantar, estaria, não obstante, no horizonte liberal.

A sociedade ou o Estado devem garantir o que hoje chamamos de ações afirmativas. O liberalismo genuíno não é contra cotas. Um governo liberal teria por meta, num prazo prefixado de dez ou vinte anos, assegurar uma educação de qualidade elevada e, acrescento, de mesma qualidade para todos os brasileiros. Iria até além das cotas, porque não incluiria só os melhores dentre os descendentes de africanos e indígenas, mas todos. Devem acabar, se for o caso pela ação do Estado, todos os entraves – por definição, injustos, iníquos – à igualdade de oportunidades.

O liberalismo deveria incluir ações afirmativas

Para o liberal, a educação deve ser prioridade absoluta, justamente porque faz as pessoas crescerem em sua diferença (o que inclui todas as orientações sexuais que não constituam abuso sobre vulneráveis) e beneficia a vida social. Esta, numa sociedade culta e educada, deve reduzir ao mínimo a tutela do Estado. Por que interviria ele na vida sexual, religiosa, espiritual de adultos não vulneráveis?

O empenho – e o desempenho – devem ser aferidos. Responsabilidade é palavra-chave. Enquanto o socialista tende a considerar que todo trabalho é por definição social, e que é difícil distinguir a responsabilidade e a performance de cada indivíduo, o liberal quer responsabilizar as pessoas pelo que fazem. O socialista enfatiza a cooperação, o liberal, a liberdade, isto é, a competição, mas dentro dos quadros legais e éticos. Não é a competição a todo custo, não é a guerra hobbesiana de todos contra todos. Daí que liberais gostem de avaliações. Elas devem individualizar a responsabilidade pelos resultados obtidos, sejam bons ou maus. A remuneração deve estar associada a avaliações.

Há avaliações de todas as sortes. O mercado é um grande avaliador de bens e de certos serviços. Mas precisa de correções. Impostos podem levar o produtor de leite a receber mais pelo que vende do que o fabricante de refrigerantes, que têm um custo de produção menor, uma demanda alta e, portanto, uma margem de lucro potencialmente superior. Mas, para além da avaliação simples que fazemos todos os dias ao comprar, há avaliações refinadas, que se referem a bens sociais, não ou pouco mercáveis, como educação, pesquisa científica, saúde, cultura e, de modo geral, tudo o que é novo. Avaliações, aliás, jamais constituem fins em si. Devem gerar resultados. Se a educação é prioridade, os melhores educadores devem ser estimulados. Vejam que "melhor" inclui doses de criatividade e de dedicação ou, se quiserem, os "tantos por cento de inspiração e tantos por cento de transpiração" que se diz serem o segredo das grandes obras.

Este rápido percurso permite uma limpeza de terreno. Muito do que está associado à esquerda, porque ela é mais "social", na verdade cabe no mundo liberal. Cotas, por exemplo. Mas temos liberais no Brasil? Difícil dizer. Quem se declara liberal, aqui, com frequência é apenas contra o poder do Estado, e ainda assim somente quando o governante for escolhido pelos mais pobres. Por isso, não se trata de liberais, mas de conservadores. Também por isso, me reservo o direito de apenas reconhecer como liberal quem lute pela igualdade de oportunidades, em pensamentos, palavras e atos. Em alguns momentos, penso que – talvez – a Rede Sustentabilidade possa ocupar o espaço liberal em nosso país. Mas, de todo modo, entre nós o liberalismo continua sendo uma peça em busca de autor. ■

O valor dos consensos

Segunda-feira, 8 de setembro de 2014

Para entender Marina, seu programa e sobretudo seu impacto em intenções de voto, é bom falar um pouco dos tipos de jogos. Estamos acostumados a jogos em que um lado ganha e o outro perde. O futebol, por exemplo: a vitória do São Paulo é a derrota do Corinthians. Ou apostas: o dinheiro que amealho é o mesmo que meus adversários perderam. Mas nem todos os jogos são assim. Um roubo rende menos ao ladrão do que o prejuízo causado à vítima. Se ele rouba o som de seu carro, o dinheiro que receberá pelo equipamento será menos do que você gastará para comprar um novo e consertar a janela. E há os jogos em que os dois perdem.

O grande exemplo do jogo perde-perde é a poluição. As motosserras e carvoarias da Amazônia causam perdas imediatas, em vidas e saúde, e lucros também imediatos: a riqueza de quem desmata. Mas, a médio prazo, todos perdem com a devastação da natureza. A seca que este ano assola o Centro-Sul pode derivar desse descaso com a base natural da vida. Correu faz um tempo a lenda de que o general Westmoreland, que comandou a destruição norte-americana do Vietnã, teria perdido um filho depois da guerra, contaminado pelo pior desfolhante ali utilizado por seu exército, o agente laranja. É só uma estória, mas com uma moral: quem destrói a natureza paga por isso.

A ideia de uma situação perde-perde contrasta com nossa visão usual da política e da economia, na qual sempre imaginamos que haja ganhadores e perdedores. Mas se houver situações em que todos perdem? Então, deve também haver soluções ganha-ganha.

Temos aqui um dos raciocínios mais poderosos em termos de meio ambiente ou ecologia. Uns ganham a curto prazo com a destruição, outros perdem, mas, em uma geração, todos perdemos. Assim, se revertermos esses processos, sairemos todos ganhando.

Esta é uma das lógicas subjacentes à candidatura Marina Silva. Quando ela afirma que governará com os melhores dos dois lados em que se cindiu a política brasileira, exprime a convicção de que pode unir as pessoas capazes e bem-intencionadas numa só direção. Não é fortuito que a Rede tenha nascido de uma preocupação ecológica – embora esta não seja mais o centro de suas análises e propostas. No seu horizonte, sempre está o ganha-ganha.

Daí o modelo de discussão que a Rede prefere, ironizado por alguns críticos, o de construir um consenso. Reuniões duram horas. O objetivo não é tomar uma posição, o que se faria rápido com um voto. Porque votos só acentuam o racha, e a Rede quer unir as pessoas. A meta é construir propostas melhores e com maior apoio. Isso funciona muitas vezes. Gera um engajamento maior na proposta finalmente aprovada. Não exclui nenhum dos participantes. Opera de forma centrípeta, ao passo que a política é centrífuga, com as pessoas se dividindo por vaidade, interesses e até subornos. A Rede quer levar para a esfera política formas de convívio testadas em ambientes de empresas e organizações, as quais buscam aproximar, e não opor, as pessoas.

Mas os problemas são óbvios. Nada garante que, na gestão de uma sociedade complexa, essa demora dê certo. Se o presidente tem que "matar um leão por dia" (dizia FHC), não é possível construir um consenso em cada caso. Ademais, nem todas as questões podem ser conduzidas ao modelo ganha-ganha. Esse modelo serve como uma luva para a ecologia, mas bem menos para a economia.

Há o risco de que a busca do consenso paralise o processo de decisão, nublando também os conflitos reais que precisam ser decididos. Existem situações ásperas de conflito. Quem fez as contas do novo programa da Rede+PSB diz que ele não cabe no orçamento da União. Como criar um ambiente favorável às empresas e ao mesmo tempo lançar programas sociais ambiciosos?

Não custa lembrar a etimologia de decisão: vem da palavra "cisão". Decidir é cortar possibilidades. Nem sempre a decisão satisfaz, sequer parcialmente, as partes em confronto. Ou seja, o modo de convívio prezado pela Rede serve para certas situações, não para todas, talvez não as mais importantes. Para incorporar a Rede ao PSB, ao que consta Marina ouviu muitos, mas decidiu sozinha. Fica um contraste grande entre o ideal democrático, de ampla participação, e a prática por vezes monocrática.

Mas com certeza uma parte dos conflitos que hoje vivemos pode ser resolvida de modo mais manso. Conflitos entre vizinhos ou mesmo parentes poderiam sair da esfera judicial, em que apenas pioram, passando para o âmbito da conciliação. Aqui temos o que muitos chamam, palavra inflacionada de que pessoalmente não gosto, um novo "paradigma". Num mundo em que as relações sociais se tornaram mais democráticas, o que é bom, mas ao mesmo tempo mais tensas, o que é ruim, seria uma forma de melhorar a convivência entre as pessoas, de unir o melhor da independência de cada um com o melhor da cooperação entre os próximos.

Ou será mais democrático o dissenso?

Outro risco é que sejam encobertas algumas tensões reais. Por exemplo, a certa altura o programa da candidata diz que o Tesouro deve deixar de gastar dinheiro público com certas medidas. Parece bonito, mas na verdade significa que as despesas em questão vão passar para nossos bolsos. Nossos impostos não mais as pagarão, mas nós arcaremos com elas. No final, pagaremos o valor em questão, ou nos impostos como agora, ou direto ao prestador de serviços. O custo para o cidadão pode até aumentar. Esse é um conflito real, mas que está sendo apresentado como solução, quando na verdade cria novo problema. Pode ser justa essa transferência de despesas, mas não está explicitada no programa. Ou seja, a crença no consenso pode ocultar conflitos reais. Talvez não seja por acaso que, na filosofia política, os pensadores mais recentes da democracia preferem falar em dissenso: este, pelo menos, explicita os pontos de divergência. ■

A economia sustentável

Segunda-feira, 15 de setembro de 2014

É curioso que quem fala em Marina Silva ignore o que deveria ser sua maior contribuição para o debate sobre nossa sociedade – um debate tão importante que vai além da política e foca o modelo de civilização. Aliás, sua própria campanha não enfatiza este ponto, provavelmente para não perder o voto útil de empresários ou tucanos. Falo da sustentabilidade, tal como foi analisada por vários economistas de seu grupo. Sem ela, Marina não traria quase nada de novo.

Quando você compra uma passagem aérea, o estresse causado à natureza pela emissão de gás dióxido de carbono não está incluído no preço. Você espeta a conta na natureza. Ela a repassa sob forma de El Niño, secas, fome, doença.

A estrutura de produção vigente inclui um cálculo deturpado de custos e preços. O mercado pode fixar estes últimos, mas vários custos são perversamente terceirizados. Não são bancados pelos agentes visíveis da economia, produtor, comerciante, consumidor. Mas alguém paga por eles. Pior, esse alguém é um vulnerável. Eu viajo de avião para a Europa, com isso sobe o efeito estufa, a Marginal alaga e favelados perdem tudo. A sequência causal que vai do meu voo até a perda do barraco é tão vaga e remota que torna impossível me mandarem o boleto do estrago que, involuntária e inconscientemente, causei. Mas inúmeros estudos científicos mostram que o aquecimento global produz esse tipo de efeito. Como enfrentar o problema?

Antes de mais nada, precisa haver transparência. Devemos reexaminar os custos envolvidos em qualquer atividade produtiva. O resultado será preocupante. Não se trata aqui de pregação ideológica ou doutrinária, mas de estudos de biólogos, ecólogos e, recentemente, economistas. Todos eles dizem: primeiro, os custos estão mal calculados; segundo, esse mau cálculo traz vantagens ocultas para certas classes ou grupos sociais (enquanto penaliza outros); terceiro, o planeta não pode continuar como está. Não dá para o homem estressar os recursos da natureza como tem feito.

Os recursos naturais são finitos e preciosos. Alguns não são propriamente finitos, por exemplo, a lavoura, mas mesmo ela necessita de nutrientes minerais. Esta, aliás, é uma das razões para lidar com o lixo de forma diferente. Ele pode ser riquíssimo em nutrientes, não há sentido em enterrá-los num lixão. Precisam ser recuperados. Certamente isso vai custar caro. Mas esse custo está mal calculado, porque omite que em breve se esgotarão muitos dos recursos minerais que sustentaram o desenvolvimento no último século. Não reciclar os lixos é mais caro do que reciclar.

Quando alguns acusam os projetos sociais de Marina de ambiciosos, estão sendo modestos! A questão não é só ter dinheiro para educação em tempo integral. É mudar todo o nosso modo de viver. Lojistas dos Jardins fizeram várias perguntas, outro dia, a Walter Feldman, que representava a candidata. Tinham medo do comunismo, mas nem perguntaram o que a candidata pensa do consumismo. Não perceberam que ela quer um novo pacto civilizatório. Provavelmente os lojistas teriam saído mais preocupados do que entraram, mas por outras razões.

Insisto: o custo geral – ou o preço final pago pela sociedade – pelo que se produza e consuma não vai aumentar. Alguém já paga pelo desastre! A ideia sustentável é fazer que o custo se torne preço, a ser pago pelo beneficiário ou usuário do produto que estressou a natureza. É parar de terceirizar os custos, de espetar na sociedade ou nos pobres o custo de bens que outros usufruem. Essa revisão da conta será dolorosa. Alguns produtos passarão a ter preços proibitivos e até sairão de linha.

Satisfazer o consumo perdulário poderá ficar tão caro que não esteja ao alcance da maior parte dos bolsos. A carrodependência tem que diminuir. Pode ser contida por várias formas de cobrança. A Rede não quer tributar, mas há outras formas de cobrar. Pode-se cobrar pelo uso das vias, pela circulação no centro expandido, pelo emprego do carro nos horários de *rush*. A Air France e as ferrovias francesas já dão ao cliente a opção de pagar pelo plantio de árvores que compensem ambientalmente o carbono que o transporte gerou. Um dia, isso será obrigatório. O custo ambiental fará parte do preço do produto. Viajaremos menos.

Daí, muito a debater. Como rever o setor produtivo, que, afinal de contas, é o *backbone* de nossa sociedade. Como completar a inclusão social, o que demandará mais produtos de uma natureza já extenuada. As dificuldades de como cobrar os custos, se não for pela via do imposto. E a pergunta se nossa sociedade está madura para esta mudança de rumo. É óbvio que não está. Ao mesmo tempo, também é óbvio que o tempo urge. Se empurrarmos as coisas com a barriga, o custo – quando for precificado – da correção de rumo se tornará bem mais alto. Mas essa mudança radical na vida tomará tempo, talvez muito tempo.

Engana-se quem vê em Marina apenas a candidata do tripé ou do setor financeiro ou uma fadinha perdida na floresta. Há um projeto sério aí, certamente incompleto, talvez contraditório ou prematuro, mas há. Uma mudança é proposta, que no entender da Rede pode e deve ser executada rigorosamente dentro dos quadros do capitalismo, mas mesmo assim alterará muito, em termos de cultura.

Tudo isso pode ficar nas intenções. Um mandato não dará para tanto. Mas Marina não é Aécio. Cometerá um erro histórico, caso eleita, se fizer simplesmente a política econômica dos tucanos. E também errará quem apostar que o projeto dela é o deles. ■

P.S. Para refletir sobre estes pontos, um bom começo é o livro de Ricardo Arnt *O Que os Economistas Pensam sobre Sustentabilidade*.

Roteiro para o voto

Segunda-feira, 29 de setembro de 2014

Pensei num pequeno roteiro para o voto no primeiro turno da eleição presidencial. O ideal seria desenhar um fluxograma, mas, não tendo eu esta habilidade, vai em texto mesmo.

A primeira pergunta é: você vai votar para seu candidato vencer, ou para marcar posição? Se aposta na vitória dele, como a maior parte provavelmente faz, leia este parágrafo e o seguinte, mas só para sua reflexão. Agora, se para você o principal é afirmar uma ideia ou ideal, sem se preocupar com a vitória imediata, mas querendo transmitir um recado forte aos políticos e à sociedade, este é o seu lugar. Sua posição é plenamente legítima, ainda mais num sistema de dois turnos, porque poderá, no segundo, votar "útil". E a pergunta será: você é um firme defensor das liberdades pessoais? Se sim, seu candidato é Eduardo Jorge. Ele está a favor de tudo o que é liberdade individual. É o mais moderno dos postulantes desse ponto de vista. É uma Marina sem religião ou religiosos, mas com muita natureza. Dos candidatos, é o mais *cool* – e, brinde, o mais bem-humorado. Um tuíte seu é antológico. Uma admiradora lhe escreveu: "Como você é lindo!"; ele respondeu: "Você está louca querida". Imbatível.

Mas há também outro nome, se sua questão for afirmar um ideal. Para você, o mais importante são os direitos sociais? Se sim, sua candidata é Luciana Genro. Apesar da retórica marxista, seu partido, o PSOL, não é tão radical. Em vários pontos, quer apenas aplicar a Constituição. Muitos direitos ainda não foram consagrados em lei. Assim como Eduardo Jorge, ela tem a sinceridade de quem não disputa a eleição para ganhar a curto prazo, fazendo concessões em prol da governabilidade, mas para firmar posições que, a médio ou longo termo, mudem o mundo.

Sem esses dois, a campanha teria um teor elevado de tédio.

Agora, se você quer a vitória de seu candidato, a coisa muda de figura. Comecemos pela pergunta: os programas sociais são prioridade zero para você? A ponto de não se importar muito se a economia vai bem ou mal? Se sim, sua candidata é Dilma Rousseff. Vejam, não estou dizendo que ela – ou você – é economicamente irresponsável. É questão de prioridade. Se para você conta, acima de tudo, a inclusão social – e se não dá crédito ou relevância aos rumores de uma iminente catástrofe na economia –, sua posição é essa.

Vamos à pergunta seguinte. Para você, uma economia saudável é a chave de tudo o mais? Você pode ser contra os programas sociais, ou a favor deles, mas acreditar que sem uma boa economia eles não terão dinheiro. Neste caso, você não vota no PT – mas é claro que já sabia disso. Não estou dizendo nada de novo... Sua próxima etapa é decidir entre Aécio Neves e Marina Silva.

Aqui temos um primeiro conjunto de questões. Você considera a privatização uma das principais iniciativas que foram tomadas na economia brasileira, e que talvez deva ser retomada? E dá importância crucial a uma gestão responsável, testada, da economia? Receia imaginação demais e eficiência de menos? Um "sim" a este conjunto de perguntas leva a um voto em Aécio. Por um lado, porque no atual discurso tucano a defesa da economia privada é central. Segundo, porque o PSDB tem o melhor nome que a oposição possa colocar na Fazenda, a saber, Armínio Fraga. E, sobretudo, porque o núcleo duro dos que votam em Aécio não quer correr riscos com a economia.

Quem votará, então, em Marina? Não é tão fácil formular a pergunta agora. Você não gosta da economia petista, mas aceita uma dose de risco maior do que os votantes de Aécio, na economia e no pacote completo? Pensa que a sociedade deva substituir um modelo predatório de desenvolvimento por um sustentável? Acredita que os recursos naturais devam ser explorados com parcimônia e critério? Crê que o que retiramos da natureza – por exemplo, ar e água – deve ser devolvido a ela com a mesma qualidade que tinha antes da utilização? Isso significa que a água que esfriou as turbinas da fábrica volte ao rio despoluída, que o carbono gerado por uma viagem de carro ou avião seja compensado pelo plantio de árvores. Se concordar com isso, você vota em Marina porque acredita num mundo melhor. Sua opção não é prudente e conservadora como a do parágrafo anterior, é conservacionista e em alguma medida utópica – embora um dos principais conselheiros da candidata diga ter horror desta palavra, "utopia".

Há outras possibilidades, neste G3 + 2? (G3 são os três principais candidatos, 2 são os do voto idealista, que mencionei no começo). Há. Certamente muitos votarão em Marina sem concordar com seus ideais, apenas por acreditar que ela tem mais chances de derrotar o PT. Será um voto útil. E haverá quem vote em Aécio, mesmo receando que num segundo turno ele seja derrotado por Dilma, por prudência, por convicção de que sua equipe é a melhor. Mas procurei percorrer as opções principais.

Em tempo: o segundo turno é outra coisa. Se o seu candidato ficar fora, você não precisa seguir o que ele recomendar. A decisão é sua. Mas não desvalorize o voto do primeiro turno. Ele não elege, mas é precioso, porque é sua voz.

E não esqueça o nome do deputado em quem votou

Uma última sugestão: anote no computador os nomes em quem votar para deputado, federal e estadual. Se forem eleitos, passe os próximos anos acompanhando, por algum *site* (há vários), o que cada um faz e não faz. Mande *e-mails* a eles com frequência, apoiando ou reclamando. Dispender uns minutos por mês nisso não tem preço. Ajudará a mudar, para melhor, a representação nos legislativos – que hoje é bastante ruim. Isso depende de você e de seus amigos. E não importa em quem vote, faça isso. ■

O PT chega ao quarto governo

Segunda-feira, 27 de outubro de 2014

Que medidas econômicas Dilma tomará?

Foi duro, exigiu nervos de aço, mas o PT ganhou sua quarta eleição presidencial. Mas fica o risco de ter sido uma vitória de Pirro, para lembrar o rei do Épiro que vencia os romanos, porém a tal custo que alguém lhe disse: "Mais três vitórias como esta, e estamos perdidos"... Examinemos o que pode acontecer de agora em diante. Não será fácil para a vitoriosa.

Sua primeira dificuldade é com a mídia e a opinião pública. Uma comentarista de televisão teria dito há um tempo que a população (ou o povo) vai de um lado, e a opinião pública de outro. A "opinião pública" é contrária ao PT, mas o povo deu vitória a este partido em seguidas eleições. A mídia, o empresariado, a classe média sobretudo paulista, mas não só, destoam do que a maioria de pobres quer. A sociedade está dividida, com os mais vocais na oposição, os silenciosos (ou silenciados, como dizia Fernando Morais) a favor do governo. Não tivemos conflito dessa magnitude desde 1989, quando Collor venceu Lula com golpes baixos, mas na ocasião a mídia não fechou tanto assim com o vencedor. Pode Dilma vencer o ódio? A forma usual – que é chamar alguém da oposição para integrar o ministério – soa improvável.

Somem-se as dificuldades da presidenta com a política. Ela foi escolhida por Lula, entre outros nomes, pelas qualidades como gestora e por ser a pessoa mais simpática do primeiro escalão à produção e aos empresários. Hoje é criticada pela gestão, a produção cresce pouco e o patronato não gosta dela. Um de seus problemas seria que não dialoga, manda.

Isso afeta as relações com empresários e também com políticos e o próprio povo. São três dimensões autônomas com as quais é preciso fazer política, isto é, não dar ordens, mas escutar e dialogar. A dimensão dos empresários não é bem democrática, pois o peso econômico deles depende do capital – mas negociar com eles é uma imposição da realidade. Depois, temos os políticos eleitos, que, por mais que se desconfie deles, representam o povo e, nessa condição, tomam parte nas decisões.

Já a conversa com o povo, que deixei em terceiro lugar, é a mais importante no plano democrático, mas foi desconsiderada pelo PT fora do período eleitoral. Aqui está o eixo das dificuldades de comunicação de Dilma. O problema não é gaguejar, não está na construção das frases. Está na capacidade de conquistar o povo. FHC ganhou a classe média, Lula arrasava no povão. Dilma ficou atrás de ambos. Para um governo popular, a comunicação não é mera técnica, é da essência das coisas. Mas o PT desistiu dela. Não tanto por falta de uma hipotética "lei de meios de comunicação", mas porque renunciou a disputar a hegemonia das consciências. Preferiu ganhar votos pelo aumento (necessário, justo) do consumo, em vez de dar nova vida ao ponto que fez sua glória na oposição: o do caráter ético da luta contra a miséria.

Dilma precisaria do beneplácito pelo menos do patronato e do Congresso, e de um apoio decidido – e organizado, se não orgânico – do eleitorado. Com nenhum deles, porém, priorizou o diálogo durante o primeiro mandato. Quererá mudar? Conseguirá?

Há também o ministério. Ao contrário da equipe de Lula, que brilhava, temos um grupo discreto, em que até as estrelas do governo precedente – como Celso Amorim – empalideceram. A presidente se disporá a delegar mais, a confiar mais? Parará de corrigir os auxiliares em público? Esta não é só uma questão de método. É essencial para que o governo funcione. Se os ministros não tiverem senso de iniciativa, pouco farão e isso repercutirá em todo o sistema.

Vamos ao espectro político.

Por um lado, temos uma oposição que, mesmo perdendo, sai das urnas reforçada. Nem que seja sobretudo pelo ódio. Cada lado armazena um estoque enorme de insultos ao outro. Parei de ver programas políticos porque me sentia diante de uma briga infantil. Os dois lados reclamavam do clima de ódio, mas cada um acusava o outro de ter começado. Parecia coisa de criança:

"Ele puxou o meu cabelo!"

"Mas ela deu primeiro um chute na canela!"

Foi um espetáculo triste – e infelizmente pode continuar.

Então, suponhamos que Dilma faça um gesto de grandeza na direção do outro lado. Será aceito? Em que consistirá? Hoje, a simples boa educação não basta. Não dá mais para desejar feliz aniversário a FHC ou levar todos os ex-presidentes no avião oficial para o enterro de Mandela. Será preciso efetuar concessões. Mas quais? O melhor seria comprar o que puder da agenda econômica da oposição. Não o aumento de juros, a redução de gastos públicos, com arrocho salarial e social – mas pelo menos uma desburocratização intensa, regras claras e estáveis para o investimento privado, fim de qualquer criatividade contábil. Mais que isso é difícil, porque seria renunciar aos fundamentos mesmos da divergência com o PSDB.

E há outro problema. Nossos governos de centro-esquerda se elegem com votos decisivos da esquerda, mas depois governam com os deputados necessários da direita. Em São Paulo, duas vezes o PT apoiou Mário Covas no segundo turno, para depois ele governar com o então PFL, que nas eleições apoiara a direita. Em sua campanha, Dilma contou com o apoio decidido de quem defende a liberdade gay – mas no primeiro mandato ela vetou o *kit* anti-homofobia. Para que lado irá? Uma possibilidade seria uma agenda avançada na questão dos costumes, abrindo-se para a esquerda, e um gesto de conciliação para a direita empresarial, que está mais interessada na economia do que em questões comportamentais. Mas isso exigirá mais habilidade e gosto políticos. ■

NOTA DE 2021 Foi mesmo uma vitória de Pirro.

Finalmente veio a alternância

Segunda-feira, 27 de outubro de 2014

O artigo que não saiu: se Aécio tivesse vencido as eleições de 2014...

Publico aqui o artigo que eu tinha escrito para o caso da vitória de Aécio. Saiu no Valor *o outro, que era para a vitória de Dilma. Este apareceu apenas no Facebook (uns dias depois do primeiro). Meu princípio nos dois foi parecido com o dos triunfos romanos: enquanto o general vitorioso era aclamado, um escravo a seu lado lhe repetia: lembra que és mortal, que nada és, nada...*

Penso que é a melhor observação para um vitorioso :)

A eleição mais ferozmente disputada desde 1989 – e a primeira, desde aquele ano, em que nenhuma "fera" concorre à presidência (chamo de "feras" as estrelas que são FHC, Lula e Serra) – realiza, pela primeira vez na história da democracia brasileira, a alternância no governo federal. Explico: considero democráticas as eleições de 1945 a 1960, e de 1989 para cá. As outras escolhas presidenciais foram maculadas, ou pela fraude, ou por ditaduras. E "alternância" quer dizer: um partido sair do poder pela vontade do povo, e mais tarde ser reconduzido ao poder por esse mesmo povo.

Podemos nos orgulhar de uma democratização crescente de nosso Estado e sociedade desde 1985, quando muitos temíamos que os militares estivessem apenas dando um tempo antes de voltar a exercer o poder, no ciclo habitual da América Latina. Mas o que começou como a devolução, pelos militares aos civis, do gigantesco abacaxi em que eles tinham tornado o Brasil acabou se consolidando. Porém somente em 2010 tivemos um presidente eleito pelo povo (Lula) que, depois de receber a presidência de outro mandatário escolhido pelo povo (FHC, claro), entregou-a a um sucessor, no caso sucessora, também eleita pelo povo – Dilma. Primeira vez no Brasil. Demorou.

Nas anteriores eleições democráticas à presidência, não sucedeu que um partido afastado pelo povo voltasse ao cargo. Agora o PSDB, que perdeu a eleição de 2002, após três mandatos petistas recupera o poder. Um feitiço foi quebrado! Tínhamos sucessões democráticas, só agora tivemos alternância democrática. O que abre lugar, aliás, para o PT retomar a presidência, em 2018 ou depois.

Isso também permite pensar que os dois partidos, tão atacados pelos que queriam pôr fim ao "Fla-Flu" entre eles, têm mais potencialidade do que se imagina. Uma derrota do PSDB agora teria suscitado uma forte discussão sobre seus rumos. Talvez parte dele se unisse a parte do PSB – ou da Rede – para formar um novo partido. Redesenhos no que seria a oposição entrariam na ordem do dia. Agora, os tucanos estão consolidados. Mais que isso, tornam-se polo de atração.

O PT também se mantém sólido, embora enfraquecido. Afinal, sai de doze anos na presidência e governará alguns estados de peso.

Mas o que esperar do governo Aécio?

O que teríamos de esperar de qualquer presidente eleito neste domingo: que some suas prioridades às do(a) concorrente derrotado (no caso, derrotada). Todos sabem que Aécio priorizou a economia, a seu ver em estado perigoso ou calamitoso; Armínio Fraga executará as medidas que considere necessárias. Mas o presidente eleito e seu ministro precisarão levar em conta os programas sociais que foram a marca registrada, o grande êxito e a vitrine eleitoral dos presidentes petistas. Num contexto anunciado de contenção econômica, não será fácil cumprir as promessas para os programas sociais.

O novo presidente não tem intenção nenhuma de extingui-los. Na verdade, comprometeu-se com sua expansão. No caso do Mais Médicos, detestado pelo PSDB, terá uma dificuldade. A promessa de exigir o Revalida dos médicos formados no exterior significa custos mais altos, na prática, somente para manter o atendimento médico iniciado, com Dilma, a populações de bairros periféricos e de aglomerações pobres. Isso porque, de posse do Revalida, o médico que hoje está no Mais Médicos poderá ir para os grandes centros. Apenas salários bem mais altos o manterão nas periferias. O segredo do Mais Médicos é que recorre a profissionais que não podem ingressar no mercado, e a cubanos formados para o atendimento básico e que não têm alternativa profissional melhor no Brasil. Esqueçam a ideologia: o fato é que só para manter o Mais Médicos vai se gastar muito mais dinheiro. Mas que dinheiro? E como aumentar o salário mínimo, promessa de final de campanha, para continuar a redução da pobreza? Difícil.

Aqui, duas observações. Aécio deveria reorientar aqueles de seus correligionários – uns deles propagandistas na imprensa – que atacam os programas sociais. Muitos de seus eleitores afirmam que o Bolsa Família é um "bolsa esmola". Será interessante ver se o novo presidente faz mudar essa narrativa, até porque ele proclamou o contrário – e acredito nele. Se esses ataques continuarem no discurso pró-tucano, será complicado Aécio fazer valer a palavra "social" que está no nome do PSDB.

O outro ponto é que a ascensão social dos mais pobres dificilmente tem retorno. A disposição a obedecer aos ricos, a aceitar ser privado do necessário enquanto outros ostentam o supérfluo está cada vez menor. Para além das estatísticas econômicas que apontam dezenas de milhões deixando a miséria no governo Lula, está o fenômeno social e político de que estas pessoas, e muitas outras, não acreditam mais que pobreza seja destino. Medidas econômicas que revertam essa ascensão social – que, se reduziu muito a miséria, não suprimiu a pobreza – ou apenas a interrompam, ainda que temporariamente, serão para lá de impopulares.

Como o receituário tucano para a economia deve passar pela contenção temporária da atividade econômica, será preciso o novo governo cuidar ao máximo de limitar os efeitos negativos da austeridade sobre os mais pobres. Isso não é nada fácil. Não é nem provável. Já o preço político de uma volta da pobreza será bastante alto. Aécio o sabia, quando prometeu a empresários adotar "medidas impopulares", mesmo que isso lhe custasse (uma eventual e futura) reeleição. Elas podem, efetivamente, ter esse custo. O que pode, afinal, beneficiar o PT, que em 2018 disputaria o poder revigorado no DNA de oposição que foi perdendo durante esses doze anos no governo. ■

NOTA DE 2021 Aécio e seu partido, contestando a legitimidade da reeleição de Dilma, abriram uma caixa de Pandora – e prepararam o caminho para a vitória de Bolsonaro. Isso quando podiam ter vencido de goleada as eleições de 2018.

Os principais ministérios: Cultura

Segunda-feira, 1º de dezembro de 2014

Qualquer um sabe responder quais são os principais ministérios do governo federal – aliás, de qualquer governo no mundo atual. São os da área econômica.

Só que não.

Os ministérios que definem o futuro de um país, que deverão ser decisivos nos próximos anos, e em poucas décadas serão reconhecidos como os principais, são três: Cultura, Atividade Física (como eu chamaria a atual pasta dos Esportes) e Meio Ambiente.

Esta tese parece tão insensata que precisa ser justificada. Começo pela Cultura; nas próximas colunas falarei das outras duas áreas. Mas um artigo de Antonio Callado pode ilustrar esta questão inteira: em abril de 1994, quando Rubens Ricupero deixou o Ministério do Meio Ambiente e da Amazônia Legal para assumir a Fazenda, Callado lamentou o que ele, só ele, chamou de rebaixamento: Ricupero deixava uma pasta que portava o futuro do mundo, para cuidar de algo sem a mesma relevância estratégica. É nesta linha que vamos argumentar.

É claro que a economia é decisiva para um país, um governo. Mas ela geralmente trata de meios, mais que de fins. O próprio nome de "infraestrutura", usado para agrupar algumas de suas pastas, já indica isso: infra, não super. O solo que pisamos, não o espaço entre zero e dois metros de altura em que nos movemos. Temos também ministérios para lidar com nossos déficits sociais, como saúde, direitos humanos, igualdade das mulheres e dos negros. Um dia que não deve demorar muito, a igualdade de direitos estará alcançada. Mas, desde já, há setores da administração que devem apontar fins – não de forma autoritária, vertical, mas fazendo a riqueza criativa da sociedade impactar a administração.

A cultura tem a ver com a educação. As duas pressupõem que o ser humano não nasce pronto, mas é continuamente construído pela descoberta dos segredos do mundo e pela invenção do novo. Na educação como na cultura, não há limite: sempre se pode descobrir ou inventar mais. Nada é tão crucial quanto elas para uma sociedade em mudança rápida, como a nossa.

A cultura é a educação livre e bagunçada

A educação e a cultura, nas suas várias formas, fazem crescer a liberdade das pessoas. A cultura, já afirmei aqui, é a educação fora de ordem, livre e bagunçada. Para cursos, há currículos. Para a cultura, não. Um curso sobre a abolição da escravatura é educação, o filme *Lincoln* é cultura. Cada vez mais, a educação deverá se culturalizar: um, deixando de seguir currículos rígidos; dois, tornando-se prazerosa; três, criativa.

A Cultura deixará de ser o sobrinho menor da Educação. O próprio caráter imprevisível da ação cultural e a dificuldade de planejá-la fazem dela um dos modelos para o que deve ser a educação numa sociedade criativa. Deve-se conservar na educação um currículo norteador, que leve da infância à idade adulta. Mas para entender o mundo que hoje desponta é bom ter claro o seguinte: a educação não termina no último dia do ensino profissional ou do curso superior – nem nunca.

Alguns diplomas, como o de médico, até poderão ser concedidos com exigência de atualização, a cada tantos anos. Essa atualização será dada por cursos avaliados e fará parte da área da Educação. Mas, além das atualizações obrigatórias, previstas em lei, será necessário – e demandado – um crescente leque de cursos abertos, sem definição profissional, que aumentarão incrivelmente a qualidade da vida dos alunos. Já temos iniciativas nesse sentido, inclusive uma empresarial (a Casa do Saber), que têm dado certo. Enfatizo: esses cursos serão mais culturais, não estritamente educacionais. Para cada curso de atualização em genoma para profissionais de saúde, haverá dezenas sobre filmes de conflitos entre pais e filhos, de aprendizado com religiões distantes, de arte em *videogames*, destinados a cidadãos em geral, de qualquer profissão – e a lista não acaba.

A cultura é indutora de liberdade. Romances, filmes e mesmo novelas nos abrem para experiências com as quais, no mundinho em que cada um nasceu e cresce, nunca pudemos sonhar. (É inquietante como estamos voltando a viver em guetos; a própria dificuldade de tantos aceitarem que houve gente que votou diferente deles, na recente eleição, é sinal desse fechamento de cada grupo sobre si – o que pode limitar a capacidade de cada um se enriquecer com a compreensão do outro, do diferente.)

Quem cresceu num meio limitado pode descobrir que o sentido de sua vida é a fotografia (como o jovem favelado que é o narrador do filme *Cidade de Deus*, de Fernando Meirelles, de 2002): um artista se revela. Ou um menino sensível, alvo de *bullying* na escola, descobre que é homossexual e que não está sozinho no mundo: um ser humano se liberta da ignorância ambiente que o prendia. Assim, a cultura aumenta seu próprio contingente – com a descoberta de novos artistas –, mas, acima de tudo, amplia a liberdade humana.

Hoje, pela primeira vez na história mundial, cada um de nós pode efetuar a sintonia mais fina possível de sua vocação. Antigamente, cada pessoa vivia num pacote identitário: por exemplo, homem branco abonado, casado, filhos, advogado ou médico ou engenheiro. Tudo isso vinha junto. Hoje, as possibilidades se ampliaram muitíssimo. Atualmente, há milhares de profissões. No limite, cada um cria a sua. Profissão, emprego, orientação sexual, estado civil, crenças políticas e religiosas, tudo isso se combina como um arco-íris felizmente enlouquecido. Ninguém é mais obrigado a se moldar a um pacote. Mas isso não é fácil, exige uma interminável descoberta de si e, por que não dizer, coragem pessoal. A cultura ajuda aqui, porque nenhum setor da aventura humana nos capacita tanto para, cada um de nós, descobrir sua diversidade única. ■

Principais ministérios (2): Esportes

Segunda-feira, 8 de dezembro de 2014

Substituir o espetáculo pela atividade física

Continuo a falar dos ministérios que considero realmente os mais importantes, os que indicam as grandes metas da vida, mas hoje ficam em último plano na estrutura de governo. Depois de tratar da Cultura e antes de encerrar com o Meio Ambiente, é a vez dos Esportes. O próprio fato de que estas pastas são as que melhor definem o futuro de cada um de nós, as que mais podem melhorar a vida – mas ainda estejam relegadas ao fim da lista, levando o que sobra do orçamento –, mostra que estamos perto de um grande salto político. Em breves anos, essas pastas serão decisivas. Por enquanto, não o são. O político que souber priorizá-las deixará sua marca na história.

Esportes e Cultura tratam das grandes atividades-fim da humanidade atual. Por milhares de anos, vivemos no reino da necessidade. As coisas "precisavam" ser feitas, "faltava" comida, fomos e muitos continuam sendo governados pelas carências. A fome é o exemplo claro disso, mas também há as doenças e tudo o que falta em termos do que ainda chamamos as "necessidades básicas" do ser humano, inclusive educação. Mas esse tempo está por acabar. Cada vez mais, somos chamados a exercer nossa liberdade, em vez de suprir nossas faltas e falhas. Deficiências de ordem material, como as mencionadas, podem ser superadas. Por exemplo, hoje a questão não é tanto a de produzir comida, é assegurar o acesso a ela. Faltam poucos anos, espero, para passarmos do mundo da necessidade para o "reino da liberdade".

Nada mais crucial, neste novo mundo, do que cuidar do corpo e do espírito, de nossa natureza e nossa cultura. E já não é o velho *mens sana in corpore sano*, a mente sã em corpo são, mas uma mente livre num corpo livre. Quer dizer que já não há modelos únicos do que seriam a cultura ou o corpo saudáveis, mas muitos. É mais promissor pensar novos meios de melhorar a vida, por esses dois caminhos, do que fabricar novos produtos. Nas próximas décadas, o foco da própria economia deverá passar crescentemente para o ser humano e as várias dimensões da vida, biológica, cultural, coletiva. Quem pensar só em produzir coisas pode perder o fulcro da nova economia, assim como o da nova sociedade.

Dentro deste espírito, o Ministério dos Esportes deveria se chamar da Atividade Física. O nome atual dá à pasta um tom de espetáculo, como na prioridade conferida à Copa do Mundo e em breve à Olimpíada. É evidente que multidões têm prazer em assistir a jogos bons. Mas o corpo em movimento não é bonito apenas de se ver, ele é belo – e saudável – de se ter. Iniciativas notáveis são as maratonas, as ciclovias, o incentivo a jovens, adultos e idosos para praticar atividade física – enfim, tudo o que enfrenta o sedentarismo, o tabagismo, as doenças.

Honra se faça, secretarias de Esportes em todos os níveis de governo, assim como entidades como o Sesc, têm difundido essas práticas. Soube por Ana Paula Vicentin, do Sesc de São Paulo, que a entidade, além de se empenhar em ampliar o número de participantes, evita dar tom competitivo às atividades que envolvem o corpo. Aliás, em seus espaços de prática física, há pouquíssimos espelhos, ao contrário de muitas academias – e para quê? Para não incentivar o narcisismo. O objetivo não é se destacar pela performance ou beleza do corpo, e sim aproximar, conviver, incluir. A questão não é a performance de uns poucos, mas a melhora na vida do maior número possível. Por isso, aliás, o Sesc se articula com iniciativas como o Esporte para Todos, que tem na Isca – ou Associação Internacional de Esporte e Cultura – e no Move Brasil alguns de seus protagonistas (recomendo que procurem seus sites na internet).

Daí minha leiga, talvez ingênua, sugestão de mudar o próprio nome do ministério, para nele destacar a atividade física de todos, não o esporte de alguns. Faz todo o sentido que a ação principal da pasta se torne a de levar todas as pessoas a se mexerem, a se moverem, de modo a ganharem em saúde e mesmo em felicidade. Todos sabemos que a atividade do corpo aumenta a endorfina, o que, por sua vez, amplia a sensação de bem-estar. Por isso mesmo, não tem lógica muitas pessoas assistirem sentadas, frequentemente se engordando com fritas e cerveja, ao esporte praticado por poucos. O esporte como espetáculo, especialmente quando é transmitido pela televisão, muitas vezes corresponde ao sedentarismo do público – o que é um contrassenso. Se mover o corpo é bom, não deve ser como entretenimento, mas como exemplo de vida. Não é ver mover-se o corpo dos outros, é mover o nosso.

Tal mudança de enfoque trará resultados positivos até para a economia, reduzindo dias perdidos de trabalho. Empresas inteligentes já patrocinam, entre seus funcionários, ginástica, esportes e iniciativas de redução de peso. A priorização da atividade física impactará a área da saúde. O Ministério da Atividade Física poderá se tornar, em relação ao da Saúde, o irmão barato, porém mais eficiente, talvez até anexando parte do que é saúde preventiva, a qual, por sua vez, reduz a necessidade de tratar da doença quando esta já se instalou (e fica dispendiosa, em dinheiro e em qualidade de vida). Quem sabe teremos um dia um Ministério da Saúde e da Atividade Física, com o segundo termo crescendo gradualmente em importância.

Tudo isso faz parte de uma concepção em que saúde e atividade física, cultura e educação param de atender às carências e, em vez disso, definem horizontes de expansão ilimitada. Não vamos mais só curar doenças ou extinguir o analfabetismo. Vamos melhorar cada vez mais o corpo e as faculdades do espírito. Nem o céu, mais, será o limite. ■

Principais ministérios (3): Meio Ambiente

Segunda-feira, 15 de dezembro de 2014

Concluo a série de artigos sobre os ministérios do futuro. Hoje, seus titulares se sentam no fundão, durante as reuniões do governo. Mas em poucos anos essas pastas deverão, no Brasil e no mundo, se tornar as mais relevantes, pois que tratam de fins e metas da vida. Ainda vivemos num período tão marcado pela carência que ora salientamos as pastas econômicas como as que melhor enfrentarão os gargalos na produção, ora os ministérios sociais como os melhores para resolver as falhas de nossa vida social: aqui, Fazenda, Planejamento, Indústria, Agricultura; ali, Justiça, Direitos Humanos, Igualdades. Mas se torna viável, pela primeira vez na história, extinguir a miséria e até a pobreza, bem como atingir a justiça. Podemos chegar aí em uma ou duas gerações. E depois?

Este futuro foi percebido pelo escritor Antonio Callado quando criticou a nomeação de Rubens Ricupero como ministro da Fazenda, em 1994. Ele foi o único a considerar a suposta promoção de Ricupero como um rebaixamento*:

> Para mim, a notícia é melancólica. Volta com ela, a uma orfandade crônica, incurável, a floresta amazônica. Na opinião geral, Ricupero é uma espécie de homem público capaz de assumir com competência e trabalho sério qualquer função. O fato de um *cadre* dessa qualidade ter sido colocado num mi-

* "No momento em que escrevo me vejo cercado de jornais que louvam o fato de que o Ministério da Fazenda, tornado órfão pela retirada do ministro Fernando Henrique Cardoso, ganha outro pai na pessoa do embaixador Rubens Ricupero. Para mim, a notícia é melancólica..."

> nistério feito para ele, sob medida, e intitulado da Amazônia e Meio-Ambiente era extremamente promissor. Nesta nossa trêfega República a existência da maior floresta do mundo não passa de um aborrecido problema: que se há de fazer de um matagal infindável, todo cortado de rios exagerados, pululante de índios, seringueiros, garimpeiros que lutam pela mesma terra, a qual, no fundo, já pertence à Supergasbrás, Bradesco, Matsubara, Lunardelli? O embaixador Ricupero dava a impressão de já haver mergulhado na tarefa difícil mas fascinante de tornar a Amazônia um problema compreensível. Talvez até solúvel. Em princípio me parece mais fácil, muito mais fácil, encontrar no Brasil um bom ministro da Fazenda – isto é, um bom administrador da inflação nacional – do que alguém capaz de afinal franquear aos brasileiros a verdadeira posse e fruição do esplêndido patrimônio que comoveu Humboldt e Euclides da Cunha e que temos tratado até agora como se fosse uma praga, uma enxaqueca*.

Nesse artigo, só envelheceu a referência à inflação. Porque Callado constitui a Amazônia como mais do que um patrimônio estático, ou uma grande reserva a ser deixada intocada. Ela simboliza uma nova civilização. Pois há duas maneiras de considerar o meio ambiente, uma defensiva, outra prospectiva. Uma coisa é defendê-lo, preservá-lo, protegê-lo – uma série de verbos que colocam a natureza como frágil, vulnerável, e nós como seus tutores, seus guardiões. Outra é inverter os sinais: frágeis somos nós. Não sobreviveremos, seguindo o caminho atual. Jamais conseguiremos destruir a natureza. Mesmo que a temperatura do planeta suba vários graus, os prejudicados seremos nós, com cidades destruídas, com insumos essenciais à vida humana perturbados. Mas a natureza seguirá, mesmo modificada. Então, lembrando John Donne, os sinos não dobram por ela, mas por nós. Depois de destruirmos tantas espécies, é a nossa que está em risco.

Ainda melhor: a natureza é pródiga em recursos que ainda mal conhecemos. Precisa ser objeto de intensa pesquisa científica. O homem pode continuar a enriquecer, mas desde que saia da predação e entre num aprendizado que começa pela ciência. Daí, etapa seguinte, deveremos rever extração de minerais, agricultura, criação de animais, indústria, para não dizer comércio e serviços. Todo o modo como, em cinco

---

* "FHC sai da Fazenda e Ricupero da floresta", *Folha de S.Paulo*, 2 abr. 1994. Disponível em: <https://www1.folha.uol.com.br/fsp/1994/4/02/ilustrada/24.html>. Acesso em: 14 jul. 2020.

milênios ou mais, a humanidade construiu a si mesma, num desrespeito crescente ao mundo natural, precisa ser revisto. O princípio de sustentabilidade é só uma parcela desta necessária autocrítica. Não é só respeitar a natureza: há também que conhecer suas riquezas. Isso significa mudar as matrizes de produção.

Estes anos, uma série de informações, algumas novas, outras já conhecidas dos cientistas, vieram a público, que estão mudando tudo. Uma nova concepção de ciência se fortalece, antipredatória, avessa à separação radical de sujeito e objeto que data de Descartes e marcada por uma proximidade inédita entre ciências biológicas e humanas. E, com isso, uma revisão dos custos de produtos. O exemplo óbvio, que já lembrei aqui, é incluir a agressão à natureza no preço das mercadorias, o que há de encarecer o que gasta carbono (como carne e viagens aéreas) e baratear o que ofende menos a natureza. Tal mudança afetará nossos valores, modo de vida e economia.

A questão não é se estas mudanças acontecerão ou não. Vão acontecer. Causarão choro e ranger de dentes, mas a questão não é sim ou não: é como. Atrasos neste rumo só encarecerão o resultado final – que será positivo. O meio ambiente não é uma *liability*, mas um *asset*. Imaginemos uma nova civilização, talvez o "novo Renascimento" de que falava FHC (mas, no caso dele, pensando sobretudo na internet) – quando a matriz produtiva for mais *nature-friendly*, o lazer se tornar criativo com a ampliação do papel da cultura e nossa saúde melhorar com uma alimentação saudável e mais atividade física.

Esta é a síntese de nossas três últimas colunas. É o que explica que a pasta do Meio Ambiente deva se tornar mais importante que as econômicas – porque a economia também dependerá deste projeto anti-*Koyaanisqatsi** de um mundo em maior equilíbrio. Repito: o caminho é este. Recusá-lo é só retardá-lo. ■

---

* *Koyaanisqatsi* é um filme de 1982 dirigido por Godfrey Reggio, célebre pela música de Philip Glass. Significa o mundo em desconcerto, o mundo em desequilíbrio, que é aquele em que vivemos.

A vaidade e os políticos

Segunda-feira, 19 de janeiro de 2015

A vaidade foi um dos temas maiores do pensamento humano durante uns bons dois mil anos. Esse período vai dos primeiros filósofos gregos, meio milênio antes de Cristo, e o Eclesiastes bíblico, um tanto mais tardio, até o começo do século XIX. Depois disso, o assunto some do pensamento sofisticado. A psicologia moderna mal estuda a vaidade. Ela virou uma espécie de buraco negro. Para entender o indivíduo, damos importância ao sexo. Para compreender a política, priorizamos os interesses. Mas este é um erro. A vaidade é um dos combustíveis dos políticos.

Um combustível do poder é a vaidade

Estamos num momento oportuno para falar dela. Eleições e trocas de governo são uma festa para a vaidade de quem ganha cargos, um desespero para quem os perde. É claro que a felicidade de uns e a tristeza de outros se deve – em parte – a outros motivos, como ideais genuínos, compromissos assumidos e interesses. Mas não esqueçamos a vaidade.

A legislação regula as formas de tratamento entre autoridades. Quando fui diretor da Capes, certa vez tive que assinar um ofício para um importante senador. Coloquei um "Atenciosamente" no final. Fui avisado de que não podia. Há um manual de formas de tratamento no governo: a senadores, deve-se dar o "Respeitosamente". Embora não sentisse respeito por ele, obedeci à legislação. Ora, imagine-se o que é o poder público regular os níveis de vaidade a que cada um de seus integrantes tem direito.

A vaidade é a exaltação que sentimos diante do respeito ou admiração dos outros. Os clássicos distinguem glória e vanglória. As duas têm a ver com nossa imagem pública. Mas a glória corresponde a uma percepção verdadeira: temos uma noção de nosso valor, só que é justa, não estando exagerada nem diminuída. Já a vaidade ou vanglória, ou vã glória, é um orgulho sem base na realidade. Acreditamos valer mais do que de fato. E esta crendice se baseia em fatores superficiais, efêmeros ou externos.

Hoje, reservamos a vaidade para as celebridades do entretenimento e as revistas semanais que as celebram. Passa despercebida a vaidade dos ocupantes do poder – inclusive privado, inclusive nas empresas. Assim, acabamos tendo um conhecimento superficial de como funcionam as organizações do Estado e as corporações privadas. Acreditamos que sejam mais racionais do que na verdade são.

Ora, a vaidade é um problema. Os pensadores a denunciaram por bons dois milênios porque ela induz o vaidoso em erro. Ele acredita que os elogios que recebe são verdadeiros e sinceros. Obviamente, a grande maioria não o é. Aduladores, uma praga denunciada desde a Antiguidade, pululam nos corredores. Daí um final que se pode chamar "o meu mundo caiu". Quando se perde o poder, em especial após a derrota numa eleição ou uma demissão ordenada de cima, o entorno se esvazia. Muitos se deprimem. Filósofos como Pascal e La Bruyère alertaram para esse perigo e a fragilidade de quem acreditou demais na própria imagem.

Vejam a adulação. O papa Francisco, um grande papa, fez um comentário infeliz: disse que daria um soco em quem xingasse sua mãe. Uma frase infeliz, porque em tais casos Cristo manda oferecer a outra face. Mas, na hora em que o papa diz isso, vemos um colaborador seu rindo, em concordância. É o que faz quem serve aos poderosos. Tudo é motivo de aplauso, até as bobagens do chefe. Quem diz a verdade ao superior muitas vezes paga caro por isso. Daí, no par vaidade-bajulação, uma inconsistência profunda.

Talvez, na verdade, quem está no poder tenha a noção de que ele é efêmero; de que com o cargo se irão os aduladores, as vantagens materiais e psicológicas. Por isso muitos veem o poder como uma bicicleta. Muito ocupante de cargo não quer perdê-lo. Sabe que, se parar de pedalar, cai no chão e se machuca. Há pessoas que circulam anos a fio, de cargo em cargo, de ministério em ministério. Não é só dinheiro ou poder efetivo. É prestígio. Sabem que, se não tiverem uma posição, correm o risco de ser rapidamente esquecidos.

Daí dois traços curiosos, que pude perceber. O primeiro é que a mesma mão que demite alguém de um cargo de confiança muitas vezes arranja um novo lugar para o demitido. Ele não era bom para determinada tarefa, mas quem sabe em outra... Parece haver um pacto tácito de que o perdedor não vai ficar desamparado. O segundo, numa Federação como a brasileira, consiste em usar uma instância de poder para abrigar quem perdeu em outra. Candidatos derrotados a governador se tornam ministros. Ex-ministros ganham jetons entrando para os conselhos de estatais paulistas.

Deveríamos estar mais atentos a esta dimensão da política que vai além das coisas objetivas e entra na psicologia. Durante dois mil anos, os melhores pensadores alertaram: fazer a felicidade depender do aplauso alheio é a porta mais segura para sua vida dar errado. Ou você vai acreditar nessa ilusão, e um dia descobrirá que nada disso era real, ou saberá o tempo todo que sua posição é frágil, depende dos outros e não de você, e viverá na ansiedade. Para ambos os casos, reduzir a vaidade é a melhor saída.

Se posso dar um conselho aos políticos que hoje estão em festa pelo cargo que ganharam, ou aos que neste momento se deprimem pela posição que perderam, é este: política é, sim, estar o tempo todo sendo julgado pelos outros. É depender o tempo todo da avaliação do eleitor ou do chefe. Mas é bom preservar, disso, a vida pessoal. É bom pensar na imagem pública como uma roda da fortuna. Nem seu êxito é prova de mérito, nem sua derrota significa demérito. A vida será melhor se for mais pessoal. A política será melhor se for menos fogueira de vaidades. ■

Reforma política contra a corrupção?

Segunda-feira, 2 de março de 2015

Cada uma das propostas em torno da reforma política pode – e deve – ter vários objetivos. Vou focar aqui um só, aquele que mais indigna a maior parte dos brasileiros e ameaça destruir a credibilidade dos governantes: a corrupção. Se o objetivo for acabar com ela, ou pelo menos reduzi-la o máximo possível, são dois os pontos que a reforma deve enfatizar: primeiro, o financiamento das campanhas; segundo, a formação de coalizões de governo.

O financiamento favorece a corrupção porque, quando empresas efetuam doações a candidatos, a única explicação lógica é que troquem o dinheiro dado por dinheiro que receberam no passado, estão recebendo no presente ou contam receber no futuro. Se na vida social é assim, por que seria diferente na política? Como indivíduo, posso doar dinheiro a um partido por ideologia, ou até mesmo por desejar medidas genéricas que hão de me beneficiar; mas uma doação de empresa, ou uma contribuição vultosa de pessoa rica, entra em outra lógica – a do investimento para uma vantagem diretamente sua.

Não seria tão ruim, talvez, se as doações de empresas só almejassem prestigiar uma determinada política. Por exemplo, se creio nas virtudes da economia liberal, contribuo para o candidato dessa linha política. Mas não é assim. A empresa contribui não para o bem da economia de mercado, mas para o bem dela própria. Para ser mais preciso: para *os bens* dela própria.

Isso sem contar o argumento, que já tem maioria no Supremo Tribunal Federal, de que não eleitores não devem interferir nas eleições. Ora, empresas não são eleitores; então, que não intervenham no processo eleitoral. Já o financiamento por indivíduos, até um certo teto, é outra coisa. Pode ser bom.

Esse é o primeiro ponto. O debate brasileiro sobre a corrupção foca mais o momento eleitoral, em que os candidatos, para financiarem campanhas caras, gastam muito dinheiro. É preciso reduzir os custos das campanhas, simplificando-as – e também libertando-as do poder econômico.

Simplificar as campanhas pode barateá-las. Como já sugeri neste espaço, podem ser mais direcionadas para a internet. Podem ser criados *templates* de campanha, aprovados pelo tribunal eleitoral, que sirvam para todos os concorrentes e os obriguem a responder a questões-chave. Órgãos independentes formulariam essa lista de perguntas para os candidatos.

Já a segunda grande causa da corrupção está na formação e manutenção das coalizões de governo. (Lembrando: coligação se forma para as eleições; coalizão se faz depois delas, com os vitoriosos arrebanhando outros partidos para governar.)

Nossos dois partidos com vocação hegemônica, que nos governaram nos últimos vinte anos, não conseguem – nenhum deles – chegar a 20% das cadeiras na Câmara dos Deputados. Por isso, precisam conseguir apoio de outras siglas para tocar a dimensão legislativa do exercício do poder.

Esse apoio não é gratuito, longe disso. Na pior das hipóteses, gera corrupção. Na melhor, exige nomeação para ministérios. (Às vezes, a melhor hipótese acaba sendo a pior, porque sai mais cara para o país e para cada um de nós a alocação de um político corrupto num lugar na Esplanada do que um pagamento a ele em *cash*. Chamo isso *lei de Simonsen emendada*. A "lei" original – ironicamente – dizia que sai mais barato, para o governo e o país, pagar os 10% de comissão ilegal relativos a uma obra desnecessária do que os 100% de sua construção.)

O problema é que esse apoio partidário é frágil. O atual governo tem a sustentação legislativa mais fraca em vinte anos, mas – excetuando FHC – nenhum de nossos presidentes eleitos desde 1989 contou com apoio congressual propriamente tranquilo. O que fazer?

Uma saída seria mudar radicalmente o sistema eleitoral, para reduzir o número de partidos. Mas uma cláusula de desempenho só eliminaria as agremiações pequenas. Continuaríamos tendo meia dúzia de partidos, de médios para grandes, cujo apoio precisaria ser constantemente negociado. E ir mais longe que isso, por exemplo, no rumo do bipartidarismo, não dá. A ditadura tentou isso e não conseguiu. O Brasil não quer.

Mencionarei duas possibilidades. Uma existe na Itália e na Grécia. O partido mais votado ganha um bônus – na Grécia, é de cinquenta cadeiras, isso num Parlamento que tem trezentas. Na Itália, o partido ou coligação mais votado, se obtiver pelo menos 37% dos sufrágios, obtém 55% das vagas na Câmara dos Deputados. Com isso, tem a certeza (Itália) ou a quase certeza (Grécia) de governar sozinho. Difícil isso no Brasil. Alguém imagina nosso partido mais votado, com menos de 14% dos votos, levando um bônus? No modelo italiano, seus 14% renderiam 55% das cadeiras, ou seja, se multiplicariam por quatro – só que não, porque na Itália o bônus só beneficia quem atinge 37%. No grego, os mesmos 14% lhe dariam apenas 10% de cadeiras adicionais, o que não resolveria nada, por sinal. Num caso, seria demais, no outro, de menos.

Outra saída é a francesa. Talvez seja a melhor. Tem funcionado, mesmo não estando na lei, apenas na prática. Simplificando: elege-se o Parlamento um mês depois da eleição presidencial. Como os eleitores não são loucos nem bobos, dão uma maioria confortável ao presidente. Assim, em 2012, depois da vitória do socialista François Hollande para a presidência, sua aliança obteve 331 cadeiras, de um total de 577; cinco anos antes, Nicolas Sarkozy presidente conseguira eleger 345 deputados. É uma hipótese. No Brasil, esse sistema reduziria os problemas causados pela pulverização de partidos, responsabilizando mais os parlamentares pela governabilidade. ■

Reforma política contra o preconceito

Segunda-feira, 9 de março de 2015

A política democrática se dá na tensão entre a representação transparente das diferentes vontades do eleitorado – e a solidez de que o governo precisa para poder, literalmente, governar. Ou seja, entre a democracia ser democracia, e o governo governar. Se o Parlamento retratar bem a diversidade de vozes na sociedade, será difícil haver uma maioria firme para governar. Mas, se o governo tiver essa maioria sólida, correrá o risco de calar reivindicações e exigências de boa parte da população. Democracia *versus* governança, há que dosar.

Para nos orientarmos no debate da reforma política, podemos distinguir um projeto "de esquerda", que quer aumentar o teor democrático da representação, e um conservador, que pretende gerar maiorias políticas firmes e, assim, garantir solidez ao governo eleito. O assunto demandará algumas colunas. Começo pelo projeto "de esquerda".

O ponto de partida do projeto progressista é simples: os políticos nos representam mal. O que é a *pura, sacrosanta verità*, como dizia uma canção italiana. Políticos têm ritual próprio de conduta. Vestem-se, falam diferente das pessoas comuns. Eles até se dizem "classe política", o que é absurdo, porque classe é um conceito econômico e social, que vale para burguesia, operariado, camponeses, pequena burguesia – mas não para os representantes políticos de um grupo ou outro. (Daí o clamor pela limitação do número de mandatos parlamentares – ou melhor, pelo fim do político profissional.)*

---

* Ficou faltando a parte do projeto conservador. Nas semanas seguintes, houve imprevistos, que me levaram a tratar da política imediata – e, quando completaria o que

Voltando ao projeto progressista: o mais visível é a baixa representação dos grupos historicamente discriminados – cuja voz, estas décadas, tem-se tornado o fenômeno mais importante, política e socialmente falando, no mundo. As mulheres são 51,3% das pessoas que vivem no país, mas no Congresso não passam de 10%. No censo de 2010, catorze milhões se declararam negros e 82 milhões, pardos. Os afrodescendentes superaram, somados, os 91 milhões de brancos. Formam 51% de nossa população (temos ainda oitocentos mil indígenas e dois milhões de residentes de origem asiática). Mas, na Câmara, eles são apenas 46 dos 513 membros – ou seja, só 8,9% dos deputados federais.

Falei das duas maiorias discriminadas que há no país. Mulheres e afrodescendentes ultrapassam, cada contingente, os 51%. Mas nem elas nem eles atingem 10% na Câmara. A sub-representação dos homossexuais é ainda pior. O Relatório Kinsey, que na década de 1950 refutou as mentiras moralistas sobre a sexualidade, dizia que 10% da população seria homossexual. Isso varia tanto, conforme a sociedade, que tal proporção se viu contestada. Mas, em 2008, a pesquisa Mosaico Brasil indicou quase 20% de homossexuais masculinos no Rio de Janeiro e 10,2% de lésbicas em Manaus. Mas fiquemos na mais modesta proporção Kinsey, só para ter uma ordem de grandeza. Teríamos 10% de homossexuais – mas apenas um deputado assumidamente gay, Jean Wyllys, do PSOL do Rio de Janeiro. Menos de 0,2% da Câmara. É ridículo.

A sub-representação significa: em vez das 263 mulheres que deveriam estar no Congresso, temos apenas vinte. Em vez dos 261 negros e pardos, só dezesseis. Em vez dos 51 homossexuais, só um. Vejam como está errado o deputado Eduardo Cunha, que diz representar a maioria (e que acrescenta: ela é conservadora). A maioria é mulher, a maioria tem sangue negro, e essas duas maiorias no país são microminorias no Parlamento.

Claro que se pode dizer: ah, mas sexo (ou gênero), cor e orientação sexual não são posições políticas. Eu vou melhorar este argumento, até

---

faltava, fui convidado a ser ministro da Educação e obviamente encerrei a coluna. Mas, resumindo: a ênfase conservadora seria na governabilidade. Instrumentos para tanto são o voto distrital (que pode esterilizar minorias políticas), a cláusula de barreira e até mesmo um bônus para o partido ou coligação mais votado. Isso, quanto aos meios. Quando ao conteúdo, além de retirar o Estado das políticas sociais, deixar a economia nas mãos dos empresários e investir mais na segurança pública do que em saúde e educação públicas, trata-se de assegurar que o governo funcione (como uma empresa...), mesmo às custas do não atendimento às demandas dos mais pobres.

mesmo embelezá-lo: você nasce com seu sexo, sua cor, seu desejo e não pode fazer muito para mudá-lo – mas a política é o reino da liberdade e por isso você pode e deve se emancipar de sua natureza, do modo como nasceu (a palavra "natureza" vem do verbo "nascer") e, portanto, seu sexo, cor ou desejo não deve ditar seu voto. Eu assinaria embaixo; aliás, a frase é minha... Mas não é toda a verdade. Uma das grandes novidades na política das últimas décadas, mundo afora, foi a percepção de que esses grupos que mencionei foram historicamente discriminados, a ponto de sistematicamente serem adotadas políticas que não só não os beneficiavam, mas lhes faziam mal.

A sub-representação de mulheres, negros e gays mata mulheres, negros e gays

O que mudaria, com uma representação mais fiel? Se tivéssemos 263 deputadas (ante 250 homens) na Câmara, dificilmente os salários das mulheres seriam mais baixos do que os pagos aos varões. A violência contra as mulheres já teria sumido. Se fossem 261 os deputados de origem africana, perante 252 brancos, dificilmente a polícia mataria negros na periferia, dificilmente eles teriam pagamento menor no mercado, dificilmente seus índices sociais seriam tão inferiores aos dos brancos. Se os deputados homossexuais fossem 51, sua bancada já teria conseguido políticas de governo contra os crimes de ódio. A sub-representação de mulheres, negros e gays mata mulheres, negros e gays.

É claro que isso não é tudo. Faltaria tratar da representação na política de ideias, projetos, ideais. E ninguém precisa ser de esquerda para apoiar o que descrevi – que constitui a mais elementar justiça, a mais elementar humanidade. E é claro que a representação não precisa se dar no porcentual exato de cada camada social. Mas citei os números para medir o abismo que há entre representados e representantes. Temos aqui um pequeno barril de pólvora: se os representantes não representarem a sociedade, ela acabará passando ao largo deles. Vai desistir deles, vai deslegitimá-los e, aí, sabe-se lá o que pode acontecer. Infelizmente uma reforma inclusiva como esta, só a esquerda defende, embora seja um direito, um valor universal. ■

Concluindo...

No dia 30 de março de 2015 publiquei meu último artigo no *Valor*; era uma segunda-feira, e na sexta-feira anterior eu tinha sido convidado pela presidenta Dilma Rousseff para ocupar o Ministério da Educação. Transcrevo aqui minha contribuição final como colaborador fixo do jornal.

Indo para a Educação

Segunda-feira, 30 de março de 2015

Em abril de 2011, as jornalistas Maria Cristina Fernandes, Denise Arakaki e Célia Franco me levaram para almoçar e me convidaram a escrever uma coluna semanal no *Valor*. Estes quatro anos, não deixei de contribuir uma semana sequer. Completei quase duzentos artigos nesta página, praticamente todos sobre a política brasileira. Esta é a última coluna, e digo isso com tristeza, porque foi uma experiência extraordinária: discutir nossa política sem fanatismo ou radicalismo, movido pela convicção de que o país tem agendas que demandam o diálogo, a cooperação, o empenho. Deixo a página para assumir, no dia 6 de abril, o Ministério da Educação, a convite da presidenta Dilma Rousseff. Agradeço ao jornal e aos jornalistas com quem tive contato.

Como afirmei várias vezes aqui, o Brasil teve êxito em três sucessivas agendas democráticas. Chegamos à quarta. Começaram todas como projeto de uma parcela minoritária da sociedade, enfrentaram obstáculos, descrença e até mesmo repressão e mortes, para depois se tornarem parte de um patrimônio de que o Estado, a sociedade, a nação já não querem abrir mão.

A primeira foi a da democratização. Nunca tivemos uma democracia de verdade antes de 1985. Mesmo o período de ensaio democrático entre 1945 e 1964 foi turbulento, com aves de rapina ameaçando a tenra planta da liberdade. Contra a ditadura, muitos lutaram – entre eles os três presidentes mais recentes: FHC com a palavra, Lula na organização sindical, Dilma na resistência. Será por acaso que elegemos esses três combatentes da liberdade?

Todos eles se bateram para criar esta democracia, que é melhor do que pode parecer. O maior sinal de seu êxito está no avanço da qualidade de vida. No fim da ditadura, eram 85% os municípios brasileiros com IDH "muito ruim". Hoje, são menos de 1%. Sem a democracia política, não teria havido esse avanço social. Foi com ela que a maioria de pobres pôde se organizar para fazer valer seus direitos.

A segunda agenda foi a vitória sobre a inflação. O mesmo cenário: décadas de corrosão da moeda, planos tentando extingui-la, finalmente, uma moeda que hoje perde menos valor em um ano do que então perdia em três dias. Restauram-se a confiança no outro e no futuro. Se o PMDB capitaneou a luta pela democracia, o PSDB assumiu a bandeira do Plano Real, que hoje pertence a todos.

A inclusão social em larga escala, como política irreversível do Estado brasileiro, foi e é a terceira agenda. É a mais difícil. Levar dezenas de milhões de brasileiros do baixo para o meio da pirâmide social, em poucos anos, é uma façanha quase sem paralelo no mundo. Falta concluí-la. Cada grupo remanescente é mais difícil de incluir. Mas é uma dívida moral que o país tem – e que o PT levantou como tema ético, desde sua fundação em 1981. No século XIX, o Brasil tinha a escravidão. Ela era nossa mancha ética, que corrompia a sociedade inteira, sobretudo os não escravos, que se beneficiavam dessa infâmia. Hoje, nossa chaga ética é a miséria – algo que não precisa, não pode, mais existir.

Se a ditadura durou duas décadas, se a inflação perdurou por tempo parecido, a exclusão beira os quinhentos anos. Começa a ser enfrentada em 1580, com os quilombos. Cinco séculos de opressão, quatro de resistência. Não venceremos esta chaga em um ano, mas derrotá-la é a prioridade ética do país.

Desde maio de 2013, com as manifestações em favor do passe livre, uma nova agenda se definiu, que eu chamo de quarta – a da qualidade dos serviços públicos. Eles melhoraram mais do que se pensa, com forte investimento em gestão. Mas a paciência da sociedade diminuiu. Daí a exigência, justificada, de educação, saúde, segurança e transportes públicos de qualidade. Daí, também, um descontentamento com bases reais, mesmo que na sua expressão uns se voltem contra o alvo errado. O Brasil tem que melhorar esses serviços. A dificuldade em consegui-lo é a má notícia. A boa notícia é que só nos falta isso – mais a inclusão social remanescente – para sermos uma democracia digna desse nome.

Sabemos hoje onde tem que se dar a ação do Estado e dos demais atores sociais e políticos. A disputa política obviamente considera diferentes rotas para chegar lá. Mas todos conhecem os indicadores. Todos sabem muito do que é preciso fazer, desde as boas práticas na gestão até os investimentos necessários, quer em material, quer em formação e remuneração de recursos humanos.

Não é fácil. Por isso o avanço educacional, que a presidenta Dilma elege como fundamento para os novos avanços sociais ao priorizar a Pátria Educadora, precisa da união de todos pela educação. O ano será difícil, devido ao orçamento. Mas não vamos pensar na educação só como o árduo e o complicado. A educação abre o mundo do saber. Conhecer é uma paixão. Por que chamamos as crianças de curiosas? Porque elas perguntam, sem parar, "por quê?", que em latim se diz *cur*. Curioso é quem interroga por quê. Há coisa mais bela do que a curiosidade que faz os olhos dos pequenos brilharem de alegria quando aprendem algo novo? Por isso temos de perguntar por que esta alegria depois acaba. O prazer e a festa de conhecer têm que durar a vida inteira.

Essas tarefas podem parecer complicadas, mas prefiro dizê-las complexas. O que é complexo é rico. A educação pode abrir para tantas formações que nem o céu é o limite. Educar não é só instruir, é formar para a vida. É construir uma personalidade. É preparar eticamente. É tornar este mundo, vasto e cheio de perspectivas, um ativo de primeira grandeza. É mostrar que os problemas que traz a vida moderna são, na verdade, inúmeras soluções. Mesmo que ainda não saibamos para quê! Vejam o Facebook. É uma invenção que podia nunca ter surgido. É diferente do carro e do avião, que atendem a demandas preexistentes – locomover-se depressa, voar. Não havia a demanda de comunidades virtuais antes da primeira rede social. Aí ela surge, e o que faremos com ela? Estamos descobrindo. Não é fascinante estar vivo numa época em que tudo isso é possível? ■

Diretora	Cynthia Andersen Sarti
Editora Executiva	Ana Maria Fiorini
Chefe Administrativo e Comercial	Francisco Santos
Assistente Editorial	Caroline Saraiva
Analista de Marketing Digital	Marcus Lamagna
Consultoria	JCastilho Gestão & Projetos
Planejamento e Gestão	José Castilho Marques Neto
Feiras e Eventos	Willian Saragoça

TÍTULO	*O Valor Volta à Política: Discutindo a Política a partir da Filosofia e da História*
AUTOR	Renato Janine Ribeiro
COORDENAÇÃO EDITORIAL	Marcos Keith Takahashi
PREPARAÇÃO	Maurício Katayama
REVISÃO DE PROVAS	Cacilda Guerra Tokiko Uemura
PROJETO GRÁFICO E DIAGRAMAÇÃO	Quadratim
CAPA	Marcos Keith Takahashi Augusto Lins Soares
FORMATO	14 x 21 cm
TIPOLOGIA	Coranto 9,5 / 13,5 pt
PAPEL	Pólen Natural 80 g/m² (miolo) Cartão Supremo 250 g/m² (capa)
NÚMERO DE PÁGINAS	316
IMPRESSÃO E ACABAMENTO	Cromosete